教育创新与实践

新时代高中生涯教育的理念转型与模式重建

华东师大一附中的实践探索

王新 著

上海交通大学出版社

SHANGHAI JIAO TONG UNIVERSITY PRESS

内容提要

本书在生涯教育的背景陈述、研究梳理和问题分析的基础上,系统呈现了华东师大一附中开展的生涯教育理念思考和模式建设。这种理念包括凸显立德树人的目标指向,着眼新时代人才培养的多维要求,整合校内外各类教育资源,注重生涯教育的标准建设和课程开发。这种模式是一种以思想道德为引领,课程建设为主体,学科教学、主题活动、校园文化、讲座论坛、家校合作等系统联动为实施方式,党的建设为保障的新型模式。特别是本书通过学生评价表的设计和运用,将生涯教育与高中生综合素质评价改革相关联,使生涯教育成为学校综合改革的有机组成部分,增强了这一研究成果的推广价值。

本书适合对生涯教育感兴趣的读者阅读。

图书在版编目(CIP)数据

新时代高中生涯教育的理念转型与模式重建/王新著. —上海:上海交通大学出版社,2021

ISBN 978 - 7 - 313 - 23895 - 5

Ⅰ.①新… Ⅱ.①王… Ⅲ.①职业选择一教学研究一高中

Ⅳ.①G633.932

中国版本图书馆 CIP 数据核字(2020)第 197531 号

新时代高中生涯教育的理念转型与模式重建
XIN SHIDAI GAOZHONG SHENGYA JIAOYU DE LINIAN ZHUANXING YU MOSHI CHONGJIAN

著　　者:	王　新		
出版发行:	上海交通大学出版社	地　址:	上海市番禺路 951 号
邮政编码:	200030	电　话:	021 - 64071208
印　　制:	上海天地海设计印刷有限公司	经　销:	全国新华书店
开　　本:	710mm×1000mm　1/16	印　张:	16.75
字　　数:	291 千字		
版　　次:	2021 年 1 月第 1 版	印　次:	2021 年 1 月第 1 次印刷
书　　号:	ISBN 978 - 7 - 313 - 23895 - 5		
定　　价:	78.00 元		

序 一

在与我的恩师皮连生教授的一次闲聊中,他的一句话深深触动了我。他说:"一个人从事自己喜欢的职业,终身幸福;从事自己不喜欢的职业,终身痛苦。"这句话看上去很朴实,却点出了职业选择恰当与否的利害——关乎终身的幸福!

其实,不仅仅是职业选择,即使是大学的专业选择,也深深地影响着学生的幸福感,影响着人生发展的走向。近年来,我们目睹了太多因为专业选择不当而发生的令人唏嘘的事。考入了某知名科技大学物理系的学生某某,入学半年后,向自己父母宣告:我已帮助你们实现了自己的理想,现在我要退学重新参加高考,报考自己喜欢的专业,追求自己的理想;在某知名综合性大学读完计算机专业硕士的学生某某,向父母摊牌:我已如你们所愿读完硕士,现在我要去读自己喜欢的绘画专业了……凡此种种,看上去似乎是父母的强加意愿所导致,实际上在很大程度上反映了高中阶段生涯教育的不足。

根据生涯教育的国际权威人物唐纳德·E. 舒伯(Donald E. Super)的观点,高中生处于生涯发展探索阶段(15～24 岁)中的试探期(15～17 岁),他们需要综合考虑自己的兴趣、能力以及职业价值、就业机会,并在课堂、实践情境中进行择业尝试;如果缺少了这一课,高中生就可能在未来的专业或职业选择中做出不恰当的决策,影响其后的职业承诺。关于高中生涯教育的实证研究结果也普遍显示,与没有参加生涯教育项目的高中生相比,接受过良好生涯教育的高中生毕业率更高、考入大学的更多、就业时工资更高,也较少出现行为问题;换言之,高中阶段的生涯教育在很大程度上会改善学生的毕业发展走向。

正是因为看到这一点,进入 21 世纪以来,教育部在一系列重要文件中,反复强调要把生涯规划作为高中教育的一项重要任务。例如,《教育部关于全面深化课程改革落实立德树人根本任务的意见》(2014 年)指出,要"建立普通高中学生发展指导制度,指导学生学会选择课程,做好生涯规划";《普通高中课程方案(2017 年版 2020 年修订)》的培养目标中强调,高中生要能够"正确认识自我,具有一定的生涯规划能力"。事实上,近年来试行的新的高考改革方案,也进一步突显了高中生涯教育的必要性和紧迫性:由于我国长期以来缺乏系统而连贯的生涯教育体系,很多高中生缺乏基本的生涯规划能力,他们在选择高考科目以及大学专业方面普遍感到迷茫,迫切需要得到这方面的指导。

然而,在高中阶段开展生涯教育并不是一件简单的事。从生涯教育的内容看,它需要综合考虑生涯认知、自我探索、职业体验、决策行动等多个领域,并把它们纳入专门的课程或渗透到学科教学中;从生涯教育的方法看,它需要灵活运用课堂讲授、服务学习、社团活动、才艺竞赛、高校参访等多种形式,引导学生系统地开展自我探索和职业探索;从生涯教育的资源看,它需要整合来自学校、家庭、社会的各类课程资源,实现人力、物力、财力的有机统整;从生涯教育的评估看,它需要采用心理测评、叙事咨询、实作评估等多元评价方式,并建立学生的个人学习档案和生涯档案。从现实的情况看,由于我国的高中生涯教育尚处于起步阶段,很多学校开展这方面的工作时还存在一些困难,譬如,如何系统地设计生涯教育课程,如何做到课堂教学与课外实践的平衡,如何解决学生对生涯教育的认识不足问题,如何打造一支专业的师资队伍,等等。换言之,当前要想在我国的高中有效地开展生涯教育,还需要很多的实践探索,还需要更多可供参考的经验。

在这样的背景下,华东师大一附中[①]的王新书记推出了自己的论著《新时代高中生涯教育的理念转型与模式重建》,系统地介绍了该校近年来开展生涯教育的基本理论、重要探索以及实际成效,这无疑是一件让人感到十分欣喜的事情。综观全书,我觉得有如下一些方面值得高中生涯教育的研究者和实践者学习和借鉴。

第一,要在历史脉络中找准新时代生涯教育的目标指向。尽管从美国学者西德尼·马兰(Sidney Marland)1971 年正式提出"生涯教育"的概念,迄今不过半个世纪的时间,但生涯教育的思想古已有之。例如,我国古代的管子就强调用"传帮带"的方式发展孩子的职业意识与技能,"是故其父兄之教不肃而成,其子弟之学不劳而能。夫是故商之子常为商"。(《管子·小匡》)王新非常注重从历史经纬中探寻新时代生涯教育的坐标。她敏锐地指出,我国高中 70 年的生涯教育呈现出"行政统筹逐渐加强""人文价值逐渐凸显""独立形态初

---

① 华东师大一附中,全称华东师范大学第一附属中学。本书取其简称,全书同。

现端倪"三个基本特点;从世界主要发达国家和地区的教育发展看,生涯教育在今天"已经成为教育整体中重要的一环";新时代高中生涯教育的根本目标是立德树人,"为学生生命意义的主动建构提供力量"。

第二,要在理论指导下重建本土化生涯教育理念。作为一线的校领导,王新深刻意识到"对于中小学教师而言,理论知识的相对不足往往会带给他们教育实践变革的畏难情绪"。所以在带领学校的教师开展生涯教育时,她特别注意理论先行。书中,她系统地介绍了关于生涯教育的三大类理论,"选择与匹配理论""生涯发展理论""生涯决策理论",并指出开展生涯教育既要注意"人"与"事"的匹配,也要尊重学生的发展特征,引导学生在充分认识自我的基础上作出科学的"生涯决策"。以此为基础,结合我国的高中教育实际,她提出了具有中国特色的高中生涯教育理念:"基于立德树人的目标""基于专业标准的设定""基于全体教师的协作""基于多方资源的整合"。

第三,要立足于学校实际来打造个性化课程体系。华东师大一附中具有良好的心理健康教育传统,"研究型人格养成"一直是学校心理健康教育的特色。在开展生涯教育中,他们以"研究型人格养成"作为生涯教育的主要落脚点,建构了涵盖基础型课程和拓展型课程在内的生涯教育课程体系,一方面"面向全体学生开设基础型课程、生涯班会课、心理辅导课以及社会实践,满足学生生涯发展所需的基本能力","面向学生开设供自主选择的课程,满足学生的个性化需求",另一方面又注重课程目标的适度聚焦,强调"高一解码自我""高二解码社会""高三解码选择"。这种做法,不仅发挥了学校的特色优势,使生涯教育具有良好的生发点,也实现了学校课程的有机融合。

第四,要在研究中实现高中生涯教育方式的创新。华东师大一附中一直秉承第一任校长、我国著名教育和心理学家廖世承先生提出的"积极研究,勇于尝试,艰苦卓绝"的办学思想,注重"培养研究型学生、造就研究型教师、建设研究型学校文化"。在高中生涯教育探索中,他们建立了"校长领衔—课题引领—中心统筹—全员参与"的立体研究模式,先后开展了"基于高中学生生涯教育的个性化学程设计与实施的研究""社会实践活动视角下高中生涯发展教育路径研究""中小学生生涯辅导项目推进研究",创造性地提出了"生涯规划的能力是一种元认知能力""以学程需求促课程改革""培育学生生涯'发展意识''实践能力''思维方式''自主人格'"等思想,并创建了学生职业生涯评估平台,引导学生动态制订生涯规划表。这些创新理念和举措,无疑都显示出项目研究对生涯教育所产生的巨大推动作用。

庄子曰:"始生之物,其形必丑。"系统的高中生涯教育,在我国尚处于起步状态,其中不可避免地会存在这样那样的问题。我们对高中生涯教育的理论和实践探索,当前也只能说是方兴未艾;或许,我们在研究中发现的问题,远比解决的问题要多。但是我相信,关注高中生涯教育的研究者和实践者,如果都能像王新书记一样,立足于学校教育现实,数年来坚持不懈地开展理论结合实际的探索,我国的高中生涯教育一定会迎来一个全盛的新局面。

是为序。

教育部高等学校教学指导委员会(心理学)委员
教育部中小学心理健康教育专家指导委员会委员
上海市心理学会理事长
华东师范大学心理与认知科学学院教授
2020 年 7 月

序　二

　　"以学生发展为中心"是当下教育发展和教师工作的共识,学校发展需要依赖一定的环境,也需要遵循一定的规律,学生进入学校,从某种程度上说就是社会化的开端,如何引导学生顺利度过学习生活,顺利实现社会化,这是教育工作者必须认真思考的问题。

　　高中阶段是学生世界观、人生观和价值观形成的重要阶段,也是学生选择未来人生发展方向的关键时期。对于高中阶段的学生而言,实施生涯教育有助于学生认识和了解自我,培养其自主选择、自主发展的意识和能力,帮助学生树立正确的理想信念。西方国家自20世纪70年代开始即提出生涯教育的理念,并尝试将其融入课程与教学,旨在解决当时存在的严重的失业问题。教育部印发的《普通高中课程方案(2017年版2020年修订)》中也明确指出,高中生应当"初步具有独立生活的能力、职业意识、创业精神和人生规划能力"。后续出台的一系列关于高中教育教学和课程改革的系列问题,也都从不同侧面对生涯教育的重要价值给予了肯定。因此,无论是正视当前高中阶段学生发展的特殊性需求,还是站在历史与国际的交叉视野中对其进行审视,生涯教育都具有极其丰富的现实意义。

　　从当前国内生涯教育的研究体系看,随着生涯教育在整个教育体系中所受重视程度的日渐提升,生涯教育的研究成果也越来越丰富,但是仔细梳理这些成果,可以发现主要集中于高等教育领域,关注的是大学扩招和大学生就业困难双重背景下大学阶段生涯教育理念重塑和模式重构。大学阶段固然是学生从学习生活到职业生活的重要过渡阶段,实施生涯教育有其必要性,但是,对于学生的生命成长而言,其连续性、阶段性并存的特征决定了生涯教育或者说生涯发展帮扶必然也应该是连续的,应该贯穿于学生生命成长周期的全过程,从这个角度出发,强化中小学阶段的生涯教育,应该成为未来生涯教育研究与实践的重心。

　　相较于国外的生涯教育研究和国内高等教育体系中的生涯教育研究,高中阶段生涯教育的研究还处于起步阶段,研究的系统性和前瞻性都存在一定的不足,当前对于高中生涯教育的研究还主要集中在新高考改革背景下高中生涯教育的重要性与必要性上,理论层面的探讨较多,基于学校实践的具有较强辐射应用价值的实践成果并不丰富,这也在很大程度上制约了实践领域高中生涯教育的有效性。

　　近年来,我国各级各类教育研究呈现出了一个重要的范式转型,聚焦实践、聚焦微观领域,成为研究的热门思路。特别是随着"教师成为研究者"这一命题的日渐深入人心,基于实践反思的研究越来越流行,成为一种重要的研究向度和研究成果产出方式。华东师大一附中王新书记的《新时代高中生涯教育的理念转型与模式重建》就是一项契合这一研究思路的颇有价值的成果。读罢此书,我感觉到三个方面的价值尤为突出。

　　第一,本书关注的核心问题具有重要价值。对于当代的高中学生而言,在经济社会快速发展、多元文化的系统交织下,尤其在新课程、新教材的背景下,如何适应学习,如何根据自身实际情况设计自己的未来发展,如何抓住高中阶段的学习养成适应各种要求的评价等,都是关涉其终身成长的大问题。本书围绕这一问题开展研究,不仅有助于推动高中课程改革、高考改革,落实高中教育的相关理念,也能够生成适应新时代教育发展的高中育人理念和路径。

　　第二,本书生成的研究结论具有前瞻意义。本书对于生涯教育的探索,基于学校多年的实践经验,但又不拘泥于实践经验的总结,而是系统融入了新时代教育改革的最新政策,将党对教育事业的领导、立德树人的根本任务、学生核心素养的培育、高中综合素质评价改革等教育改革的关键词融入其中,这就使得研究的结论能够站在当前教育改革发展的前沿,具有较强的前瞻性和引领性。

　　第三,本书倡导的研究路径具有辐射作用。本书写作,最大的特点是改革的亲历者以回顾反思的方式提炼生成教育改革的路径范式,写作的基础素材来源于实践,研究的主体是实践活动的设计者、亲历者,这种基于实践的"接地气"式研究方式不仅有助于学校本身教育改革经验的积累和教师自身专业成长,也有助于生成更具实践价值和推广借鉴价值的研究成果,这些成果对于当前推进教育综合改革,区域性提升学校教育质量和育人水平具有重要意义,也应该成为学校、一线教师和教育管理者倡导和坚守的研究范式。

　　教育,是对个体进行社会化的重要途径。通过教育,个体得以启蒙,得以超出个体一己私利的局限,达到一种爱因斯坦所说的"超个人"(super personal)的境界,达到拥有"公共性"的人的成熟状态。在这个过程中,生涯教育作为一种重要的教育理念和教育方式,理应在人的社会化进程中发挥更加积极的作用。王新书记带领的团队在生涯教育探索方面为今天的新课程、新教材实施提供了很好的范例,也衷心期待,在新时代教育改革和高水平人才培养体系的建构过程中,能够见到更多这样的成果,也衷心祝愿每一个孩子在我们的教育体系中都能够准确定位自我,合理规划自我,最终顺利达成自我。

周增为

上海市师资培训中心党委书记,主任

2020 年 7 月

Contents

目　　录

70年回眸——新中国高中生涯教育的反思与启示

教育是促进人的生存和发展、提升生命质量的活动。近年来,在对教育本质和目标的追问之中,人们越来越清晰地感觉到,教育的核心价值在于促进生命成长,在于实现人类幸福,由此,从教育与幸福的维度关照和推动教育变革成为教育内涵发展的新生动力。教育通过有目的、有计划和有组织的人类活动传递个体生存所必需的知识技能,培植并提升个体内在的生命品质,为每个受教育者提供负载人类终极关怀的有价值的教育,赋予学生终极关怀并塑造学生的终极价值,使他们成为有灵魂、有追求的人,使他们生命的本能得以从恐惧、压抑和束缚中解放出来,以严肃的态度对待自己的学习生活、人生价值、职业取向,即为学生终生的幸福负责①。这就是教育与幸福的内在逻辑关系,也是推动教育改革和发展的原始起点。

然而,值得注意的是,幸福既是现在的,也是未来的②。未来属性是幸福的一个重要特点。这一方面意味着对于幸福的追求是驱动生命个体不断超越现实而走向未来的强大力量,另一方面也意味着教育对人类幸福的关怀不能仅仅聚焦于当下的生活,也应该着眼于未来的发展。正是从这个意义出发,生涯教育作为教育促进人类幸福的重要方式,开始成为教育改革与发展的重要关注点,成为教育研究的热点领域和教育实践的施力重心。

1971年,时任美国联邦教育署署长的西德尼·马兰博士正式提出了"生涯教育"的概念,将以往单一以知识技能和从事职业为中心的就业指导与个人的价值观和职业观教育联系在一起,将就业指导拓展为贯穿人一生的生涯指导③。生涯教育旨在消除教育与现实生活及工作之间的壁垒,改善人们的生活

---

① 向晶. 追寻目标:学生幸福的教育关照[J]. 全球教育展望,2014(11):17-24.

② 高德胜. 幸福·道德·教育[J]. 华东师范大学学报(教育科学版),2012(4):1-8,18.

③ 南海,薛勇民. 什么是"生涯教育"——对生涯教育概念的认知[J]. 中国职业技术教育,2007(3):5-6.

方式和就业状况,使之适应社会的发展与变迁。近年来,国际经济形势变化巨大,新兴职业不断增多,传统教育已很难满足当今社会的人才储备需要。此外,在人本主义思想和终身教育理念的影响下,世界各国的教育理念也开始更加关注个人的职业幸福感和满意度。因此,世界各国开始广泛关注生涯教育,并提出将生涯教育纳入21世纪教育改革和人才培养规划中[①]。与此同时,在生涯教育与学校育人体系的整体变革互动之中,生涯教育与德育、课程、教学、教师发展、学生成长等学校教育的关键词之间的结合越来越紧密,生涯教育成为撬动学校育人体系改革的新的支撑点,成为各级各类教育体系中不可或缺的重要组成部分。这其中最为显著的标志就是生涯教育研究的文献产出数量总体上呈现增长态势(见表0-1),研究的领域和主题越来越丰富(见表0-2),这一切都有力地支撑了生涯教育的实践变革。

表0-1　近年来国内"生涯教育"研究期刊文献数量统计

关键词＼年份	2011	2012	2013	2014	2015	2016	2018
生涯教育	238	241	206	235	289	272	303
高中生涯教育	7	10	7	5	7	12	31

表0-2　近年来国内外"生涯教育"研究前沿主题统计[②]

年份	研究前沿主题			
2010	学校职业教育目标	教学质量	职业发展变数	面对面教学
2011	职业理想	教学能力	创业能力	职业发展
2012	职业性别差异	教学信念	人格因素模型	职业满意度
2013	自我效能	职前教育	成就动机理论	早期职业研究
2014	自我效能信念	后备职业动机	社会认知理论	职业选择
2015	职业自我管理	职业教育工作者	职业咨询	健康职业生涯
2016	性别意识形态	职业自我导向	五大人格特质	
2017	职业价值观	职业能力情境化	叙事生涯理论	
2018	职业决策自我效能感	创业能力		

---

① 李金碧. 生涯教育:基础教育不可或缺的领域[J]. 教育理论与实践,2005(7):15-18.
② 潘黎,孙莉. 国际生涯教育研究的主题、趋势与特征[J]. 教育研究,2018(11):144-151.

作为学术研究和教育思想的生涯教育发端于国外,但是就生涯教育的内容及其所传递的思想看,生涯教育并非近年来才出现的新生事物。时至今日,生涯教育已经成为中国特色教育体系的重要组成部分,特别是对于高中阶段而言,在新时代、新高考背景下,生涯教育作为落实立德树人根本任务、实现学生自主发展的重要手段,被视为"基础教育课程改革不可或缺的支点"[①]。经过70年的变迁,生涯教育的认知、模式、实践等都在不断完善,探索生涯教育的个性化操作范式在学校中也成为可能。

一、新中国普通高中生涯教育的发展历程

20世纪初,中华职业教育社推动职业指导进入普通高中,这可以视为我国近代普通高中生涯教育的萌芽。新中国成立以后,普通高中生涯教育在不同的时代背景、政策环境和教育使命下有着不同的发展特点,大致可划分为三个阶段:从新中国成立至改革开放前的跌宕发展期;改革开放至新高考启动前的恢复发展期;新高考改革启动以后的全面推进期。

(一) 纷繁复杂的跌宕发展时期(1949—1977年)

新中国成立至改革开放前,由于政治历史原因,我国的教育呈现动荡发展的状态,在基础教育学制频繁改变、教育方针强调"教育必须为无产阶级政治服务,必须与生产劳动相结合"的时代背景下,生涯指导被视作实施劳动教育、思想政治教育的手段之一。1954年,中央人民政府教育部、高等教育部联合印发《对高中毕业生进行关于升学的思想教育的通知》,要求各级教育行政部门加强高中毕业生升学指导教育,期望通过思想政治教育缓解高中毕业生志愿填报与国家需要之间的矛盾;1957年,教育部发布《关于指导中小学毕业生正确对待升学和就业问题的通知》,要求各级教育行政部门和中小学校加强对毕业生的升学和就业指导。由此可见,这一时期的生涯教育以鼓励无法继续升学的学生致力于国家生产建设、培养正确劳动观价值观为重点,通过组织工作小组、召开座谈会、宣传先进事迹等方式实施。"文化大革命"时期,对于高中学生的生涯指导和职业教育更是深受极"左"思潮的影响,严格意义上的生涯教育是相对缺失的。总体而言,这一时期的中国教育发展,深受政治因素的影响,高中生涯教育的开展亦是如此。集体意志、国家意志成为生涯教育的主导,学生个体的规划空间相对缺乏;作为一种教育理念或者人才培养理念的生涯教育还没有形成,只是实践中的一些零星探索,系统开展生涯教育的条件也不成熟。

---

① 刘华,郭兆明.生涯教育:基础教育课程改革不可或缺的支点[J].教育发展研究,2013(20):6-11.

（二）重整旗鼓的恢复发展时期(1978—2013 年)

改革开放以后,社会秩序逐渐恢复,思想逐渐开放,教育的改革发展也迎来了急剧变革时期,在中央政府的领导下,普通高中生涯教育重回视野。1985年,《中共中央关于教育体制改革的决定》强调,"基础教育也要适当配合,以适应长期广泛就业、进行技术革新和继续进修的需要";1990 年,《关于〈现行普通高中教学计划的调整意见〉的几点说明》中提出"争取一、二年内在本地区试行开设职业指导课,对学生进行志愿辅导和职业指导";1992 年,人民教育出版社受原国家教委委托出版了高中选修课教材《职业指导》,主要内容分为了解自己、了解职业、人职匹配三个部分,这是国内自行编写的第一本高中生涯教育教材,也是生涯教育课程化的起点;1995 年,原国家教委印发《普通中学职业指导纲要(试行)》,明确提出"职业指导是普通中学教育的一个组成部分";2010年,《国家中长期教育改革与发展规划纲要(2010—2020 年)》提出要普遍开设人生规划或职业生涯课程,把培养学生谋生创业能力作为教育的使命,要建立学生发展指导制度,加强对学生的理想、心理、学业等多方面指导。关于生涯教育的政策不断出台,一方面意味着党和政府以及各类教育主管部门对高中生涯教育的日渐重视,另一方面也在实践中为适合我国国情和教情的生涯教育模式探索提供了政策上的支撑。由于这种政策和外部环境的优势,这一时期普通高中生涯教育实践在地方教育部门、高等院校等的积极推动下逐渐由点向面、由被动向自主探索转变,特别是 20 世纪八九十年代,以北京、上海、广东为代表的地区率先以项目为抓手在中学阶段开展生涯教育,取得了丰富的成果。很多知名的教育期刊专门开辟了生涯教育的讨论专栏,着重介绍生涯教育的区域性实践成果,这标志着我国高中的生涯教育开始从宏观层面的思考设计转向实践领域的具体探索。更为可贵的是,随着政策支持力度的加大、就业环境的改变以及信息共享的加快,普通高中对生涯教育的热情逐渐高涨,尤其 2000 年以后,更多的高中教师开始自发投入生涯教育实践中,自主探索高中生涯教育的校本路径。2010 年,为落实《国家中长期教育改革和发展规划纲要(2010—2020 年)》精神,教育部委托华东师范大学开展"普通高中学生发展指导"项目,联合全国 37 所项目学校进行普通高中学生发展指导理论与实践探索,初步建立了我国现代意义上的学生发展指导模式,打造了一批学生发展指导领航学校,培养了一支具有辐射带动作用的教师队伍,为新高考时期开展普通高中生涯教育奠定了良好基础[①]。总而言之,相比改革开放之前,这

---

① 黄向阳,王保星.普通高中学生发展指导实践案例集[M].上海:华东师范大学出版社,2014.

一时期的生涯教育更为系统、更加完善,这不仅表现为政府层面有目的、有意识、有计划地自上而下地推动生涯教育改革,也表现为实践中各地区、各学校自觉地开展生涯教育的实践探索,并且把生涯教育与学生道德教育、情感教育、价值观教育、心理健康教育等有机融合,与学校的课程建设和教学改革深度结合,使得具有中国特色的社会主义高中生涯教育体系初具规模。

(三) 改革创新的全面发展时期(2014 年至今)

2014 年启动的新一轮高考改革是我国普通高中生涯教育发展的重要契机,有人将 2014 年称为中国普通高中生涯教育元年,可见其意义非同一般。新高考改革的内涵和价值是丰富的。从表面上看,它是形成了分类考试、综合评价、多元录取的考试招生模式,实际上其核心价值在于增加了高中学生的自主选择权,赋予高中生更大的自主规划空间。在此背景下,对高中生开展生涯教育、进行生涯规划指导成为全体普通高中的重要任务。2014 年,《教育部关于全面深化课程改革落实立德树人根本任务的意见》指出,要"建立普通高中学生发展指导制度,指导学生学会选择课程,做好生涯规划";《教育部关于普通高中学业水平考试的实施意见》强调,要"要加强学生生涯规划指导"。2017 年,《普通高中课程方案(2017 年版)》指出,高中教育的任务是"促进学生全面而有个性的发展,为学生适应社会生活、高等教育和职业发展做准备,为学生的终身发展奠定基础"。由此可见,这一时期的生涯教育,已经作为高中阶段学生必须接受的独特教育形式,成为高中课程与教学改革的重要组成部分。随着新一轮高考改革的持续推进,各级教育行政部门纷纷响应国家号召,积极推动地方高中生涯教育政策的出台(见表 0 - 3),生涯教育在我国高中阶段教育体系中逐渐推广和普及,至今已经扩展成为全面开花的"星火燎原"之势。这一时期的普通高中生涯教育实践逐渐呈现百花齐放的景象。以率先启动高考改革的上海、浙江以及生涯教育意识较强的海南、广东等地方为代表的高中学校纷纷探索适应新形势的高中生涯教育模式;区域教育行政、教育研究部门积极统筹高中生涯教育,推动区域普通高中生涯教育发展;高校、学术团体、媒体、生涯教育专门组织等积极介入,通过师资培训、课程合作、专业指导等路径协同推动普通高中生涯教育发展。短短几年间,普通高中生涯教育的区域统筹逐渐加强、校本模式初步形成、专业水平不断提升、学习交流日渐频繁,呈现可喜的发展景象[①],深刻展示了生涯教育作为高中阶段一种独特的教育内容、

---

① 庞春敏.70 年回眸:新中国普通高中生涯教育的发展之路与未来走向[J].当代教育科学,2019(6): 61 - 64.

教育方式的强大生命力。

表 0-3　近年来各地高中生涯教育相关文件梳理(部分)

序号	印发单位	印发时间	文 件 名 称
1	浙江省教育厅	2015 年 5 月 19 日	关于加强普通高中学生生涯规划教育的指导意见
2	河南省教育厅	2015 年 7 月 23 日	河南省普通高中生涯教育课程指导纲要(试行)
3	河北省教育厅	2016 年 4 月 6 日	关于进一步加强河北省高中生涯规划教育工作的通知
4	山东省教育厅	2017 年 8 月 22 日	关于做好普通高中学生发展指导工作的意见
5	上海市教育委员会	2018 年 3 月 19 日	关于加强中小学生涯教育的指导意见
6	海南省教育厅	2018 年 8 月 6 日	关于加强我省普通高中学生生涯规划教育的指导意见
7	广东省教育厅	2019 年 4 月 2 日	关于加强普通高中学生发展指导工作的意见
8	上海市闵行区教育局	2014 年 12 月 17 日	闵行区高中生涯发展教育实施指导意见(征求意见稿)
9	义乌市教育局	2015 年 1 月 20 日	关于在初中阶段开展生涯规划教育的通知
10	石家庄市教育局	2015 年 5 月 20 日	关于开展初中生职业生涯规划教育的意见
11	济南市教育局	2017 年 4 月 25 日	关于加强普通高中学生生涯规划教育的指导意见
12	重庆市教育委员会	2018 年 9 月 10 日	关于开展普通高中学生生涯规划教育的通知
13	齐齐哈尔市教育局	2016 年 1 月 25 日	关于在全市中小学开设学生生涯规划教育课程的通知
14	厦门市教育局	2016 年 6 月 24 日	关于在普通中小学开展职业生涯教育的通知
15	亳州市教育局	2017 年 12 月 22 日	关于加强普通高中学生生涯发展教育的意见

序号	印发单位	印发时间	文　件　名　称
16	钦州市教育局	2018 年 4 月 9 日	关于开展普通高中生生涯规划教育的指导意见
17	广州市教育局	2018 年 9 月 7 日	关于全面开展中学生涯发展教育工作的意见

二、70 年普通高中生涯教育的演进特点

教育的改革与发展总是与社会的整体演进互生融通。通过回顾梳理新中国普通高中生涯教育的发展历程，可发现其整体发展中的一些特点。

（一）行政统筹逐渐加强

新中国成立以来，普通高中生涯教育经历跌宕发展期、恢复发展期和全面推进期，行政力量在不同的发展阶段显示了不同程度的统筹力度。新中国成立至改革开放前，行政部门有意识引导普通高中学生生涯发展，但囿于政治局势复杂与社会生态失衡，普通高中生涯教育的行政统筹力度较弱；改革开放以后至新高考改革启动前，社会秩序逐渐恢复、生涯教育意识复苏并不断发展，行政力量在普通高中生涯教育发展中发挥越来越重要的作用；新高考改革以后，基于教育水平不断提升、普通高中生涯教育需求骤增以及社会条件成熟，行政部门开始以前所未有的统筹力度主导普通高中生涯教育发展。总体而言，新中国成立以来普通高中生涯教育发展呈现行政统筹力度逐渐加强的特点。这一特点的形成与我国特有的国体、政体特别是教育管理体制有很大关系。正是因为这种体制上的优越性，能够确保党和国家的教育政策在最短的时间内通过最有效、最集中的方式得以部署落实，也在客观上促成了高中生涯教育的遍地开花局面。

（二）人文价值逐渐凸显

新中国成立初期的普通高中生涯教育以缓解就业与升学矛盾、增强生产能力、进行思想政治教育为主要目的，是纾解社会矛盾与思想统一的重要手段，以服务社会发展为主，其核心价值突出"社会本位"；改革开放初期，以就业指导为主要内容、以人才安置为主要目的，普通高中生涯教育的社会价值重于人文价值；随着素质教育、全面发展、学生核心素养等教育方向的确定，普通高中生涯教育的人文关怀也逐渐凸显，从关注社会发展走向关注人的发展，"促进学生终身发展"开始成为普通高中生涯教育的终极目标。可以说，普通高中

生涯教育的 70 年发展历程也是人文关怀逐渐彰显的过程。在这一过程中,不论是教育工作者,还是整个社会,都在用一种更加宽泛的视角审视高中阶段的生涯教育,这种教育已经不仅仅局限于学生对于未来职业的科学规划和合理选择,更是一种对学生的思想道德引领,一种价值观教育和一种促进学生成长的有效方式。可以说,当今时代的高中生涯教育,已经成为一种引导学生关注自身职业生涯发展、关注未来的教育,是引导学生从职业和社会的角度了解自我,并以此为据提升素养、调适个性来主动适应职业、适应社会的教育,是引导学生把"我的梦"的实现融于"中国梦",把个人的前途命运与国家、民族的前途命运紧密交融,实现个人梦、民族梦、国家梦的辩证统一,引导学生有梦、追梦的教育①。其核心价值和使命指向为学生生命意义的主动构建提供力量。换言之,生涯教育应当能够帮助学生找到并实现自身的生命价值,充盈他们的内心,使他们能够奋斗在人生的各个角色当中,主动构建起自身生命的积极意义②,成为一个真正完整的人、幸福的人。由此,人文精神的彰显是当下高中生涯教育的突出特点,也是未来生涯教育继续改革创新的重要思路。

(三) 独立形态初现端倪

普通高中生涯教育的发展史,从根本上说,也是其由依附向独立发展的历史。新中国成立至今 70 余年,普通高中生涯教育经历了劳动教育、思想政治教育、职业教育以及德育等依附主体阶段。最初作为劳动教育与思想政治教育的一部分,在特殊时期以缓解矛盾、调控人才队伍、服务政治运动为目标;改革开放以来作为职业教育、德育的部分存在,以培养学生职业与就业能力、提升学生道德修养与综合品质为目标。在服务于劳动教育、思想政治教育、职业教育和德育的过程中,生涯教育自身特性逐渐明显,与劳动教育、思想政治教育、职业教育和德育之间的联系与区别逐渐清晰,作为独立的教育内容受到关注,表现为专门文件纷纷出台、专门课程逐渐增加、专门研究相继涌现,普通高中生涯教育呈现与其他教育逐步分离、独立发展的趋向③。时至今日,生涯教育已经逐渐从其他教育类型中脱颖而出,具备了拥有独立教育目标、教育理念、教育内容和教育实施方式的特殊教育类型,成为高中阶段课程与教学改革的特定作用领域。从课程的角度重新理解和建构高中生涯教育,是这一教育体系走向成熟的标志,也是其在实践之中取得理想育人成效的重要前提和基础。

---

① 蒋乃平. 职业生涯教育:引导学生有梦、追梦的教育[J]. 中国德育,2017(14):31-35.
② 刘县兰. 生涯教育:终极目标与实施策略[J]. 中小学心理健康教育,2019(12):29-31.
③ 庞春敏. 70 年回眸:新中国普通高中生涯教育的发展之路与未来走向[J]. 当代教育科学,2019(6):61-64.

三、新时代普通高中生涯教育的实践探索

通过新中国成立以来我国普通高中生涯教育的发展回溯,我们能够清晰地感觉到两个方面的重要启示。其一,尽管在不同的历史时期,高中生涯教育的具体内涵、目标性质和实施方式不尽相同,但是在任何的教育发展时期,生涯教育和生涯指导实际上都伴随着高中教育的改革发展,并且在实践中生成着不一样的价值与意义。这意味着生涯教育在任何历史阶段都有其存在的价值,特别是在经济社会快速发展的今天,对高中学生进行合理的生涯教育依然是教育工作者面临的重要课题。其二,经过 70 余年的历史变迁,高中生涯教育在内涵、体系、性质和实施方式上经历了重大变革,生涯教育作为一种促进学生生命成长的特殊教育类型已经得到了学界的认可,在实践领域已经进行了相关的探索,总结形成了一些可供参考和借鉴的经验。但是生涯教育与社会发展、学生成长的关系十分密切,在动态的演进中更科学地建构高中生涯教育的内容体系,结合学生成长需要设计更合理的生涯教育实施方式,从课程与教学改革的高度系统思考高中生涯教育的改革问题,这是当前高中生涯教育模式创新所必须思考和探索的时代课题。

习近平总书记在党的十九大报告中提出,要全面贯彻党的教育方针,落实立德树人根本任务。2017 年,中共中央办公厅、国务院办公厅《关于深化教育体制机制改革的意见》,要求教师必须具备四个关键能力,要注重培养学生支撑终身发展、适应时代要求的关键能力。《国家中长期教育改革和发展规划纲要(2010—2020 年)》指出,要"建立学生发展指导制度,加强对学生的理想、心理、学业等多方面指导",明确提出要通过多种途径对学生进行生涯指导。高中生处于生涯发展的需求、探索和选择阶段,如何确定人生发展目标和发展道路,把自我健康成长、能力发展、大学专业选择与未来的职业规划进行有效整合,从而科学地规划人生,实现自身的最大发展,是一个迫切而重要的问题。

相较于西方国家,我国正规的学校生涯教育起步较晚。21 世纪初,随着社会发展,大学扩招数量增多,就业问题凸显,生涯教育进入高校,"职业发展指导""职业生涯规划"等概念开始逐渐为大众所熟知。然而不少研究表明,我国高校的生涯教育效果并不理想,存在课程设置不合理、教学效果不佳、师资水平不足等问题[1]。这些问题,一方面在拷问着大学生涯教育的有效性,另一方面也让教育工作者不得不探索生涯教育的合理实施时间。新高考实施以来,

---

① 刘县兰.生涯教育:终极目标与实施策略[J].中小学心理健康教育,2019(12):29-31.

出现了高考政策"倒逼"生涯教育实施的局面,新高考在带来更多选择的同时,也对学生的选择能力、规划能力提出了更高的要求,很多高中学校认识到应该对学生进行生涯发展方面的指导,于是又掀起了生涯教育的一波热浪。这在很大程度上意味着教育领域正在通过实践变革去思考和解决新时代高中生涯教育的诸多问题,让生涯教育的多维育人价值在中小学真正得到体现。

在高中生涯教育的实践探索中,上海是走在全国前列的。一方面,得益于经济社会发展优势和高考改革的政策优势,上海开展高中生涯教育起步较早,积累的经验较多;另一方面,得益于上海教育改革发展的整体水平,上海的高中生涯教育起点较高,在实践中取得了较好成效。早在2011年,上海市学生德育中心就在诸多学校实践的基础上启动了"构建上海市中小学生职业启蒙教育与职业规划教育实施体系"的研究与实践工作,上海市26所中小学和相关科研机构参与其中,参与单位共同编写的《上海市中小学生职业启蒙与职业规划教育综合活动手册》成为上海早期中小学生涯教育的重要指导性文本,其中对于不同阶段生涯教育的内容和要求设计,在全国处于领先水平,并在实践中产生了很大的影响(见表0-4)。

表0-4 上海市中小学生职业启蒙与职业规划教育实施要求

小学阶段	初中阶段	高中阶段	成人阶段
A. 自我了解与成长			
对自我意识重要性的认识	对积极的自我意识的影响的认识	对积极的自我观念的影响和理解	保持积极的自我观念的技巧
对成长与改变的重要性的认识	对成长与改变的重要性的认识	对成长和发展的影响的理解	对发展性的变化和过渡的理解
B. 角色学习与交往			
对人生中不同角色之间相互关系的认知	对人生中不同角色之间相互关系的认识	对人生中不同角色之间相互关系的理解	对工作给个人及家庭带来的影响的理解
与他人交往的技巧	与人交往的技巧	与人积极交往的技巧	保持有效行为的技巧
对不同职业和男女角色之间的变换的认知	对不同职业和男女角色之间的变换的认知	对男女角色之间不断变换的理解	对男女角色之间持续变换的理解

（续表）

小学阶段	初中阶段	高中阶段	成人阶段
C. 职业理解与学业			
对工作与学习的关系的认知	对工作与学习的关系的理解	对以积极的态度对待工作和学习的必要性的理解	参与工作和终身学习的技能
对于因教育成果而获益的认识	对职业机会将受益于教育成果的认识	对教育成果和职业规划关系的理解	进入并参与教育及培训的技能
D. 职业决策与信息			
对如何做出职业决策的理解	职业决策技巧	职业决策技巧	职业决策技巧
理解和使用职业信息的技能	寻找、理解和使用职业信息的技能	寻找、评估和解释职业信息的技能	寻找、评估和解释职业信息的技能
E. 职业规划与体验			
对个人责任和良好工作习惯重要性的认识	寻找和获得职业所需要的技能的知识	具备寻找、获得、保持和更换工作的技能	具备寻找、获得、保持和更换工作的技能
对工作与社会需求、社会功能之间的关系的认识	对工作与社会需要、经济、社会功能的理解	对社会需要和功能给工作本质和结构带来的影响的理解	对社会需要和功能给工作本质和结构带来的影响的理解
对职业规划过程的认识	对职业规划过程的理解	职业规划的技巧	职业规划的技巧

资料来源：陆磐良.高中生职业生涯教育探索与实践［M］.上海：华东师范大学出版社,2018.

2018 年 3 月，上海市教育委员会正式出台《关于加强中小学生涯教育的指导意见》（简称《意见》），明确提出，中小学生涯教育是运用系统方法，指导学生增强对自我和人生发展的认识与理解，促进学生在成长过程中学会选择、主动适应变化和开展生涯规划的发展性教育活动；加强中小学生涯教育，是促进学生全面发展和终身发展的重要举措，也是上海深化教育综合改革、实施新时期德育与心理健康教育的必然要求；明确生涯教育的主要内容包含自我认识、社会理解、生涯规划三个方面。在具体开展中要有科学性，遵循学生身心发展规律，依据教育学、心理学、社会学等相关学科原理和生涯教育的理论、方法、技术，注重体验式学习。另外，生涯教育还要有发展性和一体化意识，重视学生生涯规划的连续性,尊重学生个性发展的差异性。要加强顶层设计和整体规划。《意见》还特别提出,要构建大中小幼衔接的生涯教育内容体系,分学段实施。实施路径包括学校开设专门的生涯教育课程、组织生涯教育活动、提供生涯发展辅导等。在普通高中学校率先建立和普及生涯导师制[1]。总体而言,《意见》的颁布为上海高中生涯教育的开展提供了根本性的政策指引,也预示着高中生涯教育改革的大潮已经拉开序幕。

中学阶段是自我同一性形成与生涯发展的关键期,认识自我与生涯探索是这个阶段学生发展的重要课题。高中阶段的生涯教育课程能够帮助学生寻找未来发展方向与目标,促使他们更有针对性地提升自身能力。基于这样的认识,学校应该结合生涯课程建设情况和学生实际需求,进一步完善生涯教育课程体系,整合学校现有资源,开发家长、校友和社会力量,探索适合本校学生的生涯教育模式[2]。只有通过这种校本化的实践探索,才能顺应高中生涯教育的改革趋势,创生具有中国本土特色的学校生涯教育模式。

笔者所任职的华东师大一附中1959年被命名为上海市重点中学,其前身是光华大学附中和大夏大学附中,分别由张寿镛、廖世承和欧元怀创办于1925年。1951年秋,因大夏、光华两校合并组建华东师范大学,两校附中合并为华东师范大学附属中学。1958年又因华东师范大学增办第二附中,遂改称华东师大一附中。学校是教育部、国家科委命名的“九五”中小学科技教育实验校,是上海市和华东师范大学教育科研实验基地,是上海市文明单位。新校区处于虹口区瑞虹新城中心地带,环境优美,学习风气良好,活动丰富。位于北外滩瑞虹新城附近的华东师大一附中新校区已于2005年8月正式启用。一个全新的以华东师大一附中为龙头,精心打造国际化、现代化、信息化的虹口教育园区正在形成。新校设计理念前沿,建筑风格独特,成为上海市中心城区规模最大、设施最先进的学校之一。学校办学成果斐然,先后荣获上海市文明单位、首批市文明校园、市依法治校示范校、市中学生行为规范示范校、市科技教育特色示范学校、市家庭教育示范校、市家庭教育指导实验性基地、学校心理辅导示范校等各类荣誉。

在推动课程教学和人才培养改革的过程中,华东师大一附中对于高中阶段学生的生涯教育给予了很大的重视,就高中生涯教育的目标、内容、价值和

---

[1] 新浪教育. 上海中小学生涯教育指导意见:率先建立和普及生涯导师制[EB/OL]. (2018 - 03 - 29),[2019 - 06 - 25]. http://k. sina. com. cn/article_6440850558_17fe7947e001004o6j. html? cre = edupagepc&mod = f&loc = 5&r = 9&doct = 0&rfunc = 100.

[2] 牛震云,陈彩霞. 生涯教育:从现在看到未来[J]. 北京教育,2019(6):74 - 75.

实施方式等问题开展了一系列实践性探索。在华东师大一附中看来，生涯教育是教师引导学生学会自我认知、了解社会职业生活，进而思考人生、生活与工作意义的教育活动，除强调能力的培养外应更加重视人格的成长和完善，协助个体认识现实世界并探索自己可能的发展形态，以便做出更好的有利于抉择、规划与准备的综合性的教育计划。而中学阶段是职业生涯的尝试期，学生心理和生理迅速成长和变化，独立的意识和价值观念开始形成，知识和能力显著增长和增强，初步懂得了社会生产和生活的经验，对高中生进行生涯教育会对其之后的发展产生至关重要的影响。

基于这样的认识，在新高考改革政策背景下，以《国家中长期教育改革和发展规划纲要（2010—2020 年）》为指导，学校积极开展生涯教育指导工作。学校的生涯教育工作旨在回归教育本源，聚集专业师资队伍，以生涯教育为主线研究实践、整合资源，尤其关注高中学生生涯意识和能力发展，力图帮助学生获得正确的价值观，提升能力、拓展兴趣，助力学生的升学规划与长远发展。对于华东师大一附中而言，我们希望通过生涯教育指导，达到多维度的教育目标：构建一个生涯辅导专业测评系统，完成"华东师大一附中学生生涯发展档案"；建设一系列生涯规划表，形成学生高中三年的动态生涯规划；搭建一支生涯发展教育教师队伍，完善全员多维生涯辅导导师团队建设；形成一批有创意、有特色、可操作、可复制的研究成果，向外辐射，带动区域生涯教育发展，进一步提升学校形象和影响力。

围绕上述目标，近年来，学校生涯教育主要开展了如下工作：课题引领，队伍建设，学生生涯档案、学生生涯课堂、教师生涯课堂建设，主题活动，家校合作。从这些工作中我们形成了一定的生涯教育工作的特色，初步构建了富有学校特质的、适应教育发展需求和学生成长需要的生涯教育模式。本书呈现的正是这一探索的心路历程与实践经验。

第一章

逐本溯源——高中生涯教育的研究背景

由前述绪论可知,生涯教育在现代高中并非新生事物,它在高中发轫之初就已经萌芽。20世纪初,中等教育分化成初级和高级两个级别。高级中学为帮助毕业生顺利就业开始探索对即将毕业的学生进行职业指导;后来,在加强职业指导的同时,还兼顾升学指导,演变成为生涯指导;随着高级中学越来越重视毕业生升学或就业与高中学业的关联,重视学生学业成就与终身发展的关联,生涯指导逐渐演变成了生涯教育①。在当今时代,生涯教育更是已经成为各级各类教育改革的热词。在笔者看来,重视高中阶段的职业生涯教育,有着丰厚而现实的背景和基础,是一种对于社会发展、教育改革、人才培养等诸多现实问题综合考虑基础上做出的理性选择,探讨高中生涯教育的研究背景,有助于从整体上把握生涯教育开展的必要性与可能性,形成对探索高中阶段生涯教育的理性自觉和内在认同。

第一节　中国经济社会发展的时代背景

教育与社会的关系是教育的基本关系之一,充分认识与准确把握教育与社会的关系是确保教育在社会中正常、顺畅发展的思想前提。改革开放以来,我国教育学界对教育与社会之关系的基本认识大体上可归结为两句话,即教育既受社会制约,又反作用于社会②。对教育与社会的关系进行再审思发现,从教育的社会属性来看,纯而又纯的教育并不存在③,一方面,教育发展需要相应的社会条件作为保障,另一方面,教育自身的变革,也在有力地回应和促进

---

① 潘蓓蕾. 价值观导向的生涯教育——上海市一所普通高中的探索[D]. 上海：华东师范大学,2017.
② 南京师范大学教育系. 教育学[M]. 北京：人民教育出版社,1984.
③ 吴康宁. 教育究竟是什么——教育与社会关系的再审思[J]. 教育研究,2016(8)：4-12.

社会的发展。因此,真正有价值的教育活动或者教育变革,必须与社会的发展、与时代的发展同频共振,必须顺应时代发展潮流,聚焦关键性问题,在主动建构和创新中实现教育改革与社会发展的和谐共鸣。从这个角度上说,探索高中学生生涯教育的转型和创新问题,必须立足于中国经济社会发展的现实环境,必须回应社会发展赋予教育的时代命题。

一、新时代创生的教育发展新格局

在党的十九大上,习近平总书记宣布:"经过长期努力,中国特色社会主义进入了新时代,这是我国发展新的历史方位。"这是党中央对当前所处的历史方位作出的重大战略判断,这一判断对指导我国未来社会发展方略谋断、政策制定、制度安排等具有极为重大的意义。我们进入的是一个什么样的新时代?这是一个后物欲时代,是一个大数据互联网时代,是一个生产与消费一体化的时代,是一个社会主要矛盾根本转变的时代[①]。这个时代的发展,不仅会在很大程度上重塑人们的生产和生活观念,也必然给教育的发展带来新的要求,孕育着教育改革与创新的新格局。综合而言,中国特色社会主义新时代,是不断创造美好生活、逐步实现全体人民共同富裕的时代,是实现中华民族伟大复兴中国梦的时代。新的历史方位要求新时代我国教育的发展也要有与之相适应的格局——全面、全方位、全人。

从宏观上来讲,全面的教育格局是指新时代我国教育的发展要兼顾各级各类教育的发展。新时代要实现各级各类教育的全面发展,贯彻落实教育发展的全面格局,实现"学有所教"的教育目标,需"答"好以下几个问题:第一,如何解决学前教育入园难、入园贵、入学率不高的问题,实现新时代"幼有所育"的目标;第二,如何做好义务教育阶段"控辍保学"工作,解决好"大班额"的教学问题;第三,如何将高中阶段教育纳入义务教育范围,建立中国特色的高考招生制度体系;第四,如何实现高等教育向普及化阶段迈进,加快建设"双一流"大学的步伐;第五,如何丰富和完善特殊教育、职业教育的现代化教育体系。从微观上来看,全面的教育格局是指每一所学校的发展都应有内涵、有特色,打破"千校一面"的单一办学形式,即实现学校办学形式由标准化向特色化、定制化方向发展。这是落实全面的教育格局所应积极思考的重要问题。

全方位的教育格局就是既要发展好国内的各级各类教育,使其全面协调发展,又要促进国际教育的发展,把引进优质国际教育资源与"一带一路"倡议

---

① 张建云. 新时代的内涵阐释[J]. 学术界,2018(9):18-26.

相结合,推动中外人文交流;既要办好符合新时代发展规律又兼顾传统文化的学校教育,又要重视社会"大教育"中网络教育、继续教育、终身教育的发展,以加快构建学习型社会的步伐;既要促进城市教育、东部地区教育、优势群体教育和优质学校教育的稳步向前发展,又要加快农村教育、中西部地区教育、弱势群体教育和薄弱学校教育的发展步伐。全方位的教育发展格局是契合新时代中国特色社会主义现代化建设的使命,是贯彻协调、开放、共享、可持续发展的教育理念,是体现构建人类命运共同体的大局意识。

全人的教育格局是指教育发展的立足点是人的全面发展。全人的教育格局有两层内涵:一是指新时代教育的发展要兼顾每一个个体的发展,"使其一个都不能少",其强调的是教育的广度;二是指新时代教育要注重个体的全面发展,"使人成为一个完整的人",包括自然生命的教育、精神生命的教育和社会生命的教育,强调的是教育的深度。全面、全方位的教育发展归根到底就是人的发展。人是处理和解决一切问题的最高出发点和最后落脚点,因此新时代教育的发展要更加立足于其根本——人[1]。新时代教育如何解民众教育之所忧、办人民满意的教育,如何增强民众对教育的获得感、安全感和幸福感,如何使教育在人的德智体美劳全面发展的基础上进一步促进其主体性、个性化的全面发展和社会关系的极大丰富,这些都将成为落实全人教育的重要议题[2]。

全面、全方位和全人教育勾勒出新时代中国教育改革发展的新图景。三个维度的格局是一个系统整体,其中处于关键和核心地位的是全人的培养,这也就意味着新时代的教育发展,应该着力解决人才培养的改革创新问题,应该通过符合新时代气质和要求的高素质人才培养形成新时代发展的人力资源支撑。

二、新时代蕴含的人才培养新标准

从当前中国教育改革与发展的现实情况看,人才培养的改革问题已经上升为一个党和国家高度关注、全社会普遍关心的重要问题,无论是教育发展重要文件还是党和国家领导人的重要讲话,都透露出对人才培养改革的高度关注。

---

① 罗莎莎,靳玉乐. 新时代教育发展的特点与使命[J]. 教师教育学报,2019(2):1-7.
② 吕一军. 马克思主义关于人的全面发展理论与高校思想政治教育[J]. 中国高教研究,2005(7):62-63.

　　近年来,习近平总书记就教育问题发表了系列重要讲话,提出了系列新思想新观点,形成了以"九个坚持"为标志的教育思想体系,涵盖教育战略定位论、教育战略功能论、教育改革向度论、教育实践系统论等,诠释了教育优先发展的战略定位、立德树人的根本任务、教育改革的"四维"向度,理清了学校、教师、学生的互动生态,内蕴了人民享受更好更公平教育的共享型品格,是新时代中国特色社会主义教育的根本遵循和行动指南①。在这一思想体系中,对于人才培养体系的建构和人才培养模式的改革,习近平总书记也给予了充分的关注,并提出了许多重要的论断。

　　2016年9月9日,习近平总书记在视察北京八一学校时指出,基础教育是立德树人的事业,要旗帜鲜明加强思想政治教育、品德教育,加强社会主义核心价值观教育,引导学生自尊自信自立自强。基础教育是提高民族素质的奠基工程,要遵循青少年成长特点和规律,扎实做好基础的文章。基础教育要树立强烈的人才观,大力推进素质教育,鼓励学校办出特色,鼓励教师教出风格②。

　　2017年10月18日,习近平总书记在党的十九大报告中指出,建设教育强国是中华民族伟大复兴的基础工程,必须把教育事业放在优先位置,深化教育改革,加快教育现代化,办好人民满意的教育;要全面贯彻党的教育方针,落实立德树人根本任务,发展素质教育,推进教育公平,培养德智体美全面发展的社会主义建设者和接班人,特别指出,要努力让每个孩子都能享有公平而有质量的教育③。

　　2018年5月3日,在同北大师生进行座谈时,习近平总书记指出,社会主义建设者和接班人,既要有高尚品德,又要有真才实学。学生在学校里学什么、能学到什么、学得怎么样,同学校人才培养体系密切相关;强调要着力构建高质量人才培养体系,立足于培养什么人、怎样培养人这个根本问题来建设,可以借鉴国外有益做法,但必须扎根中国大地④。

　　2018年9月10日,在全国教育大会上,习近平总书记强调,要在党的坚强

① 徐俊峰. 习近平教育思想体系及其理论品格[J]. 现代教育管理,2019(1):8-15.
② 新华社. 习近平在北京市八一学校考察时强调全面贯彻落实党的教育方针　努力把我国基础教育越办越好[EB/OL]. (2016-09-09)[2019-03-05]. http://www.gov.cn/guowuyuan/2016-9/09/content_5107047.htm.
③ 共产党员网. 党的十九大报告[EB/OL]. (2017-10-18)[2019-05-28]. http://news.12371.cn/2018/10/31/ARTI1540950310102294.shtml.
④ 人民网. 习近平在北京大学师生座谈会上的讲话[EB/OL]. (2018-05-03)[2019-06-10]. http://politics.people.com.cn/n1/2018/0503/c1024-29961468.html.

领导下,全面贯彻党的教育方针,坚持马克思主义指导地位,坚持中国特色社会主义教育发展道路,坚持社会主义办学方向,立足基本国情,遵循教育规律,坚持改革创新,以凝聚人心、完善人格、开发人力、培育人才、造福人民为工作目标,培养德智体美劳全面发展的社会主义建设者和接班人,加快推进教育现代化、建设教育强国、办好人民满意的教育。关于人才培养,总书记特别指出,培养什么人,是教育的首要问题。我国是中国共产党领导的社会主义国家,这就决定了我们的教育必须把培养社会主义建设者和接班人作为根本任务,培养一代又一代拥护中国共产党领导和我国社会主义制度、立志为中国特色社会主义奋斗终生的有用人才。这是教育工作的根本任务,也是教育现代化的方向目标。为实现这样的人才培养目标,要努力构建德智体美劳全面培养的教育体系,形成更高水平的人才培养体系;要把立德树人融入思想道德教育、文化知识教育、社会实践教育各环节,贯穿基础教育、职业教育、高等教育各领域,学科体系、教学体系、教材体系、管理体系要围绕这个目标来设计,教师要围绕这个目标来教,学生要围绕这个目标来学。凡是不利于实现这个目标的做法都要坚决改过来①。

在教育改革的过程中,如何培养高质量的人才逐渐成为教育领域思考和实践的关键问题。培养高质量人才,首要的是确定人才培养的时代标准。概括来说,时代新人是德智体美劳全面发展的具有爱国奋斗精神的能够担当民族复兴大任的强国一代。有学者把时代新人的内涵进行了细化分析,认为:"作为新时代的弄潮儿,'时代新人'是集诸多品质于一身的现代复合型人才,即有理想与立足现实有机统一的实干家、有本领与服务人民有机统一的奉献者、有担当与全球视野有机统一的搏击者、有自信与开拓进取有机统一的奋进者、有道德与政治意识有机统一的坚定者。"也有人认为,时代新人的基本内涵和根本要求就是要实现"时代责任和历史使命的有机统一、价值认同和价值转化的有机统一、'顶天'理想和'立地'实干的有机统一、坚守规范和勇于创新的有机统一、文化自信和政治自信的有机统一、中国贡献和世界贡献的有机统一"②。而在我们看来,不论我们怎样界定新时代人才培养的标准,都应该注意到这种界定对于学生自身精神意志、进取精神、成长态度的重视,也就是说,学生适应新时代发展的一切知识和技能都需要有一个前提性的条件,这个条件

---

① 中华人民共和国教育部. 坚持中国特色社会主义教育发展道路 培养德智体美劳全面发展的社会主义建设者和接班人[EB/OL]. (2018 - 09 - 10)[2019 - 06 - 10]. http://www. moe. gov. cn/jyb_xwfb/s6052/moe_838/201809/t20180910_348145. html.
② 郑永安,孔令华. 塑造新人:新时代教育的重大使命[J]. 中国高等教育,2018(22):6 - 8.

就是学生能够主动设计自己的人生发展,主动为自己预期的目标进行努力奋斗。

上述论述从两个层面论证了新时代教育改革发展过程中开展生涯教育的重要性:其一,新时代的人才培养标准是多样性的,教育在培养人才的过程中既要注重共性能力和素质的培育,也要注重个性化、特色化人才的培养,而在这一过程中,如何进行自我的设计和选择,显然是非常重要的;其二,新时代发展赋予了人才培养新的要求和内涵,人才培养能否适应社会发展,一方面取决于教育质量,另一方面也取决于学生个体的努力,而只有具备了良好的生涯规划能力,学生才能更好地思考和设计自己的人生发展之路,才能主动地将自我发展与社会发展有机融合,赋予人生发展以社会价值和道德意义。由此,从新时代中国经济社会发展的现实需要看,开展高中阶段生涯教育的创新和探索,是主动回应新时代教育改革和人才培养关键性问题的有效方式,也是培养高质量人才的现实需要。总而言之,一个不能够合理规划自我、设计自我、实现自我的人,将难以担负起时代发展赋予的神圣使命。

此外,对于新时代人才培养标准的设计中还有一种浓郁的道德追求,即将"立德树人"的根本任务贯彻落实到教育的每个角落,包括生涯教育在内的任何教育方式,都应该围绕立德树人的要求开展。这也就是说,新时代的学校生涯教育,不仅应该注重学生合理规划和发展自我的知识与技能教育,更为重要的是要给予学生思想道德领域的科学引导,这对于重构新时代高中生涯教育具有直接的引导价值。

第二节　注重核心素养培育的教育背景

21 世纪以来,随着知识经济、全球化和信息时代的到来,人们的生活、工作和学习方式不断改变。在日趋复杂的时代,只有明晰 21 世纪要"培养什么样的人",即学生需要具备怎样的品质,国家才能在教育领域开展适当的教育教学变革,培养能应对 21 世纪挑战的人才,从而促进国家竞争力的提升、实现社会的整体发展和进步。这是全球面临的共同挑战,也是当前许多国家与地区、国际组织广为热议的主题。正是在这样的背景下,核心素养的概念应运而生,教育领域掀起了基于核心素养的变革。核心素养理念也促进了我国在素质教育成果的基础上进一步思考人的培养与发展问题。自党的十八大将立德树人作为教育的根本任务后,我国也组建专家团队研究我国的学生发展核心素养,并成立了高中课程标准修订专家组,集中研究各学科核心素养,旨在以核心素养理念重构课程体系,推进基础教育变革。

一、代表性核心素养框架对人才培养的论述

从本质上看,关注学生的核心素养,就是关注"教育要培养怎样的人"这一根本性问题。什么是学生的核心素养,如何培养学生的核心素养,这是当前全社会都在关注的热点话题,它不仅关系到国家、社会的发展,也关系到千千万万个家庭的未来。对于教育工作者而言,这也是未来事业发展的重要导向,是一个必须清醒认识和细致思考的问题。

从文献看,虽然"核心素养"这一概念的提法比较新颖,但是核心素养蕴含的思想由来已久。核心素养概念的演变与人类进步和社会发展密切相关,是社会生产力与生产方式发展变化的产物。从古至今,不同时代的思想家及学者们都曾经围绕人应该具备的"核心素养"进行过深入而全面的讨论,反映的都是当时社会发展的需求,是当时的人们对"教育应培养什么样的人"这一问题的答案。在以农业经济形态为主导的古代社会背景下,人才的培养重视道德品性;在以工业经济形态为主导的现代社会背景下,人才的培养重视能力本位;而在以信息经济、低碳经济等经济形态为主导的当代社会背景下,人才的培养则需要重视核心素养。强调"核心素养"才是培养能自我实现、与社会和谐发展的高素质国民与世界公民的基础,它反映了当今时代社会发展的需求。

核心素养为世界各国普遍重视,是各国际组织与政府在进行教育改革与课程改革时密切关注的热点。虽然各国际组织与政府在"核心素养"的具体表达方式上存在差异,但其思想是共通的,即都重视公民的关键、必要素养,并且都强调核心素养的获得是一个持续、终身的学习过程。对"核心素养"的概念进行研究,对核心素养与相关概念之间的关系进行辨析,以及对核心素养概念引领下的课程与教学变革需求做系统分析,可以帮助我们顺应当前联合国教科文组织等国际组织所倡导的教育改革的国际潮流与课程改革的世界发展趋势,了解当前世界通行的人才培养标准、规范和要求,在教育改革的大潮中更好地定位和谋划,为实现公平而有质量的教育,提升人才培养质量,促进每一个学生健康幸福全面地成长奠定基础,并持续推动教育改革发展,实现教育强国的最终价值。

全球化、现代化、信息化正在创造一个日益多样化和相互关联的知识经济时代,在机遇与挑战并存的背景下,各大国际组织从人才战略的高度相继开展并构建了核心素养的指标框架,以期回答"教育要培养什么样的人"这一重要问题。其中,深具国际影响力的经济合作与发展组织(OECD)、欧盟(EU)和联

合国教科文组织(UNESCO)分别构建了"成功生活和健全社会的核心素养指标框架""终身学习核心素养：欧洲参考框架""全球学习领域框架"三大核心素养指标框架(见表1-1、表1-2①)。各框架设计了详细的核心素养维度和指标,并提出了一些可行的评价手段,对三大国际组织的核心素养框架进行对比分析,对于明确未来社会人才培养的目标和路径具有重要的意义。

表1-1 三大国际组织核心素养指标框架的基本情况

研究机构	OECD	EU	UNESCO
框架名称	成功生活和健全社会的核心素养指标框架	终身学习核心素养：欧洲参考框架	全球学习领域框架
涉及对象	儿童和成年人	义务教育与培训阶段结束之前的公民和学生	儿童和青少年
研究周期	1997—2004 年	2000—2006 年	2012—2013 年
背景缘起	知识经济时代需要建构新的能力结构	促进欧洲社会融合与满足知识社会的需求	应对人类未来持续面临的学习危机
构建目标	个体成功的生活与社会的功能健全	成为全民终身学习并最具竞争力的经济体	建构理想的学习社会,创造更美好的人类生活

表1-2 三大国际组织核心素养框架的指标分类

方面	维度	指标	指标描述	OECD	EU	UNESCO
全面发展	品德素养	公民意识	具有行使公民权利的能力、道德判断和社会正义伦理的观念,懂得保护权力和利益	√	√	√
		尊重与包容	尊重、接纳、理解和关爱他人,具有同情心,能够理解、尊重和包容人与事物的差异性和多样性	√	√	√
		环境意识与可持续发展思维	能够关心、理解自然与生态环境,具有可持续发展的未来观,理解未来社会是建立在生态、经济、社会文化可持续发展基础上的,具有环保与节约精神			√

① 林崇德.21 世纪学生发展核心素养研究[M].北京：北京师范大学出版社,2016.

（续表）

方面	维度	指标	指标描述	国际组织		
				OECD	EU	UNESCO
	学习素养	数学素养	能够理解数学概念,运用数学知识和数学思维解决日常生活中的各种问题	√	√	√
		科学素养	具有科学精神,掌握科学知识,运用科学知识,确定问题和得出具有证据的结论	√	√	√
		母语能力	通过听、说、读、写等形式,运用母语进行理解、表达、解释、互动等方面的能力,尤其是语言综合运用能力	√	√	
		外语能力	有效地运用外语进行交流、阅读和写作的能力	√	√	
		学会学习	个人根据自身需要独立或与小组合作开展、组织自身学习的能力以及方法与机会意识	√	√	√
	身心素养	身体健康	具有健康的生活态度、生活方式和行为习惯,保持身体健康发展。具有安全意识,爱护自己			√
		心理健康（自我管理）	自尊自爱,积极主动,能够恰当地管理自己的情绪和行为,养成自律、自省的习惯;能够坚强面对挫折,具有积极的情感体验	√	√	√
	审美素养	审美素养	能欣赏与享受艺术作品及表演,并借助与个人天赋相一致的手段来表现自己的艺术才华,愿意通过艺术上自我表达和对文化生活的持续兴趣来培养审美能力		√	√
21世纪素养	非认知品质	沟通与交流能力	能够有效地与他人进行沟通与交流,与他人建立良好的关系	√	√	√
		团队合作能力	能够与团队合作以完成共同目标,能够有效地管理与解决冲突	√	√	√
		国际意识与全球化思维	能够积极理解和欣赏世界各地的历史文化;能够以开放的、多维的思维方式看待世界,具有全球视野		√	
		问题解决能力	合理地思考和分析问题,有效地按照问题解决步骤处理和解决问题	√	√	√

（续表）

方面	维度	指标	指标描述	国际组织		
				OECD	EU	UNESCO
认知品质		计划、组织与实施能力	在复杂的大环境中,基于目标进行规划与组织,并严格执行	√	√	
		批判性思维	能够对各种问题、现象等进行反思和质疑,发现问题所在,具有批判精神和批判技能	√	√	√
		创新素养	具有主动进取的探索精神和好奇心,能够提出和实施新的想法,具有创新和冒险精神	√	√	√
		信息素养	能够运用信息通信技术有效地获取信息、分析评估信息、应用信息等;遵循信息获取和使用的道德或法律规范	√	√	√

二、核心素养框架体系对生涯教育的重视

在我们看来,核心素养不仅是一种适应于当下的人才培养改革模式,也是推进学校课程与教学改革的重要指导,是优化教师教与学行为的重要指南。更为重要的是,通过国内外不同种类的核心素养框架体系,我们能够深刻感受到国际国内教育改革过程中对于人才培养的共性要求,当我们用这样的眼光审视不同的核心素养框架体系时,就能够体会到它们字里行间折射出的对于生涯教育的重视。

一方面,生涯教育是许多国家和地区核心素养框架体系的共性内容。从国际形势来看,当前国际上多数国家、地区与国际组织都认为,以个人发展和终身学习为主体的核心素养模型,应取代以学科知识结构为核心的传统课程标准体,并且基于核心素养观对包括生涯规划教育在内的学校教育进行了系统反思,从而引发了一系列变革。虽然多数国家并未明确提出"基于核心素养观的生涯规划教育"这一理念,但是在美国、澳大利亚、加拿大等发达国家的相关文件中,均表明了在核心素养观下对生涯规划教育的思考,包括对生涯规划教育所要培养的"核心素养"的概述以及如何落实对这些"核心素养"的培养等。例如,澳大利亚在《生涯发展蓝图》文件中提出了包含在个人规划、学习和

工作探索、生涯建树 3 个领域的 11 项生涯规划能力,并将其作为生涯规划教育的目标;《加拿大生涯发展实践者的标准和指导:核心能力》文件,从专业行为、人际交往能力、生涯发展知识、需求评估咨询 4 个方面对学生的生涯发展能力作出了规定与说明。上述各国际组织中核心素养界定中的很多论述,如批判性思维、计划组织和实施能力、学会学习、可持续思维等,实际上都包含了生涯规划和生涯教育的内容。我国香港和台湾地区较早开展生涯规划教育,目前已经完成基于核心素养体系的课程体系重构,将核心素养框架融入课程体系中。

另一方面,核心素养培育与生涯教育在人才培养的内在追求上呈现一致性。不论是核心素养体系也好,生涯教育体系也好,其根本的目的都在于培养学生的自主发展能力和终身发展能力,实现学生的全面发展和终身幸福。纵观国际组织、世界各国对核心素养内涵的理解,虽然各不相同,但都把自主发展作为其重要组成部分。经济合作与发展组织率先提出的核心素养框架包括"能互动地使用工具、能在异质社会团体中互动、能自主行动"三个方面;美国制定的"21 世纪素养框架",确立了核心素养的三个方面,包括"信息、媒介与技术素养""学习与创新素养""生活与职业素养";2016 年 9 月,《中国学生发展核心素养》在京发布,提出中国学生发展核心素养分为文化基础、自主发展、社会参与三个方面,综合表现为人文底蕴、科学精神、学会学习、健康生活、责任担当、实践创新六大素养;2017 年 9 月,中共中央办公厅、国务院办公厅发布了《关于深化教育体制机制改革的意见》,提出要注重培养支撑终身发展、适应时代要求的关键能力,包括培养认知能力、合作能力、创新能力和职业能力。可见,各个国际组织及世界各国关于核心素养(关键能力)的界定都涉及学生的自主发展问题,都将自主发展作为学生核心素养的重要组成部分[1]。而对于高中阶段的学生而言,如何实现自主发展,这不是现有的学科教学和课程体系能够真正达成的,只有通过合理的生涯教育,才能赋予学生合理规划自我、发展自我的意识,才能真正提升学生的自主发展能力,为学生核心素养的培育奠定基础。

由上可知,核心素养是当前学校人才培养及课程与教学改革的重要指向标,从核心素养的角度审视高中阶段的生涯教育,一方面应该认识到学生合理规划自我、设计自我也是一种重要的素养,并且是国内外众多核心素养框架体

---

① 索桂芳.核心素养背景下普通中学生涯教育的几点思考[J].课程·教材·教法,2018(5):122 - 127.

系中普遍涉及的重要素养;另一方面应该感受到,核心素养和生涯教育在人才培养的本质追求上是一致的,只有通过合理的生涯教育才能唤醒学生的自主发展意识,才能让学生主动追求自我、实现自我,这也是培养学生核心素养,促进学生全面发展的先决条件。

第三节 推动高考制度改革的现实背景

与高中生涯教育的开展最为密切相关的是高考制度的改革,在很多研究者看来,高考制度的改革在倒逼高中学生和学校加强对生涯教育重要性的认识。2014 年 9 月,《国务院关于深化考试招生制度改革的实施意见》拉开了新一轮高考改革的序幕。新高考政策一经公布,就引起了社会各界的广泛关注。在打破一考定终身的传统高考模式时,也带来了多重挑战。对于"选择高考科目"问题,率先试点的浙江、上海地区的学生和家长表现出相当的迷茫和焦虑,学校管理者和教师也出现一定程度的混乱[1]。随着高考改革的推进,作为重要实施主体的学校,如何组织学校课程、如何帮助学生选定高考科目等现实而紧迫的问题日益凸显。据此"以往默默无闻的生涯规划教育因其所具有的培养学生选择能力的重要作用,站上了教育改革的前台"[2],生涯教育成为高中学校和学生适应新高考制度改革的必然选择。

一、高考改革带来的学生生涯发展新挑战

传统高考背景下的生涯选择较为隐蔽,一般通过文理分科和高考前短时集中选择两步走的方式完成。文理二分把复杂的人生选择简化,高考前短时集中选择把巨大的选择压力以较隐蔽的方式分散到家长和教师身上,很多学生在还不明白选择的意义及对自身影响的情况下,就完成了选择的过程。这种选择的阵痛与迷茫持续时间较短,但影响相对滞后且深远,主要表现为大学阶段的迷茫和消沉。其中,比较常见的是大学生由于缺乏目标和责任感而产生的停滞不前。这种文理二分的做法和简单滞后的选择,不仅割裂了知识之间的联系,也割裂了学习与发展的关系。它的破坏性表现就是学生缺乏自主性,而自主性是把创造力潜能转化为创造力产品的关键所在。也就是说,学生

---

① 刘宝剑. 关于高中生选择高考科目的调查与思考:以浙江省 2014 级学生为例[J]. 教育研究,2015
   (10):142-148.
② 刘静. 高考改革背景下高中生涯规划教育的重新审视[J]. 教育发展研究,2015(10):32-38.

自我选择的不坚定、不认可,所产生的内驱力和自信心不足,直接导致大学生的适应力不良和创造力不足。综观学生的大学阶段适应问题,很大程度是因为高中生缺乏应有的自我认识、职业探索和专业探索,所以其职业意识极为薄弱,对所选专业的认同感较差。一项关于高中生专业填报的调查研究显示,我国高中生在专业选择方面存在自我了解不深、专业定向模糊、自信心不足等问题,这些都与高中生生涯意识不强、生涯规划能力不足高度相关。新高考政策通过"增加学生选择权",把生涯探索期的迷茫与困惑前置,使自我探索和对未来的思考回归高中主体。这种前置和回归与青少年生涯探索的任务是一致的,实质上是对教育本质的回归,是以人为本的体现,是对个性的尊重。然而,这种突然的回归却使原本致力于解决学业问题的高中学校、学生和家长感到措手不及。因此,高考改革后高中生涯教育的重要意义就开始凸显,其基本任务是着眼于学生在高中阶段所面临的成长与升学的特殊需求,培养学生以选择能力为核心的初步的人生规划能力,帮助他们顺利完成人生的初步选择。

二、生涯教育对于高中学生成长的新价值

任何一种新型教育模式的价值都应该在解决实践问题的过程中得以彰显,新高考制度的改革凸显了学生合理选择、自主选择的重要性;现实的调查却恰恰表明,当今时代的高中学生对于如何合理选择和规划自我,普遍存在认知上的困惑和行为上的偏颇。随着时代的发展,当代高中生在决策过程中会体现出自己做主的意识,但决策能力往往不足。这是生涯教育必须解决的重要问题。浙江省的调查显示,七成以上的高中生认为高考选科起决定作用的人是自己[①]。这说明高中生在作决定的过程中非常重视自己的参与感,具有很强的自主意识,与高考改革的方向,即把选择权还给学生的总体思路是一致的。然而,高中生在决策过程中往往不懂得决策知识,不具备良好的决策能力,这就凸显了开展生涯教育和生涯指导工作的重要价值。

新高考改革形成"分类考试、综合评价、多元录取"的模式。从深层次来说,这是"建立科学、公正的人才选拔和培养体系"的需要,也是迎接未来社会发展的必然趋势。多种选择、多种组合、多次考试和多元评价的方式,打破了传统高考"一考定终身"和"唯分数论"的惯常评价模式。这种多元评价在新的

---

① 王博,陶建成,牛爱华,等.基于词频统计的高中生职业理想研究及其对高中生涯发展教育的启示[J].天津市教科院学报,2016(1):60-63.

标准和评价观尚未形成之前,由于评价机制和经验的缺失,无论是学生的个体差异,还是学校的多样化发展,都很难在短时间内形成认同感。而身份认同的缺失,必然导致内在的不安全感和外在的评价压力,产生许多不确定性。学校如何处理这种内外压力,如何引导学生进行选择,这就是对高考改革的回应,也是学校重新审视自己、重塑自我定位的过程。而评价标准模糊和评价能力不足是新高考改革的最大障碍。传统高校统一考试招生制度下的评价标准较为单一,考生在同一个分数的标尺下进行比较,虽然存在诸多不足之处,却在形式上保证了考生平等竞争。多数调查者都觉得高考是社会公平、公正的象征。在传统模式下,学生和学校对目标与评价标准都比较清晰、具体。高考改革通过"多元评价,多元录取"机制,落实机会公平、程序公平、形式公平,进而深入内容公平、实质公平,以达到科学选才、科学培养人才的目标。但是,面对新的考试招生制度,高中学校在人才培养中新的身份定位还没有形成,在转型和蜕变的过程中高中教育工作者和管理者如何定位自己,以及如何引导学生看待自己,也就是以何种态度对高中生进行发展指导,是当前学校生涯教育发展的现实挑战。

　　生涯发展教育在解决如何综合全面发展任务方面有着先进的理念和做法,是指导人们如何看待多元学生、建立多元舞台、培养多元人才、展现多元通路的重要载体。目前,高中在多元评价意识和评价能力方面都存在不足,必须强化综合而全面发展的意识和能力。高中管理者和教育工作者由长期运用的单一结果评判机制转向多元发展观,面临着多元人生观构建的挑战:"文理二分"及"唯分数论"的传统教育模式对知识和思维引发的割裂,不仅体现在学生身上,也体现在学科教师的教学过程之中,更体现在生涯教师和心理教师专业知识以及对未来职业缺乏了解之上,最终导致探索职业及自我的分离。新高考改革强调"选择性、过程性、综合性",这就需要高中学校具备全面整合的生涯理念,具备多元的发展观念和过程性评价的能力。首先,应该看到,生涯发展不仅仅是让学生作好"升学和就业"的准备,更要为他们"过一种好的人生"作准备。其次,多元评价的核心在于尊重不同人的才华,为不同的人才提供可能的发展路径,而教师作为过程评价的实施者,接受了评价的权利,就要具备识别人才的能力,承担发现学生不同才能,并为他们提供合适的舞台和路径的责任。最后,教师要有基本的职业知识和发展意识,要了解职业与学业及其与学生关系的内在逻辑,指导高中生理解职业是社会分工的产物,职业的价值及个人的劳动价值在交换的过程中得以体现。同时,引导学生看到自己能做之事、可做之事,寻找到未来的方向,逐步建立自己与他人、社会、未来的联系,从而提升目标感和驱动力,达到高考改革人尽其才的目标①。

在华东师大一附中看来,高考变革的关键在于学生评价体系的变化,其中最为突出的是倡导学生综合素质评价。从生涯教育的角度看,回应高考改革,就是要在生涯教育的理念下围绕学生综合素质评价的要求重构学生成长体系,以下是华东师大一附中对这一问题的整体思考。

著名教育家陶行知先生说"人生天地间,各自有禀赋,为一大事来,做一大事去",我们应有这样的气度来面对综合评价。上海市普通高中学生综合素质评价实践的 4 年,是我校焕发活力蓬勃发展的 4 年。

综合评价是庞大系统工程,各组成部分之间不是分裂的,我校在各部分之间努力寻找能有机结合、互相促进的关键点,以促进高中人才培养模式优化,为高校科学选拔人才提供参考,为学生插上综评的翅膀,让华东师大一附中成为学生梦想腾飞的地方。

此外,我校充分挖掘综合素质评价平台数据,并对学校管理做出基于数据的优化和创新,综合评价系统成为我校中长期发展的智慧驱动机。

一、推进高中学生综合素质评价对我校学生发展的意义

综评的推出,是对学校办学方向和课程改革的一次重要引导,也是对学生扭转学习观念和学习方式的一次重要启蒙,唯有主动迎战,筹谋未来,着重认识和把握其对学校各方面工作和学生全面发展核心素养的重要作用,才能抓住教育变革契机,迎接新一轮发展。自 2018 年开始,华东师大一附中建立综合素质评价办公室,贯彻"预前规划、聚合资源、管理科学"的 12 字原则,统筹课程、人员、服务场地等资源配置。

二、推进综评的实践探索

1. 度过有意义的三年学习生涯——用整体目标来激励成长动机

改革前很大一部分学生潇洒地"活在当下",鲜有对如何度过高中三年的思考,更少有对"志愿""职业生涯"的规划。殊不知,人无远虑必有近忧,结果可能是混沌地将宝贵的三年"一笑而过"。自从综合素质评价开始实行,学生对未来的主动思考、目标设定、分步实施及如何最终达成梦想的思考和行动越来越主动、有效,例如:

"三年后我希望交出怎样一份综合评价报告?"——结果导向。

"什么是我希望在这份报告中展示出来的? 什么是我不希望在这份报告中展示出来的?"——目标设定与底线思维。

"60个学时的志愿服务,我能做些什么? 能否与实现梦想挂钩?"——理论结合实践。

"我应当为此付出什么努力? 具体分成哪几步?"——项目管理思维下的具体达成方法。

我校在入学教育中,融入了综合评价系统介绍,让学生在尚未正式踏入高中前,就对政策有所了解,从"7张表"上的"每一空"的"数据源"入手,让学生听清楚、想明白,不仅知道自己要什么,更知道自己不要什么,通过大量鲜活实例及经验教训,使学生做到"三年早知道",在入校初就对综合评价系统形成连续完整、立体透视的认识,从而引发学生进行深度思考并度过有目标并为之奋斗的高中三年。

2. 满足每一个孩子的个性化成长——配套课程的校本化开发实施

为帮助学生提升"梦想达成度",更好地适应综合评价形势下招录中发生的变化并抓住机遇,我校"主动适应",将综合评价融入学校课程的方方面面。我校基础课程、职业生涯规划课程、心理课程、研究性课程、拓展型课程、创新课程均相应整体升级,不断锤炼品牌,以满足学生丰富多样的需求。

3. 记录每一个孩子的发展轨迹——准确及时的数据收集与分析

综合评价系统使得我们获得了以往认为不可能收集的大量的、完整的、连续的、准确的基础数据。学校要成为有心人,把这些数据用活,把数据用到提升教学质量上。深挖数据,设置指标,对教与学定量,结合定性分析,以数据驱动优化学校各项工作。找到其中反映学生共性的需求,通过对这些数据的分析、论证,使学校现代化、信息化管理融入日常,并渗透到教学领域的各个环节中。

我们为学生建立学科、综合学业轨迹记录。借鉴综合评价系统中学生成绩的人数比例的方式,以期中、期末考试为观察点,将某学生某一学科及学业整体情况,自入校以来的比例连点成线,以轨迹的形式(以年级中位数为基准:标注上方、附近、下方,画点连线)让学生对学业评价获得最直观的感受,形成及时、准确的反馈,使学生得以学会面对问题不回避,总结和反思自己的阶段性表现,从而获得解决问题的能力。在认识自我的基础上,及时反馈、评估预警、追踪管理,在下一个观测点再次评估,不断调整,不断进步。

我校依托数据逐渐形成了"教学过程质量标准""教学管理质量标准""教学质量督导系统""学科建设质量标准"等规范化教学管理保障制度体系。

我校建立了数据库,用于广泛收集历年各类公开数据以及校本学生数据的采集、保存。基于此,我校近年来为学生提供了一系列基于准确数据的前瞻性、战略性指导意见。

4. 主动积极解决发展中的问题——120 字背后的管理机制探索

主动适应、认真对待、迎接挑战、抓住机遇;

机制保障、流程规范、分工明确、责任追溯;

深挖数据、钻研政策、发展内涵、融入课程;

想在前面、落在实处、打磨细节、门类齐全;

生涯规划、志愿辅导、问题导向、满足需求;

板块联动、生涯驱动、以志促学、整体最优。

在实践过程中,华东师大一附中始终坚持以上指导思想并在实践中通过创造性、主动性的工作,促进学生健康、全面成长,并在此过程中不断培育和践行社会主义核心价值观。

三、推行综合评价的思考和经验

在推行综合评价的过程中,我校从未停止过思考、探索和实践,总结为三个层次:思考如何满足需求(一份真的报告);思考如何做好(一份好的报告);思考如何做得更好(更多有用的报告)。在实践中我校获得了如下经验。

1. 第一层:一份真的报告! 满足 100% 的学生需求

底线思考,什么是必须做到的:要求真实而准确、合理且规范。

自 2018 年开始,我校建立了综合素质评价办公室,贯彻"预前规划、聚合资源、管理科学"的 12 字原则,统筹课程、人员、服务场地等资源配置。

(1) 数据真实性。我校专门组织力量,安排专人负责综合评价系统数据采集及录入,要求分工明确、责任落实到位并纳入绩效考核。以落实到人,来确保每一项数据真实、可溯源。

(2) 数据准确性。我校在数据录入中对基础数据进行二次比对,确保数据录入准确无误;在数据修正过程中严格执行"书面申请—责任人核对—纸质存证"三个环节,以做到"有错必纠,保真可追溯"。严格按照系统设定流程操作,严格执行录入、确认、申诉等各个环节,在实践中遵循规程,做到不跳不漏。

(3) 数据合理性。我校先思考再动手,在充分研究文件、结合教学实践、广泛采集意见、校务会议商讨后,在首次综合评价录入前,即对综合评价系统中各类数据源录入作出明确定义,制订了一套公正、公平、公开的数据源采集依据,并在后续实践中根据实际情况做相应微调。

(4) 数据规范性。在实践过程中做好需要微调和规范的细节打磨,例如,成绩是否保留小数点,等第评价的学科使用"优秀""优"还是"A",在实践中逐步规范,实现学生表上三年数据格式统一。

2. 第二层思考：一份好的报告！满足我校68%的学生需求

要在综合评价报考、录取环节中交出一份"好的"报告，唯有安之若素认真对待，课程保障长期渗透，从而板块相生共创辉煌。

在高一入学生涯课程上以模拟填报"个人志向"并完成"霍兰德职业兴趣测评"为起点，基于对自身的充分了解，播下梦想的种子；以安之若素之心做相应"志愿服务"，以对应课程体系（"研究型课程""研究型课题""丰富而多样的校园文化活动"等）为保障，助产高质量研究型学习报告；待三年春风化雨后，提供专业细分的"志愿填报辅导"，助学生填下经深思熟虑后确定的"个人志向"，最终助推"学业成绩"创辉煌，真正实现以学生需求为本、以学生梦想为起点、以学生终身发展为目标的，连续、有效的教学活动。

联动板块一："自我介绍"及"个人志向"

我校高一的生涯课程中要求学生模拟高三志愿填报，并为每位学生提供"霍兰德职业兴趣测评"报告，帮助学生认识自我、发现自我，助其锁定生涯目标，规划精彩人生。学生犹如坐上时光机，生涯有未来，成长看得见。学习在附中，成长在附中，发展在附中，让学生从一进附中校门起，就开始关注成长的每一步。在一站式的附中生涯教育与服务中，从一名懵懂少年，蜕变成为成熟自信的青年，度过一段丰富多彩的青春，遇见一个更加阳光出彩的自己。

联动板块二：志愿服务的60个学时

对于学生的志愿服务，我们思考：如何才能让志愿服务有意义？怎样才叫有意义？既然让学生走出校园走向社会，开展多样化素质教育，那么学生去哪里？去做什么？将获得什么？对此我们做了如下工作。

（1）满足学生需求，征集学生意愿。不是基于我们有什么就为学生提供什么，而是根据学生的需要去开发学生最希望去、学生认为最有收获的基地，从中让学生习得社会责任感、创新精神和实践能力。这样才是充分发挥了这60学时的作用。

（2）意愿分类，资源整合。通过对学生意愿的采集，我们发现学生认为有意义的小心愿集中表现在以下方面：爱心服务类、职业体验类、环境保护类、知识获得类等。学校据此整合与开发资源，为学生拓展相应的社会实践基地。

（3）对应课程并结合高三志愿填报。在介绍社会实践时，我校建议学生将社会实践、课程学习、生涯规划、志愿填报综合考虑，有机结合。

（4）为规范志愿服务管理，实现志愿服务全覆盖，我校遵循"统一联系、分散安排"的原则，采取以班级为单位的志愿服务管理模式。具体流程为：学生处专人负责基地联系、岗位预约、岗位发布——学生根据岗位发布情况，填写《华东师大一附中学生志愿服务确认单》申领岗位—班级指定专人统计志愿者岗位,向班主任和学生处提交名单—学生处专人核实、统计和协调后,确定并发布岗位名单—班级指定专人统计志愿者服务活动出席人数和工作情况,上报班主任和学生处—学生处专人负责博雅网导入工作,以及服务基地后期反馈工作。在志愿服务现场,我校实施专门教师与学生干部共同管理的方式,学生干部主要负责活动的考勤管理,专门教师则负责监督、协调、意外事件处理工作,这些有效保证了志愿活动的安全与有序。2017年6月,我校拟定了《华东师大一附中学生社会志愿服务活动方案》,将工作机制和流程制度化。

联动板块三:融入五修特色课程

我校"五修"特色课程包括5个课程板块:基础必修、文理精修、兴趣选修、主题研修、大学先修。综合素质评价在这4年里不断渗透、融入课程,也对课程本身的发展和走向起到了相当大的引导作用,真正做到为成就学生服务。只有将综合评价融入日常、融入课程,让每一位师生心中都有综合评价的意识,才能将综合评价工作做活、做透。

联动板块四:丰富多彩、高质量的校园文化活动

我校以光华读书节、世承体艺节、大夏科创节为主线,着力营造多层次、全方位、立体化的校园文化活动格局,通过精彩纷呈的精品活动,不断培育和践行社会主义核心价值观,坚定理想信念,传递青春正能量。

活动列举。

(1)举办晨兴奖学金颁奖典礼。邀请优秀毕业生代表发言,向同学们介绍自己高中时期的经历,分享宝贵的学习方法和如今在高等学府读书的生活;翩翩学子风采,进一步激发了附中学子奋发读书的决心。

(2)举办各式各类讲座。①科创类主题:"中学生科技创新的若干问题和优秀案例分析""新时代背景下中学生如何开展科技选题与创新研究""发现问题 创意无限 找准研究方法""野生动物的现状与保护""上海水环境保护和水资源节约"等;②学科类主题:"提高数学学习效率的若干策略""医学中的物理""中学生物理实验与培养创新思维能力的关系""如何阅读国外文学经典"等;③生涯心理类主题:"穿越梦想与现实:享受青春期""走近弗洛伊德""理想、追求与事业""我的梦 我为总理当翻译"等。

联动板块五:特色志愿填报辅导

我校通过数据挖掘为学生提供了一系列志愿辅导,初见成效。越来越多的优秀学子从附中走向辉煌,并在2018学年实现所有学生一次投档全部录取的佳绩。

我校志愿辅导摘要：①综合评价、自主招生、普通批次录取顺序、招生人数分析；②细分专业辅导：专业细分、梯度拉开、实现梦想；③走进外省市985、211高校及高铁距离图；④如何填报"安全志愿网"，防脱档；⑤如何"上冲、中稳、下保"步步为营，分分不浪费。

联动板块六：学业成绩，助推创辉煌

如果你想要造一艘船，不要抓一批人来搜集材料，不要指挥他们做这个做那个，你只要教他们如何渴望大海就够了。

——安东尼·德·圣-埃克苏佩里《小王子》

当学生们厘清学习动机，梦想生根发芽后，无需家长、老师们声嘶力竭，就能把他们从抖音中拯救出来，他们自然也会明白自己不在别人记录的美好生活中，不可错过可以奋斗的大好时光。梦想会催促同学们培养勤奋好学、刻苦钻研、一丝不苟、持之以恒的奋发精神，让他们成为学校的骄傲，国家的栋梁。

3. 第三层：更多有用的报告！满足我校"68％＋"的学生需求

综评是桥，走向繁花似锦，我校要致力于提高综合评价上线学生人数。

为达到第三层追求，需要守住第一层基础，深耕第二层管理，脚踏实地，循环往复，不断进步。我们坚信综合评价定当不负附中。

第四节　凸显综合与选择的职业背景

从生涯规划的起源看，其最初的价值在于教会受教育者如何合理就业，如何找到适合自己的职业，因此，讨论高中阶段的生涯教育问题，就无法脱离未来职业选择的背景。

人力资源和社会保障部2004—2012年共计发布了120多个新职业信息，其中110个有国家职业标准。随着新职业的不断涌现，各个传统职业也在细化。面对层出不穷的职业，社会对人才的要求也越来越高，找到与自身兴趣相符的职业将会对个人乃至社会的发展起到强大的推动作用[①]。在这一过程中，生涯教育起着重要的奠基作用。

一、信息时代造就的未来职业特征

在技术变革迅速席卷全球的当下，人们的生活发生着巨大的变化。技术不断改变着传统职业，创造着新的职业，未来的职场充满了未知与不确定。随

---

① 张乐. 论中学阶段开展生涯教育的必要性与可行性[J]. 现代教育科学，2014(2)：10-11.

着技术的发展,社会进入了"变化"的频道,这种变化具有快速、联动、持续的特征。新技能催生了新职业,也带来了持续增长的不确定性。未来的职业也将发生很大变化。传统的职业发展路径是线性的、按部就班的,人们按照学习、工作、升职、退休的顺序生活,会关注职位、薪水、晋升、地位和权利。而未来的职业发展是非线性的、个性化的,有很多不同的阶段,人们会更关注学习、工作、休闲、家庭等因素。因此,在未来职场,一些"不变"的能力素养显得尤为重要,包括能够不断适应变化、有成长性的专业能力;对技术的理解与运用能力;与人沟通、交流、合作的能力①。上述分析意味着,未来的职业选择中,综合性和可选择性成为重要的特征:综合性是指信息时代的职场,呼唤就业者的综合素质,只有注重综合能力的历练才能在未来的职业竞争中取得胜利;可选择性是指未来的职业流动性将明显增强,就业者可以根据自己的实际情况灵活选择就业的内容和方式,长时间供职于同一家单位的就业比例将大大降低。在这样的情况下,能否通过各种因素的合理研判做出正确的职业选择,显然是十分重要的。

二、生涯教育对学生未来职业选择的意义

高中阶段的学生,其生理、心理正经历从少年期向成人初期的转变,还未能对自己形成相对客观而稳定的评价和认识,此时,迫切需要通过生涯教育帮助学生"唤醒自我",建立积极的"自我概念",以面对学业和成长的诸多压力。同时,高中阶段是学生大学准备和职场适应前的黄金 10 年的开端,历经高中、大学,迈向职场,需提升"生涯适应力"以应对多种环境、事件和人生角色的挑战;需要在与环境的交互中,不断提升自我的认知、理解及社会参与能力,逐渐构建清晰、丰满且真实的自我形象。

在从工业社会向后工业社会转型,知识经济飞速发展的过程中,我们进入了复杂性和不确定性的时代。时代的复杂和不确定性带来职业发展的不确定性,"传统的相对单一和固定的生涯模式逐渐向小型化、分散化的无边界职业生涯模式转变,这意味着个体的职业生涯不再只是在单一组织中度过,而是通过跨越组织内边界和外边界,实现不同岗位和角色之间的流动。即个体职业生涯成功与否不再单一地依赖于知识和技能,更强调组织环境对个体职业生涯的影响及个体对组织环境的适应性。伴随知识经济而来的无边界职业生涯发展现状,加大了青年把握环境的难度,需要青年从高中阶段开始即提升自我

---

① Janne Antikainen. 面向未来职业变革的学校与教师[J]. 北京教育,2019(6):35.

的学习能力、管理能力及社会适应能力,以应对不断变化的劳动力市场的需求。同时,需要高中学校加强生涯教育,引导高中生由关注学科知识的学习到注重综合素养的提升,引导高中生不仅关注当下具体的学习任务,更能关注周围世界的变化,树立终身学习的理念。[①]

总之,信息技术的高速发展以及社会人口的变化极大地改变了现代人生活和工作的方式,获得一份永久性工作的日子已然一去不复返,每个人都时刻生活在瞬息万变的社会浪潮中。挑战与机遇并存的时代对人的自我管理发展提出了前所未有的要求。由此,生涯教育在学校教育中的意义日益凸显。高中阶段是青少年通过学校、社会、家庭等多种形式的教育对自身的性格、能力倾向、价值观等方面获取认知、对社会职业进行了解、初步掌握生涯规划能力的关键时期,因此高中阶段的生涯教育对青少年一生的成长发展有着举足轻重的影响[②]。加强高中阶段的生涯教育,既是应对时代发展的需要,也是培养学生综合素养、促进学生全面发展的现实要求,同时对于学生更好地形成职业认知,培养将来良好的职业选择能力也具有重要意义。

① 顾雪英,魏善春. 新高考背景下普通高中生涯教育:现实意义、价值诉求与体系建构[J]. 江苏高教,2019(6):44 - 50.
② 张雯怡. 上海高中生涯教育政策执行研究[D]. 上海:华东师范大学,2019.

第二章

他山之石——高中生涯教育的研究梳理

生涯教育理念的提出和演进,伴随的既是人们对未来社会发展和职业变迁挑战的认知,也是人们对适应未来社会完善的教育体系的追求。美国教育社会学家珍妮·H.巴兰坦在其著作《教育社会学》(*The Sociology of Education*)中提及,科技在如此迅速地变化着,以至于明天不可预测,所以教育领域的预测总是困难的,但是许多教育学家和社会学家依然希望利用社会经济环境知识、预测的新技术、人口统计学知识和特别的调查报告结论来勾勒未来教育的情境。早在 1985 年,美国著名的《未来的学校:21 世纪的教育》(*School of the Future:Education into the 21ˢᵗ Century*)报告中就明确提出了未来学校教育的以下观念:缩短工作周而延长学习周;为适应迅速变化的职业界限而降低开始接受教育的年龄;提供更多的教育以及全体劳动力的再教育的机会;学年延长不少于 210 天;增加家庭内运用新技术的教育;商业活动涉入学校教育;提高教师工资待遇;运用计算机软件替代一些教科书;安排学生进行职业尝试、职业培训;等等[1]。这充分说明,从国际上看,对于生涯教育的安排是未雨绸缪的,这种提前的规划和预期也造就了西方教育发达国家在生涯教育上的先行一步。我国的生涯教育起步较晚,目前也尚未形成完善的教育体系,对于一些基本概念、基本理论的认识亦存在模糊之处。回溯教育研究方法的历史沿革可以发现,比较教育学从 19 世纪初期诞生以来,经过差不多 200 年的发展历程,现已成为教育科学中影响深远的重要学科,为人类认识教育提供了不可替代的学术视野,它不仅具有稳定的学术体系,还拥有庞大的世界性学术组织;不仅在教育研究成果体系中占有重要的地位,还是影响世界各国教育政策制定和改革发展的重要学术力量[2]。因此,通过比较的方式探寻

① 珍妮·H.巴兰坦. 教育社会学[M]. 朱志勇,范晓慧,译. 南京:江苏教育出版社,2011.
② 陈时见. 比较教育学的概念建构及其现实意义[J]. 比较教育研究,2013(4):1-10.

主要发达国家和地区开展生涯教育的经验得失,思考我国高中阶段生涯教育目标开展的主要思路、存在问题和变革方向,对于我们构建真正契合新时代教育发展和当代高中生成长需要的新型生涯教育模式具有重要的参考价值。比较教育学之父朱利安(Julian)早在 1817 年发表的《比较教育的研究计划与初步意见》一文中就明确地指出:"比较解剖学的研究促进了解剖学的发展。同样,比较教育的研究应当为完善教育科学提供新的方法。"①这也意味着,通过对主要发达国家、我国港澳台地区生涯教育经验的梳理和比较,可以达到进一步厘清生涯教育思路、明确生涯教育创新方向的目的。

第一节 主要发达国家的中学生涯教育解读

生涯教育最早起源于美国,之后在英国、德国等发达国家迅速得到发展和应用,西方心理科学的发展促进了学校中生涯教育的演进和普及,生涯教育(亦称生涯发展教育、生涯规划教育等)也由此成为学校教育体系的一个重要组成部分。伴随着经济全球化,人们对于生涯教育重要性的认识得到强化,学校开始积极探索开展生涯教育的理念和方法,国家和政府层面的相关政策保障逐渐完善,到 20 世纪 80 年代,生涯教育在发达国家的中小学教育体系中已经逐渐形成了一套相对完善和独立的系统,并在实践中发挥了重要价值。综合而言,主要发达国家的生涯教育实践,大多依托特色化的课程和主题式的活动,通过多种有效途径,将生涯理想、职业意识、职业素养、生涯探索、生涯规划、职业体验等相关教育引入学校课堂教学和课外实践之中,使学生逐步理解行业发展趋势,体会职业的工作要求,发现自我兴趣特长,掌握必要的职业技能,并在这一过程中深刻理解学校教育与未来职业发展的关系,学会依据社会发展、职业需要和自身的特征进行合理的学业规划与人生发展规划,从而提高自身的生涯素养、职业竞争能力和综合学习能力②。与此同时,不同国家在开展生涯教育的过程中往往又各具特色,通过系统的梳理和借鉴,能够打开研究的思路和视野,为构建本土化的高中生涯教育体系提供借鉴。

一、美国中学生涯教育概要

美国是生涯教育的发源地,经过多年的持续发展,已经形成了完善成熟的

---

① 朱利安.关于比较教育的工作纲要和初步意见[J].王晓辉,译.比较教育研究,2004(12):18-23,80.
② 陆磐良.高中生职业生涯教育探索与实践[M].上海:华东师范大学出版社,2018.

生涯教育体系。早在 20 世纪 70 年代，美国就兴起了职业生涯教育运动。1971 年，时任美国教育署署长的西德尼·马兰提出了"生涯教育"的概念，强调在传统的学术课程中融入生涯发展、态度和价值观等内容，提倡以职业教育引导学生自我规划，并协助学生将规划转化为现实的综合性教育活动。在美国联邦政府的支持下，这一理念发展成为影响范围广泛、程度深远的教育改革运动。1974 年，美国国会专门颁布了《生涯教育法》，通过立法形式来推动生涯教育的落实；2006 年，美国国会又通过了《卡尔·帕金斯职业技术教育改进法案》，其中使用"生涯与技术教育"（career and technical education，CTE）的概念来取代传统的"职业教育"（vocational education），这一新概念带来了生涯教育从理论到实践上的革命①。

　　美国的生涯教育，特别是高中阶段的生涯教育，建有完善的课程体系，生涯教育的课程建设也是美国高中生涯教育最具代表性的经验之一。美国高中生涯教育的课程建设具有三个特点。第一，生涯教育的目标具体，具有非常强的针对性和可操作性。美国把高中阶段视作学生职业生涯的重要准备期，侧重于培养学生的职业能力和职业技巧，帮助学生合理确定自己将来所要从事的职业领域②。为更好地达成上述目的，中学生涯教育课程目标的呈现方式不是仅仅提出学生应该具备的能力，而是说明通过课程的学习后，学生具体能够达到什么水平，注重指标的细化。以《国家生涯发展指导方针》制定的中学生涯发展目标为例，它将中学的生涯发展目标分为自我认识、教育和职业探索、生涯规划三个方面，并提出了达到各个目标的具体指标。可见，指导美国中学生涯教育的课程目标明确、具体，便于操作与落实，各个州在开发课程时有据可依，会对学生应达到什么样的水平有一个十分清晰的认识。第二，生涯教育的内容既丰富又整合，注重培养学生全方位的职业素养。美国中学生涯教育课程整合了学术和职业，运用各学科中与学生生涯发展相契合的点，让学生在掌握学术知识的同时培养职业技能。美国中学生涯课程还整合了校内和校外，开展生涯教育主要通过各种校内外活动来进行，学生不仅在学校学习相关理论知识，培养良好的工作习惯，还通过就业跟踪、青年学徒制计划等活动去校外感受真实的工作世界。此外，美国中学生涯教育还以整合性主题课程的形式来培养学生的生涯发展能力。例如，有的州立学校结合自身区位优势，通

① 王世伟. 美国高中阶段生涯教育课程评析[J]. 比较教育研究，2013(9)：40-44.
② 杨婧. 从美国生涯教育的经验看我国普通高中生涯教育及其课程设置[D]. 天津：天津师范大学，2007.

过开展"我的经历对未来职业选择有何价值""我理想的职业以及应该为这种职业所做的准备""为什么我现在的学习和选择对未来的职业有很强的现实意义"等专题学习和主题探究,引导学生更好地形成科学的职业认知。第三,课程实施方式贴近学生实际,注重彰显"以学生为中心"的生涯教育理念。美国中学生涯教育课程在具体的实施过程中,注意贴近学生的生活,激发学生的内在力量,注重以多种方式、多种途径引导学生去参与、去感受现实工作世界或者将来升学后的环境,具体实施方式包括课程介入、教学渗透、生涯咨询、实践体验、模拟演练、计算机辅助、教室演讲、高中或大学实地考察、导师制等①。为了扎实推进生涯教育的课程实施,美国有专门负责生涯教育的部门,有专门从事生涯教育管理和服务的人员,每一所学校也都成立了专门的生涯教育师资队伍,形成了上到政府下到每一所学校的完善的生涯教育网络体系,学校之中普遍设有名为"Counsellor"的岗位。这种岗位的工作内容主要是生涯发展顾问,专门为学生的生涯发展提供帮助和指导。由此可见,美国的生涯教育,不但有完善的课程体系,而且有开展课程的相关师资建构,在具体的课程实施中也很好地满足了学生需求,体现了以学生为本的教育原则。

二、英国中学生涯教育概要

相较于美国,英国正统的生涯教育起步稍晚,但是依托强大的教育系统,其生涯教育的后续发展强劲有力,形成了具有特色的思路和经验。根据英国的教育政策,英国的高中学生从入校开始,就必须接受系统的生涯教育。在这样的政策引导下,英国的各学校也都能够结合本校实际,探索科学的生涯教育实施路径。同美国一样,英国的高中生涯教育在世界上也处于领先地位,这一方面源于其深厚的教育积淀,另一方面也与英国政府对于生涯教育强有力的政策和制度支持密不可分。早在 1948 年,英国政府就通过了《雇佣和训练法》,明确规定英国的各中学都必须对学生进行生涯指导教育。普通中学的职业教育和职业指导主要由学校的指导教师和校外的职业官员协作负责。指导教师的任务主要是实施职业教育课程,提供最新的职业信息,向学生提供个别和集体咨询,帮助制订职业教育家庭计划,协助使用计算机辅助职业指导系统,参加家长会议,举办职业参观,组织职业演讲等。1997 年,英国公布《教育法案》,规定所有公立中等学校都有法定责任为九至十一年级(即初三至高二)的所有学生提供生涯教育计划,且必须确保学生得到生涯辅导和最新的生涯

---

① 索桂芳,高艳春. 美国中学生涯教育的特点及启示[J]. 教学与管理,2018(1): 82-84.

信息资料。2000 年，英国教育与技能部颁布了指导性文件《新课程中的生涯发展教育》，明确规定了生涯教育的具体目标；2003 年，英国教育与技能部又制定了《全国生涯教育框架》；2005 年，教育与技能部发表的纲领性官方指导文件《14～19 岁教育与技能白皮书》中，再次重申加强中学阶段生涯辅导，并要求通过行业技能委员会，使雇主广泛地参与到现行的教育改革中[①]。

综合而言，英国的高中学生生涯教育体现出如下几个方面的特征。第一，重视系统性的生涯规划指导。英国教育与技能部针对中学设计的生涯发展框架具有科学性和指导性，各个教育执行部门能够在框架的指导下注重发展培养学生的自我意识，让学生意识到个人在能力、兴趣、价值观、家庭环境方面的差异，判断自己与职业的匹配度。同时，学校开展的职业指导计划也会请专业人士进行评估调整，使其科学性符合学生心理发展的特点。第二，重视学生职业决策能力的培养。职业生涯教育的内涵是丰富的，从英国的生涯教育课程体系看，其涉及的内容也是比较宽泛的，但是这些内容在很大程度上都指向于帮助学生培养良好的职业决策能力。英国的高中生涯教育一般通过特色化的学校课程实施，在实施过程中，教师会有意识地指导、帮助学生发展职业自我认知、职业决策、两难选择的能力，并引入校外知名专业人士讲座，引导学生评价和分析职业信息，使之意识到职业选择的重要性及其产生的后果，鼓励他们利用职业指导服务作为学会决策的媒介。第三，注重开展实践性的体验活动。英国中学通过开展多种实践实训活动，如安排学生到工作岗位亲身体验、开展工作场景模拟等，向学生介绍他们可能的职业选择范围，获得职业的途径等职业信息，同时根据地区差异、学校差异，请各行业专业人士细致地分析各种职业的异同，从而帮助学生建立起自身实际情况与未来职业选择的内在联系，形成最终的职业选择。第四，注重建设完善的生涯服务体系。英国各个地方教育部门设有专门的生涯服务机构，协助学校实施生涯教育。地方生涯服务机构的主要职能：为学生熟悉各种职业提供咨询指导和建议，建立学校与企业、工厂的广泛联系，为学生提供参观学习机会，等等。同时，为了弥补学校生涯教育资源的缺乏，也为了与学校生涯教育更好地开展合作，英国教育与技能部建立了有关生涯教育方面的专属网站。网站上既有开放式的职业发展教育项目可以申请，也有在线职业指导与评估，弥补了学校生涯教育的不足。

---

① 刘晓倩. 英国中学生涯教育述评[J]. 外国中小学教育，2014(6)：28－32.

三、德国中学生涯教育概要

众所周知,德国是世界上职业教育最为发达的国家之一,与此相适应,德国高中学生生涯教育的最突出特征就是针对各种不同职业,搜集整理关于该职业学生应该了解的各种知识,形成课程资源,并向各地劳动局、学校、师生和家长免费发放,从而建构了完善庞大的职业信息系统。就学校教育而言,德国的职业生涯教育课程涵盖于普通教育阶段的劳动技术教育专业中,旨在给学生提供尽可能多的、实用的建议和帮助,使其最终能找到理想的职业,并在以后的职业生活中继续受益。简单地说,开展职业生涯教育的主要目的是"两个促进":第一,促进学生自由选择职业能力的提高;第二,促进学生的个性全面发展。德国职业生涯教育课程涉及经济、社会和人,内容包罗万象、丰富多彩,主要通过课堂教育、访问职业信息中心、参观工厂、到企业实习等方式实施[①]。职业生涯教育的内容主要包括三个方面。一是帮助学生合理选择职业道路。学校、劳动部门和信息中心加强合作,通过《现今的职业》《阶梯》等书籍和分门别类的职业资料及影片,向学生详细介绍各种职业的性质、要求、工作范围、发展前景,以及本地区劳动力市场的形势等,让学生对社会可以提供的职业有一个广泛、深入的了解。在帮助学生了解职业世界的同时,指导学生客观评估学习成绩,参加各类心理、生理自测,理性地进行自我分析,有的放矢地进行职业选择。同时,借助职业咨询员、教师、家长等,帮助学生有效地协调能力与兴趣、爱好、客观条件与主观愿望,供与需等各种矛盾,从而使职业选择的过程科学、合理、系统。二是指导学生正确申请职位。具体步骤:教师指导学生书写求职信的格式、内容、技巧等,增加其获得面试的可能性;帮助学生调整心理状态,修饰外表形象,练习自我介绍,把握谈话过程,过好面试关;对某些要求笔试的行业,还会精选一些试卷,有的放矢地训练学生的计算能力、逻辑推理能力和形象思维能力,以便其在笔试中获得良好成绩。三是帮助学生树立职业的自我保护意识。讲授有关法律知识,指导学生学习职业培训法、青少年劳动保护法、企业法、经济资助法、劳资合同法以及有关职业培训的规定,让学生懂法、守法,并学会用法律维护自己的正当权益[②]。总而言之,为了帮助学生更好地提高职业规划与职业选择能力,德国建构了一套完善的职业规划课程体系,与未来的职业实际有效对接,成为学生了解职业、选择职业的有力参考。

---

① 黄岳辉. 职业生涯教育研究及其对我国普通高中的启示[D]. 上海:上海师范大学,2006.
② 傅小芳. 德国基础教育阶段的职业指导课程[J]. 教育理论与实践,2005(8):3-5.

第二节　我国中学生涯教育的研究回顾

　　高中阶段是由少年向青年的重要过渡时期,也是青少年进行生涯探索的黄金时期,同时这一时期的学生也正处于人生选择的重要阶段。区别于小学和初中,高中时期的学生在三年的学习生活中要面对很多和职业相关的选择,包括升学、文理科选择,兴趣培训,技能进修等,为了使学生更为成功地迎接未来的挑战,正视和充分利用各类机遇,高中时期的生涯教育不可或缺。在本书绪论部分,笔者已经回溯了新中国成立70年来高中生涯教育的开展情况,近年来,随着高中新课程改革和招生考试制度的改革,生涯教育的重要性更加凸显,如何开展好高中生涯教育,成为国内教育研究的重要问题域。通过对这些研究的梳理,能够对我国当前高中生涯教育的开展情况有一个整体性的把握。

一、我国大陆地区高中生涯教育的开展现状

　　从现有的文献资料来看,北京、上海、江苏生涯教育起步较早,生涯教育各方面的发展也相对成熟。在新高考政策的推进下,国内各省份大多数中学已经开始进行生涯教育,部分中学已经形成了比较成熟完善的生涯教育体系。生涯教育开展的区域特点比较明显,除了上述生涯教育起始时间和发展程度的差异之外,不同地区的重视程度也不尽相同,很多地方都根据自身实际制定区域层面推进生涯教育落实的相关政策和制度,这些政策制度的出台为高中生涯教育的全面展开提供了良好的政策环境。

　　从高中生涯教育的实施内容上看,大多数高中开展生涯教育主要是进行学业规划指导,重点从三大块内容入手,通过多种形式的生涯教育活动帮助学生进行自我探索、环境探索和生涯决策,旨在帮助学生更好地进行选课、志愿填报等生涯决策。有研究者对上海市部分普通高中进行实证调查发现,学校开展生涯教育的主要内容体现在选课选考指导、自我认知能力的培养以及学业规划指导方面,而对职业世界探索以及长远的人生规划涉及甚少,其他调查研究也得到了类似的结论。另外,比较有代表性的浙江、江苏等地的中学,在设计生涯教育内容的时候一方面确保生涯教育主题性目标的实现;另一方面充分挖掘和利用区位优势、校本优势,在生涯教育的内容体系上进行创新,例如:有的学校生涯教育内容主要分为自我探索、环境探索和决策、发展能力培养三大环节;有的学校生涯教育以课程为核心,辅以大量的实践体验活动,从自我探索、环境探索、生涯决策、行动和计划制订等内容入手展开;有的学校不

仅包含自我探索、社会探索、生涯抉择和规划,还将生涯管理训练、心理素质培养及学习能力、人际能力、生活能力的提升等作为生涯教育的内容,在很大程度上延伸了生涯教育的内涵和外延。

关于生涯教育的实施路径,从目前介绍高中生涯教育实践情况的文献资料来看,高中生涯教育以课程教学、生涯测评、生涯咨询及各类生涯体验活动为主,随着生涯教育的逐渐普及,生涯教育与其他学科的融合也逐渐被思考和实践。总体而言,课程教学是各学校开展生涯教育的重要手段和主要抓手之一,很多学校都结合自身实际建构了特色化的生涯教育课程体系,同时由于升学考试的压力,也有一些中学并没有正式开设生涯教育课程,而是以主题讲座或主题班会形式进行;生涯测评是学校在开展生涯教育的过程中常用的手段,为了帮助学生认识和了解自己的兴趣、能力、性格等个性心理特征,澄清价值观,很多学校通过纸笔测验或网络平台测验,开展职业兴趣测验、人格测验、职业性向测验和职业能力测验等;生涯咨询也是常用的生涯教育实施路径,在很多研究者和学校看来,心理咨询作为团体课程和心理测评的补充形式,可以弥补前两种方法的不足,为学生提供个别指导。很多学校由心理健康教师为学生提供一对一的生涯咨询,不仅很好地解答了学生的职业疑惑,也能够为学生更好地融入社会、更好地完成学业提供心理上的帮扶支撑,达到一举多得的效果;由于大多数职业的实践属性,很多学校在开展生涯教育的过程中也将实践体验作为一种有效的实施路径,特别是注重将生涯教育与综合实践活动相结合,使得生涯教育在很多学校成为综合实践活动课程的重要组成部分。实际体验不同专业的工作环境,可以使学生对不同的职业有一个清晰的感知,同时也是对学科课程理论学习的实践检验。但是总体而言,由于实践体验活动对于学校社会资源的要求较高,大多数学校还无法开展真正意义上的生涯体验活动。生涯教育与学科教育的相互融合和渗透是当前生涯教育改革的重要趋势,在学科教育中渗透生涯教育常用的方法,就是了解探索与某一学科相关的职业,探讨某一理论知识在实践中的应用,或者通过了解某一学科的发展历史或著名人物,将学科学习与未来职业联系起来,从而帮助学生获得更多的职业信息,促进学生进行生涯探索和对未来的思考,达到生涯教育的目的。除了常见的以上几种生涯教育形式外,还有学校为学生配备生涯导师,长期全程为学生提供生涯辅导和支持。也有学者建议在学校开展同伴互助,鼓励学生共同进步。

对于当前生涯教育中存在的问题,很多研究给予了关注。综合相关的研究,目前高中生涯教育过程中至少存在以下几个方面的突出问题。首先,许多地区或学校对生涯教育重视程度不够。尽管国家和一些地方的相关政策法规为生涯教育的开展提供了越来越多的支持，但是由于大部分学校还是以应试教育为主，生涯教育并没有得到足够的重视。虽然很多学校已经开始有意识地开展生涯教育，但是由于条件限制，不少学校的生涯教育流于形式，生涯教育工作缺乏持续性和系统性。其次，缺少专业的生涯教育教师，学生可获得的专业指导有限。目前，普通高中大部分学校并未配备专业的生涯指导教师，而学校内的大部分教师又对职业生涯教育认识不足。研究发现，在重点中学开展生涯教育的主要是班主任、心理健康教师及其他专业机构教师，而在普通中学则主要是班主任和任课教师[①]。一项大样本调查发现，仅有 7.1％的教师表示自己非常了解职业生涯教育；42.9％的教师表示大概知道职业生涯教育的内容、目的等；46.4％的教师表示仅仅听说过职业生涯教育这一名词，对于职业生涯教育的目的、内容、实施方式等并不熟悉；还有 3.6％的教师表示完全不知道什么是职业生涯教育[②]。再次，缺乏生涯教育评价体系，从目前开展生涯教育学校的基本情况看，生涯教育工作缺少相应的考核评价机制，造成很多专任教师的工作被埋没或不被认可。迫切需要从教学目标达成情况、学生自我评价、家长评价及班主任评价等方面着手，建立健全生涯教育评价体系[③]。最后，生涯教育的有效课程体系建构还不成熟。课程是支撑生涯教育的有效路径，尽管在很多高中学校，生涯教育通过不同的方式在开展，但是真正能够结合时代发展和学生成长需要建设完善、独立、科学的生涯教育课程体系的学校并不多见。很多学校的生涯教育都是依附于其他的课程、学科和活动，没有相对独立的课程目标、课程内容和课程实施方式，这会在很大程度上限制高中生涯教育的实施成效。

二、我国港台地区的中学生涯教育解读

由于特殊的历史原因，我国港台地区的教育开放相对较早，接受国外教育理念的影响较深，生涯教育的起步也相对较早。目前，我国港台地区普遍建立了相对完善的生涯教育体系，如何借鉴与学习港台地区的生涯教育理念，完善大陆地区高中生涯教育的实施体系，是一个值得思考和探索的命题。

① 梁茜. 普通高中生涯发展规划与指导的现状研究——基于上海市 5 所普通高中的实证调查[J]. 基础教育研究, 2016(5)：28－32.

② 王雅文. 普通高中职业生涯教育现状和对策研究——基于上海市 6 所高中的调查[D]. 上海：华东师范大学, 2014.

③ 罗扬, 赵世俊. 我国普通高中生涯教育的现状与问题[J]. 江苏教育, 2017(6)：31－33.

（一）我国香港地区高中生涯教育探析

早在 20 世纪 60 年代，职业辅导就被引入香港的中学，但当时只是一项微小的边缘化服务。经过了教育工作者长久的探索和努力，2009 年的新高中课程改革直接推动了中学职业辅导的进程。正是这次改革打破了文理分科，让学生可以自由选择两到三门选修科目，在专业课程和未来职业道路上有了更多的选择。香港特区政府 2014 年行政长官《施政报告》中，正式发布了加强年轻人职业生涯教育的政策，支持职业教育与学术教育并行发展，并且自 2014 学年起每年总投放 2 亿多港元，向每所公立高中学校提供生涯规划津贴，以提升生涯规划教育和升学就业辅导的人员数量及服务。这是标志香港中学生涯教育正式启动的里程碑，也是香港地区职业生涯教育日趋完善的催化剂。

除了经济上的支持，香港特区政府还为中学生涯教育提供了一个《生涯规划推行指南》，将职业生涯教育作为一种独特而重要的课程服务，视为所有中学课程中不可或缺的一部分。通过香港地区生涯教育的相关政策、制度和举措，可以发现以下基本特征。

其一，香港的高中生涯教育投射出"终身教育、全人发展"的基本理念。在实施生涯教育的过程中，注重把学生的全面发展作为教育终极目标，强调学生个人的整体发展，强调专业与通识、人文情怀与科学精神、学识修养与人格、精神世界与物质世界、个人与群体的平衡。这意味着香港地区的生涯教育，切实把学生作为一个主体的人，有情感有智慧，在此基础上，力求把学生培养成一个有知识、有能力、视野与个性全面发展的人，能够一生不断自学、思考、探索、创新和应变，而不只是一个学习的机器。正是围绕这一理念，香港的新高中课程提出，为每个学生提供不同的进修和职业发展途径。香港中学的系统生涯教育也由此应运而生。

其二，生涯教育内容有机融合进课程体系。香港的新高中课程是由核心科目、选修科目以及其他学习经历这三部分构成的（见表 2-1）。其中，涉及生涯教育的有两部分内容：一个是选修科目中较为实用的与职业相关的课程，比如企业会计、财务概论、设计与应用科技等，学生可以根据自己的兴趣和能力作选择；另一个是"其他学习经历"中最后一个"与工作有关的经验"，这也是香港生涯教育最具特色的部分。学生可在选修科目和其他学习经历两大学习领域中分别选修一定的职业生涯相关课程。这些课程的开设可以帮助学生根据自己的人生规划、兴趣以及大学招生的要求进行自主选择。这种基础学习和灵活多元化课程之间的平衡，照顾了学生的不同兴趣、需要和能力。

表 2-1　我国香港地区高中课程体系

核心科目	选修科目	其他学习经历
中国语文 英国语文 数学 通识教育	从 20 个选修科目、一系列的应用学习课程及其他语言中，选择 2 个或 3 个科目	德育及公民教育、社会服务、艺术发展、体育发展及与工作有关的经验

其三，注重与工作有关的经验的积累。香港推行生涯教育的宗旨有三个：构建对工作世界的认识；了解不同职业的工作操守和道德要求；提供与就业能力有关的知识和训练。具体的目标内容包括：认识各行各业的工作，了解工作的品德要求以及探索个人的兴趣能力，培养职业适应力，且随着年级的增长而不断深入学习。与工作经验积累相匹配，香港的高中生涯教育在以下三个方面尤为注重：在知识层面上，为了培养学生对某些行业的认识，教师常常把学生带到真实的环境中，如探访所选行业典型的工作地点，帮助学生在真实环境中增长对典型行业的认识；在价值观层面上，教师注重培养学生良好的工作态度和观念，着重 5 种价值观的培养，即：坚毅、尊重别人、责任、国民身份、承担。教师在实际的教学过程中，往往会通过启发式的提问和主题式的研讨，帮助学生形成正确的职业价值观；在技能层面上，针对瞬息万变的就业市场，现有的工作很可能在 3 年后已不复存在，所以用人单位通常偏爱能迅速地学习以及具备广博知识的人，这样的人才能应对工作领域中难以预测的情况。为此，教师会着重培养学生的就业能力。不论劳动市场的走势如何，学生必须有让自己具备就业能力的意识。教师通过案例和体验式活动让学生明白用人单位要求"什么样"的个人品德和"为什么"这样要求。学生必须站在用人单位的一方，反思更为重要的问题。

综合而言，香港中学的生涯教育在推行方式上注重为学生创造各种职业体验环境，让学生全面接受不同的学习经历，为未来的学习、生活和工作做好准备。在课程选择上，让学生进行多元化的选择，帮助学生了解个人的能力，树立职业理想。在课程内容上涉及的范围较广，帮助学生探索自己在职业方面的取向和能力，培养学生乐学好学的精神品质，提高其对工作、家庭、社会的责任感，扩大国际视野[①]。特区政府为生涯教育的开展提供了有力的政策支持和经费保障；充分利用社会资源提升学校生涯教育的有效性；全校参与生涯教育，把生涯教育作为学科教学的重要内容，作为教学活动的重要目标向度；在

---

① 孙竞.香港中学生涯教育概述及对内地的启发和借鉴[J].广西教育学院学报,2017(6)：101-105.

学校课程体系规范的基础上,注重学校教育与社会职业教育的有机配合,这些是香港高中生涯教育的最显著特点,也是建构内地高中特色化生涯教育体系应该借鉴的有效路径。

(二) 我国台湾地区中小学生涯教育探析

我国台湾地区在 20 世纪末正式将生涯教育引入中小学教学中,取得了一定的成效。世纪之交,为了适应地区发展需要,提高群众素质和地区竞争力,台湾对教育进行了大胆改革,于 1998 年 9 月 30 日公布了"教育阶段九年一贯课程总纲纲要",确定了民众十大基本能力,而"生涯发展与规划能力"赫然在列。同年 10 月 17 日召开的"九年一贯课程分科纲要小组召集人联席会"也在信息、环保、两性、人权四项重要课题外,增加了生涯发展课题,确认一至九年级学生所应具备的生涯发展核心能力,并将职业生涯教育内容融入七大学习领域(语文、健康与体育、社会、艺术与人文、数学、自然与生活科技及综合活动),列入日常教学计划。

按照 2008 年颁布的有关生涯教育的政策文件,台湾地区的中小学生涯教育主要包括 5 个方面的内容。其一,了解生涯发展的意义。目的在于唤起学生对生涯发展历程的了解与接纳,在父母与师长的引导下,能根据个人需求与现实环境之考虑,开展最有利于自身发展的生涯方向学习。其二,探索与掌握自我。目的在于加强对自我的了解,探索个人历经不同时期的自我变化,并更能接纳自我,同时掌握影响未来发展的各种情境因素,做好生涯规划的准备。其三,营造通识教育与职业环境。其目标重点在自我认识的基础上,进一步探索与个人特质相关之各项环境资料,作为选择之依据。其四,培养生涯决策与规划能力。目的在于培养学生熟悉抉择技巧,在其未来面对抉择情境时,能以理性的方法与态度做出最适切的决定,并据以拟定适切的发展计划。其五,进行生涯准备与生涯发展。目的在于配合所做之生涯决定,培养生涯发展上所需之各种态度或能力,以确实执行所拟定之生涯计划。

台湾地区关于中小学生涯教育的开展手段多种多样,根据其实施途径可以划分为三大方式。

一是通过学科课程。著名生涯理论学者舒伯认为,生涯发展课程是促进学生生涯发展的最适宜方式,所以将生涯发展概念纳入学校课程是一条最佳路径。生涯发展教育不应只是在传统的课程外增加一个额外的科目或单元,而是应该将生涯发展的理念融入现有的课程当中[1]。台湾地区教育行政部门

---

[1] 转引自:刘涛,陈鹏. 中外职业启蒙教育的理论与实践述评[J]. 职教论坛,2015(12):39-41.

强调：在整个教育阶段，应培养学生注重自我觉察、生涯觉察和生涯规划，能运用个人潜能及社会资源，提升生涯规划与终身学习的能力，进一步适应社会环境的变迁，创造有价值、有意义的人生。生涯发展教育的课程目标包括：让学生了解自己，培养积极、乐观的态度及良好的品德、价值观；认识工作世界，并学习如何增进职业生涯基本能力；认识工作世界所需要的一般知识和技能，培养独立思考及自我反省能力，以增强对自我职业生涯的信心；了解教育、社会及工作间的关系，学习各种开展生涯教育的方法与途径；运用社会资源与个人潜能，培养组织、规划职业生涯的能力，以适应社会环境的变迁。以上内容已融入语文、数学、英语、社会、艺术与人文、健康与体育、综合活动、自然与生活科技等各科课程中，并通过平时的课堂教学，逐步培养学生关于生涯发展的意识和能力。为了达到职业生涯教育的课程目标，教育部门在"中小学九年一贯课程暂行纲要"中明确规定了生涯发展教育应达到的 20 项能力指标，每个目标都包含不同的能力指标。在这众多领域中，综合活动课是基础阶段生涯发展教育实施的重要途径之一。台湾地区的中小学综合活动科的课本中有大量固定的单元主题以生涯探索为主，将综合活动课作为生涯教育的重要阵地。

二是开展学校活动。采用生涯发展活动的形式，即以班级或小组为单位，有目的、有计划地实施一定的活动项目，让学生主动地参与活动，体验活动的内涵，也让教师通过活动进一步了解学生，更好地引导、帮助其达到生涯发展的目的。学生通过参与这样的活动，能够进一步了解自我，提高对生涯教育的认知，提高生涯决策能力。台湾地区中小学生涯教育的开展，按方式可分为团体咨询、个人咨询、多媒体教学、参观访问、生涯游戏、演讲比赛、头脑风暴、主体工作坊、评量工具使用、生涯博览会等。教师在教学实践中，会根据不同的主题和内容选择合理的方式开展生涯教育，既充分保障课程体系的完整性，也让学生有更多的参与空间，在真实的探索和体验中积累生涯经验，历练生涯技能。

三是通过社会途径。主要包括家庭、社区和企业以及大众媒体。对于家庭而言，台湾地区的生涯教育强调运用亲职教育研习，让家长熟悉生涯决定的过程，以便能教导子女自己做决定。督责各校整合家长人力资源，成立家长志愿服务队，运用学校课程空白时段，进行职业生涯探索活动。鼓励家长成立奖学金，颁给技艺教育学程表现优异之学生；对于社区和企业而言，台湾地区的生涯教育认为，需要带领学生参观并认识社区中的各行各业，让学生发展出针对社区中某一行业的入门指引，让学生清楚要从事该职业需具备哪些条件。邀请社区中的知名人物到学校演讲或举办座谈，向学生提供足够的社区信息，让学生参与社区中的相关活动;对于大众媒体而言,强调充分运用媒体的力量完善生涯教育的内容和实施路径,如教育广播电台进行的一连串与生涯理念相关的倡导,其他大众传播与刊物倡导服务等,为学生升学与就业提供参考。另外,许多私营信息平台也能提供相关信息①。

综合而言,我国台湾地区的生涯教育,最大的亮点就是合作性,即强调生涯教育是公共教育与社会通力合作的事业。台湾地区鼓励学生走向社会,并与企业、家庭、社区密切联系。具体的实践途径与方式日益开放、多元和深化,形成了学校、企业、家庭、社区共同关注和相互合作的实践体系。台湾地区的生涯教育实施途径大体可以分为校内实施和校外实施两种,校内注重"课堂+活动"的实施方式,学校是学生尤其是中小学生们接受生涯教育、理解生涯发展思想的主要场所。总的来说,校内的生涯教育,是通过正式的课堂教学和弹性多样的生涯活动来实施的,通过开展各种形式的生涯教育活动,寓教于乐,使学生们在潜移默化中不断提高生涯认知,加深生涯理解,增强生涯技能。这些对于台湾生涯教育的实施和贯彻起到了巨大的推动作用。校外则注重"家庭+社会"的路径,既包括家庭教育,也包括社会合作。学校通常采用以下做法,使得家庭教育和学校教育配合起来一起推动孩子们的生涯发展,比如,设计学习单,让孩子们对父母亲(或其他有工作的家庭成员)、邻居以至小区人员所从事之工作角色有所认识;组织实地的参观访问,让孩子们知道各行各业的工作环境、工作时间以及工作的基本条件;邀请孩子们的父母到校与老师、同学举行座谈,让同学们深入了解工作所需要的特质与基本条件。除此之外,台湾的生涯教育还有着丰富的社会协助系统,包括青年辅导委员会、劳工委员会以及许多私营的人力信息平台。它们与校内系统性的生涯教育一起推动了台湾地区生涯教育事业的蓬勃发展②。

第三节　生涯教育比较研究的经验与启示

综合世界主要发达国家和地区的生涯教育,可以发现以下共同特征:

第一,生涯教育面向的是所有学生,而不仅仅只是职业学校学生课程的一部分,普通高中应该将生涯教育纳入学生教育体系;

---

① 周羽全,钟文芳.我国台湾地区中小学生生涯教育及其启示[J].内蒙古师范大学学报(教育科学版),2010(12):11-13.
② 试界生涯研修班.从中学生涯教育体系案例中我们学到了什么[EB/OL].(2019-01-03)[2019-08-08].https://www.jianshu.com/p/80c5231c3883.

第二,生涯教育贯穿于从小学一年级到高级中学的所有年级中,需要一以贯之的整体设计,在确保生涯教育整体性目标达成的同时,充分考虑不同年龄段学生的特点,对每一阶段学生生涯教育的核心目标进行科学设计;

第三,凡是中学毕业的学生,包括中途退学者,都将通过职业生涯教育掌握维持其个人或者家庭生活需要的各种技能,也就是说生涯教育是面向每个学生的,应该赋予每一个学生职业生涯选择和实践的能力;

第四,生涯教育在学校与就业之间架起一座桥梁,丰富了学校课程的内涵,增强了教学的导向性和针对性,力求促进人的全面发展,体现深切的人文关怀;

第五,生涯教育通过"综合性教育"和"合作制"计划,侧重于自我认识、自我接受和自我发展,注重通过教育,促使学生不断选择、探索自己的出路,追寻、体验生活的过程与意义,其本质是一种发展性教育①。

总之,随着新高考政策的逐步推进、教育转向"以育人为本"的价值回归,以及强调学校教育要服务于每一个学生的终身发展,生涯教育已经成为教育整体中重要的一环,对高中生涯规划教育的研究与实践探索,理应受到越来越多教育工作者的重视,作为一线学校,应该在明确生涯教育基本理念的基础上结合自身实际,充分探索具有学校特色的生涯教育体系,将高中生涯教育的整体水平推动前进。

① 黄岳辉.职业生涯教育研究及其对我国普通高中的启示[D].上海:上海师范大学,2006.

第三章

观念澄清——高中生涯教育的理论阐释

观念一词源自古希腊的"永恒不变的真实存在",它同物质和意识、存在和思维的关系密切。从这个角度来看,观念既是一个常用的名词,又是一个重要的哲学术语。它是在意识中反映、掌握外部现实和在意识中创造对象的形式化结果,同物质相对立,它属于精神层面的东西。在现实生活中,"观念"往往被理解为人们在长期的生活和生产实践当中形成的、对事物总体的综合认识。它反映了客观事物的不同属性,同时又加上了主观化的理解色彩。所以,观念是人们对事物主观与客观认识的系统化之集合体。对于人类认识和改造客观世界的实践活动而言,观念的形成具有重要的基础性价值。正如前文所言,生涯教育经历了较长的发展时期,不同时期的教育与社会发展造就了对生涯教育的不同理解,教育主体也必然形成不同的生涯教育观念,而要在新时代教育发展的宏观背景下审视高中生涯教育的变迁问题,首要的任务就是形成对高中生涯教育的一系列清晰而明确的观念。

第一节　高中生涯教育的基本概念

概念是反映事物本质属性的思维形式,生涯教育的概念是生涯教育发展的基础支撑,是深化生涯教育的必经之路,是适应现代教育理念的根本诉求,而我国生涯教育概念相关文献寥若晨星,生涯教育概念系统化研究尚处于空白,因此明晰生涯教育概念迫在眉睫[①]。

一、"生涯"与"生涯教育"

从词源学的角度看,生涯教育重要的是前两个字,即生涯,英文单词为

---

① 张玉改.生涯教育概念的多维透视[D].南京:南京师范大学,2018.

career。这个词语的来源是罗马词 via carraria 和拉丁语 carrus，前者的意思为马车道，后者的意思为马车。career 这个词语最早的意思就是驾驭赛马，后来渐渐发展为道路、人、事物所经历的一个途径，即人这一生发展的一个过程。然而，随着人们思想观念的不断变化，一些人认为生涯就是一个人在工作生活中经历的所有职业或者说职位的一个代名词，简言之，就是一个人这一辈子供职应职的过程。还有人认为生涯是一个人经历的一生，即工作、生活等一辈子经历的事物统筹在一起①。南海、李金碧两位学者认为，应该从广义和狭义两个维度去理解生涯。广义的生涯，是指社会个体在其整个生命活动的时空中所经历的以接受教育（培训）与职业转换为主轴的一切活动的总和；狭义的生涯，既可以指社会个体在其某一段生命活动的时空里所经历的以教育（培训）与职业转换为主轴的一切活动的总和，也可以指社会个体在其某一生命活动的时空里所经历的以非教育（培训）与职业转换为主轴的一切活动的总和②。

生涯教育（career education）源于 20 世纪后期的美国。该词是职业指导长期发展的产物。以往的职业指导所关注的焦点是人的知识技能与其所从事职业的匹配问题，诸如进行职业分析、为求职者提供就业信息和职业介绍服务等。后来随着心理学的发展，尤其是心理测量的广泛采用，职业指导才开始注意求职者的心理特征，不过注意力主要还是放在就业安置的范畴框架之内。第二次世界大战以后，职业指导作为充分利用人力资源、发挥人才作用的重要手段，开始与教育紧密结合。生涯教育特别强调对学生职业观和价值观的教育，由原来的就业指导扩展到对整个人生的职业指导。

在生涯教育的动态演变中，不同时期有不同的代表性理解。

生涯教育的创始人西德尼·马兰认为，所有的教育都是生涯教育。典型的生涯教育应该含有四个方面的基本特征：强调职业教育是生涯教育的核心；强调每位从中学毕业的学生均具备继续升学或参与职业活动的准备；强调有关工作的教育与为工作而准备的教育，可运用各种不同的教学模式而达成；强调教育应为个体拓展生涯选择的机会。该观点既是"生涯教育"概念的原初形态，也是对该概念的经典阐释，它不但看到了所有教育都是服务于人的生涯成长或发展的，而且洞察到了生涯教育的核心内容是职业教育。

罗伯特·沃兴登（Robert Worthington）认为，生涯教育是改变所有教育系统，以求造福全民的革命，它强调所有教育的经验、课程、教学及咨询，都是为

---

① 杨晶.生涯教育与职业教育相关概念的内涵解析[J].当代教研论丛,2016(12)：31-32.
② 南海,李金碧.什么是"生涯"——对"生涯"概念的认知[J].中国职业技术教育,2006(33)：16-17.

个人将来经济独立、自我实现及敬业乐群生涯所做的准备,它通过改善职业选择的技巧与获得职业技能的方式,完善教育的功能,使得每位学生都能享受成功及美满的生活。该观点明确指出了生涯教育对于教育系统的革命性作用和意义,同时强调了生涯教育的目的是让每一位学生享受成功与美满。

美国职业协会(American Vocational Association)1972 年在推广教育工作报告书中指出,生涯教育是针对所有国民,从孩提时代至成年的整个教育过程。它能使学生对学习的目的有清楚的认识,并且对将来所要从事的工作具有热诚,这是整个教育事业的重心与目标。因此,需要运用教育家的智慧及家庭、社会的资源,以使整个生涯教育达到预期的目的。该观点强调了生涯教育对象的全民性和实施者的社会性,指出了生涯教育实施的时间段为从孩提时代开始到成年为止。

我国台湾地区学者许永熹认为,生涯教育的主要内涵是协助个体认识实际的工作世界并探索自己可能的发展形态,以便做较佳的抉择、规划与准备,从而使个体在各阶段都过得适应与满足,并达成自我与社会实现。该观点也是目前比较普遍的对"生涯教育"的理解,认为生涯教育就是生涯辅导或生计辅导,核心是协助个体认识实际的工作世界并探索自己可能的发展形态。

南海、李金碧认为,生涯发展教育是一种协助个体认识实际的工作世界并探索自己可能的发展形态,以便做较佳的抉择、规划与准备的综合性的教育计划。它强调所有课程、教学及咨询辅导,都是为个人将来经济独立、自我实现及敬业乐群准备的。生涯教育包含个人一生全部的活动历程,它是以有关工作的教育和为工作而准备的教育为载体,使每一个个体能认识自我,并且具有选择一种合适而有意义工作的决策能力和规划未来的能力,从而实践一个有理想、有目标的人生;生涯教育的最终结果旨在让每一个人能享受成功及美满的人生,过上适合自身特点的美满的生活①。从教育的内容、目的和时间上来说,该观点是对上述观点的一个综合,因而具有比较高的概括性。

综合关于生涯教育的相关概念,结合当前国内高中阶段课程与教学改革的基本形式,笔者认为,可以从广义和狭义两个维度理解生涯教育。广义的生涯教育,是指社会个体在其整个生命活动的时空中所接受的,以认识自我与职业,以规划未来生涯为主要内容的一切教育活动。狭义的生涯教育,主要指社会个体在其某一段生命活动的时空里所接受的、以认识自我与职业、以规划未来生涯为核心内容的一切教育活动,也可以指社会个体在其某一生命活动的

---

① 南海,李金碧. 什么是"生涯"——对"生涯"概念的认知[J]. 中国职业技术教育,2016(33): 16 - 17.

时空里所接受的、以认识自我与非职业认知-规划为核心内容的教育培训活动。通常我们所说的生涯教育是属于狭义上的,是指渗透于课程教学并与学生的职业觉察、探索和准备等内容密切相关的学校教育的一个有机组成部分,主要指学校形态的生涯发展教育与辅导[①]。

二、生涯教育的相关概念

生涯教育、职业生涯教育、职业教育、生涯辅导、职业指导 4 个概念既相互联系又相互区别。从概念本身来说,因生涯教育是舶来品,其本身的翻译也存在着一定的差异,因此目前国内对职业生涯教育与生涯教育的相关论述中,两个概念也经常混用。因其内涵相近,表达的也是同样的教育理念,因此笔者对这两个概念不予区分。

(一)生涯教育与职业教育

职业教育起源于 18 世纪 60 年代的欧洲。根据《国际教育标准分类法》,职业教育主要为引导学生掌握在特定的职业或行业中所需的实际技能、知识和认识而设计的教育[②]。它根据社会与经济发展的需求,针对个体就业的要求,为个体提供从事职业所必需的特定的职业能力教育。因此,从教育目的来说,生涯教育旨在制定个体一生的发展历程,而职业教育注重培养个体的职业能力;从教育的受众来说,职业教育面向较为成熟的个体,为了培养技术应用型与技能型人才开展教育,而生涯教育强调的是所有的职业教育均应融合于受教育者的所有阶段,是从孩提时代就开始的教育。

尽管两者有着本质上的区别,但是生涯教育与职业教育又是相辅相成的,职业教育弥补了生涯教育过于注重个人未来发展的制订,生涯教育弥补了职业教育过于注重学习职业技能与知识的现象。新西兰将职业教育与培养学生终身职业发展能力的生涯教育相融合,从而适应现代社会职业技能学习的要求,促进学生素质的全面提升。谷峪、姚树伟更是指出,生涯教育是对职业教育更深层次的理解和规划,生涯教育不仅注重把学生培养成具有较高职业综合水平的劳动者,更侧重于学生创业意识与技能的培养,注重学生职业精神和职业情感的培养,使学生成为一个能够合理规划职业发展前景的人[③]。

---

① 南海,薛勇民. 什么是"生涯教育"——对"生涯教育"概念的认知[J]. 中国职业技术教育,2017(3): 5-6,10.

② 刘来泉. 世界技术与职业教育纵览——来自联合国教科文组织的报告[M]. 北京:高等教育出版社, 2002:287.

③ 谷峪,姚树伟. 职业教育·生涯教育·终身教育[J]. 江苏教育,2015(4):6.

（二）生涯教育与生涯辅导

随着生涯教育理念的提出，生涯辅导以落实措施的姿态应运而生。生涯辅导指的是根据一套系统性的辅导计划，通过辅导人员的协助，引导个体探究、评价与整合运用从学校、家庭、社会获得的有关知识或经验等而开展的促进个人生涯发展的活动①。这些知识或经验不仅包括个体的自我兴趣，还包括潜能与职业需求信息等生涯规划与决策中所必需的各种因素。

因此，生涯辅导的着眼点在于个体生涯的发展，是生涯教育的重要组成部分，侧重于协助个体度过某个生涯发展阶段的特质。更具体地说，当个体面临生涯发展困境或想要生涯更好地发展时，例如确立事业发展方向、确立激励自己工作欲望的价值观，抑或离开学校教育系统后抉择是否继续接受教育等问题的时候，就需要寻求生涯辅导。换言之，生涯辅导可以帮助不同年龄层的个体、不同社会阶层的个体顺利度过生涯发展的各个阶段。

（三）生涯教育与职业指导

与生涯教育中的核心环节——生涯辅导相比，职业指导是帮助学生学会根据自身特点与社会需要，选择职业、获得职业、适应职业、改进职业等，其强调的是个体与职业的契合度，是局限于一定范围内的、短期的指导。生涯辅导则以尊重个体的个性和发展为目标，以个体生命历程中的职业的生涯发展为核心，关心个体一生中的教育与职业。从职业指导发展为生涯辅导，是以发展的职业观取代了静止的职业观，是从关注职业发展早期过渡到关注职业的终身发展。

从生涯教育与职业教育、生涯辅导、职业指导等概念的辨析看，生涯教育与其他相关的概念既存在内涵上的一致性，也在具体的内容、方法、重心上存在细微的差别。就从本书写作的角度而言，笔者试图通过华东师大一附中的生涯教育实践梳理，呈现高中阶段对学生进行系统性的生涯指导的理念与思路，这其中必然会关联到生涯辅导、职业指导、职业教育、职业选择等方面的内容。因此，本书秉持整体性的生涯教育观念，在对生涯教育进行理解的过程中将与之有密切关联的职业教育、生涯辅导、职业指导等都一并包含在内，泛指学校教育为学生顺利度过高中生涯并有效衔接未来教育与生活所开展的除学科教学之外的一切教育与活动。

---

① 冯观富. 教育心理辅导精解[M]. 台北：心理出版社，1993.

三、高中生涯教育

高中生涯教育,顾名思义就是在高中阶段实施的生涯教育,它既要符合生涯教育的基本理念,涵盖生涯教育的基本内涵和要求,也需要充分考虑高中阶段学生的基本特点,在教育的内容、方式、理念等方面进行科学的设计。

全球化、知识经济和信息技术的突飞猛进是当今世界的时代特征,更是未来世界的时代特征。这样的时代充满了不确定性,包括社会上各种职业的兴盛与消逝。作为对时代的回应,学校教育日益重视学生在生活、工作和学习中协调各种选择与决策的责任,更加强调个体在面对自身的发展、转变以及不可预测的挑战时谋求解决策略的灵活性和安全性。因此,生涯管理素养成为学校育人目标中不可或缺的重要组成部分。帮助学生发展这样的生涯管理素养,将有助于他们在一生中处理好与学业、就业及生活前途相关的各种问题,而高中阶段是学生需要处理好这些关系的重要人生节点[1]。

对于普通高中阶段的学生而言,未来专业或职业方向的选择不单是学生整个职业生涯的起点,也是关涉他们今后整个人生生活满意度的重要事件。不过在现实中我们依然可以发现,高中学生在选择专业时十分茫然,进入大学后对自己所学的专业认同度很低等现象屡见不鲜。2014 年,凸显学生选择性的新高考制度在上海市和浙江省两地开始试点。随着选科选考的推进,生涯教育作为实施选择性教育的载体被越来越多的普通高中所重视。生涯教育毫无疑问已经成为高考改革过程中重新孕育起来的、普高阶段的重要教育内容与教育方略,它既是一个帮助普高学生首次寻找理想专业及职业的过程,也是一个帮助学生认识自我、优化自我和完善自我的过程[2]。因此,倡导高中阶段生涯教育的变革具有重要的理论和现实意义,理应成为高中课程与教学系统改革过程中不可或缺的重要元素。

第二节　高中生涯教育的理论基础

教育理论与实践的关系是教育学领域的一个基本问题,是一个常谈常新的问题,也是一个亟待解决的问题。多年来,许多学者从不同角度、不同层面

---

① 杨燕燕.普通高中生涯教育:问题、经验与策略[J].杭州师范大学学报(社会科学版),2018(6):126-133.

② 任学宝.新高考背景下高中课改的经验与反思[J].基础教育课程,2017(8):7-18.

给予了不同解答,代表性的主要有"指导说""中介说""实践优先说""统一说"和"双向滋养说"等①。这些观点的确为教育理论与实践关系问题的解决提供了丰富的理论视角,也在当前的基础教育改革实践中有一定的体现②。不论我们怎样解读教育理论与实践的关系,一个基本的价值判断是肯定的,即教育的实践变革离不开相应的理论支撑,只有具备厚实的理论基础,才能在思想上给予教育实践者变革的信心和勇气,也才能让教育实践改革成功的可能性大大提升。特别是对于中小学教师而言,理论知识的相对不足往往会带给他们教育实践变革的畏难情绪,而一旦从已有的理论研究中找到自己实践的支撑,就会集聚起行动的信心。这种理论工作与实践探索之间的"合作关系",应该是当前中小学教育教学改革的常态。

　　纵观世界生涯教育的演变历史,生涯教育从人职匹配的职业指导阶段到关注个体全面发展和终生发展的生涯教育阶段,产生了较多影响深远的理论,为生涯教育改革提供了理论的支撑。根据时间的推演及其重要程度,大致可以分为三类,即选择与匹配理论、生涯发展理论及生涯决策理论。其中,选择与匹配理论是以"人"和"事"的结合为核心;生涯发展理论则以"生活阶段"为关键点;生涯决策理论与前两者有相同之处,但主要侧重点在于生涯决策的"历程"与"形态"。具体而言,高中学生生涯教育的理论基础主要包括以下几个领域。

一、选择与匹配理论

(一) 特质因素理论

　　特质因素理论是由帕森斯创立的。1909 年,帕森斯在《职业选择》一书中提出了"人职匹配"是职业选择的重点之观点。"特质"就是指个体的人格特征,包括能力倾向、兴趣、价值观、人格等,这些都可以通过心理测量工具来测量。"因素"指的是在工作上要取得成功所必须具备的条件或资格,这些可通过对工作的分析进行了解。在他看来,个体都有自己独特的人格模式,每种人格模式都有其相适应的职业类型。因此,该理论的体系假设为,世界上的每个个体都具有自己独特的能力模式与人格特质,而这些不同的能力或人格又与

① 此部分结论主要参考:①曹永国. 也谈"教育理论指导实践"——兼与彭泽平同志商榷[J]. 教育理论与实践,2003(1):16-19.②宋秋前. 行动研究:教育理论与实践相结合的实践性中介[J]. 教育研究,2000(7):42-46.③康丽颖. 教育理论工作者回归实践的自识与反思[J]. 教育研究,2006(1):62-67.④宁虹,胡萨. 教育理论与实践的本然统一[J]. 教育研究,2006(5):10-14 等。
② 邱芳婷. 从合作视角看教育理论与实践的关系[J]. 教育理论与实践,2014(17):3-5.

某些特定职业存在着相关性。每个个体都有选择职业的机会,都可在认识并了解个体主观条件和社会职位需求条件的基础上,将两者进行对照,最后选择与个人特质相匹配的职业。

职业成功的可能性依赖于个人特质与工作要求间配合的紧密程度,两者越契合,职业发展取得成功的可能性越大。所以特质因素理论的重点在于,选择一种职业的时候,有三个明显的因素:准确地了解自己;懂得在不同的领域获得成功所需要的条件和环境;对于这两部分事实相互关系的准确认知。据此,人职匹配分为两种类型。

第一,因素匹配(活找人),指需要有专门技术和专业知识的职业与掌握该种技能和专业知识的择业者相匹配,或者脏、累、苦劳动条件很差的职业,需要有吃苦耐劳、体格健壮的劳动者与之匹配。

第二,特性匹配(人找活),指具有敏感、易动感情、不守常规、个性强、理想主义等人格特性的人,宜于从事审美性、自我情感表达的艺术创作类型的职业。

因此,特质因素理论以测量工具和方法对个体的特性进行测评,主要强调个体具有的特性与职业需求的素质、技能之间的匹配性。尽管这是最早的职业生涯规划理论,但是对那些自我概念清晰、意识到职业选择并且有工作经历的人来说,特质因素论效果仍然显著。但是该理论也具有其局限性,就是在强调个人特质与工作需求相匹配的同时,忽略了社会因素对职业选择的影响。

(二)霍兰德的生涯类型理论

生涯类型理论[①]是美国霍普金斯大学心理学教授霍兰德(Holland)于1971年提出的,这是在帕森斯的"特质因素"理论基础上发展起来的,该理论统合了职业意图、职业兴趣、人格等重要知识,认为职业选择是个人特质的反映。

该理论主要解决两方面问题:个体与环境的哪些特征可以带来生涯决定、生涯投入、生涯成就的满意度;个体与环境的哪些特征可以影响个体的工作稳定程度。在此基础上,寻求最行之有效的方式帮助个体解决生涯上的困难。为解决以上问题,霍兰德提出了6个基本原则:任何一种职业的选择,是人格的表现;既然职业兴趣是人格的表现形式,那么职业兴趣测验就是一种人格测验;职业上的刻板化印象是可靠的,而且具有心理与社会的意义;从事相同职业的个体,有相似的人格与个人发展史;从事同一职业的个体有相似的人格,他们对各种情境或问题的反应也大致相似;个体的职业满意度、职业稳定

① HOLLAND J L. Making vocational choices:A theory of vocational personalities and work environments [M]. Odess, FL:Psychological Assessment Resources,1997.

度与职业成就取决于个体的人格和工作环境之间的匹配性。

其后,他将美国社会中的职业分为六大类型,并提出了一系列的假设。

（1）在美国的文化中,个人特质类型可以归类为现实型（realistic）、研究型（investigative）、艺术型（artisti）、社会型（social）、企业型（enterprising）及常规型（conventional）6 种,根据 6 种类型的英文首字母分别简称为 R、I、A、S、E、C 型。

（2）在美国社会,也存在与上述人格类型相对应的 6 种环境类型。

（3）个体都要追求某类工作环境,在这类工作环境中,个体能够发挥特长、实现价值、解决问题或胜任任务。

（4）个体的行为由人格和环境交互作用,当人格类型与职业环境类型协调一致时,个人会产生更高的工作满意度和更高的工作绩效。

这六大类型的首字母按照一个固有的顺序排成一个六角形（见图 3-1）,显示出该理论的精华。

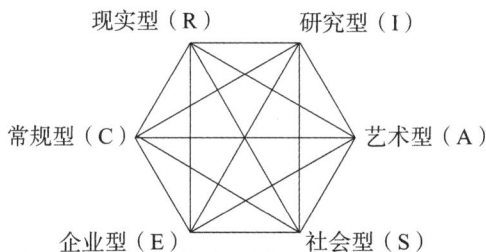

图 3-1 霍兰德的六角形模型

在理论假设的基础上,霍兰德提出人格特质类型与职业类型的匹配模式,认为同一类型的劳动者与职业互相匹配,就能达到人格特质类型与职业类型的匹配状态,即劳动者找到适合的职业岗位,职业岗位获得了适宜的人才,劳动者的才能与积极性便会得以很好的发挥。6 种劳动者的个人特质类型与 6 种职业类型的具体内容,如表 3-1 所示。

表 3-1 人格特质类型与职业类型的匹配模型

类型	个性特点	职业特点	主要职业
现实型	动手能力强,动作灵活,愿意使用工具从事操作性工作,偏好从事具体事务,不善言辞;机械呆板,体格健壮,不善于处理人际关系	工程技术工作,农业工作,需要体力、运用工具或操作工具	木工、电器工程师、建筑工程师、运动员、电工、测绘员

（续表）

类型	个性特点	职业特点	主要职业
研究型	思考问题透彻清晰,喜欢独立,富有创造性,知识渊博,不善于领导他人;好奇心强,个性内向	科学研究和科学实验	生物学家、化学家、地理学家、医学技术人员、心理学家、自然科学与社会科学方面的研发人员
艺术型	有创造力,乐于创造新颖、与众不同的作品,渴望表现自己的个性,实现自身价值	单独工作,长时间的苦干	艺术家、作家、摄影师、节目主持人、演员、广告管理人员
社会型	责任感强,乐于助人,有人际交往能力,渴望发挥自己的社会作用	高水平地与人沟通	教师、行政人员、医护人员、社会工作者、管理人员
企业型	追求权力、权威和物质财富,喜欢竞争、敢冒风险、精力充沛,善交际、有口才	善于口头表达,能组织与影响他人,共同完成组织目标	企业家、金融家、律师、政府官员、经理、采购人员
常规型	尊重权威、喜欢按计划办事,习惯接受他人领导,不喜欢冒风险,工作踏实、责任心强、依赖性强	各类与文件档案、图书资料、统计报表相关的工作	会计、出纳、速记员、统计员、秘书、文书、图书馆管理员、审计员

霍兰德的类型理论为生涯教育的发展提供了重要的理念,即将个人的人格特质与适合这一人格特质的工作联结起来。借助霍兰德的理论,求职者能够迅速、系统地在一个特定的职业群里,进行职业探索活动。

（三）选择与匹配理论与高中生生涯发展

大部分学者都认可生涯发展课程的总体目标是促进学生的发展。具体通过协助学生自我探索、生涯探索、拟订生涯规划和做出生涯决策,促进学生的生涯成熟和潜能开发,而这正是选择与匹配理论所强调的选择工作最重要的三步,即:认识自我,包括兴趣、人格、价值观等;认识工作世界,包括职业信息、职业要素、职业分类等;整合自我与工作世界,包括确定职业方向,明确行动计划。因此,将选择与匹配理论与高中生生涯发展相融合,我们就应该在引导学生在高中阶段的学习中注重对自我的评价,对职业环境要求信息的收集与整理;在此基础上,发展学生的自我评价、自我决策能力,从而主动融入社会与未来学习成长环境之中,成就自身的生涯发展,而这也是高中生涯教育取得成效的关键所在。

二、生涯发展理论

自帕森斯开创了职业指导的工作模式后，其后半个世纪，理论的发展基本都在特质因素的人职匹配的架构下进行，很少有学者对生涯发展问题感兴趣。金兹伯格和舒伯的出现，让生涯发展的概念取代了职业指导的模式。与"选择与匹配理论"不同，生涯发展理论，其实就是关于阶段的理论，也就是"到什么时候做什么事情"的理论。该理论从个体的角度，以发展的眼光探讨自我概念的形成，明确个体每个阶段的议题与任务，为个体的职业选择和生命意义的丰富提供了更大的可能性。

(一)金斯伯格的生涯发展阶段理论

金斯伯格受"生命阶段"学说的启发，对生涯发展进行过长时间的实证研究。在他看来，个体在进行职业选择时，不仅要考虑自身的兴趣、能力与价值观的发展，还要与社会需要之间实现平衡。他的理论主要包含以下几方面内容：第一，职业选择是一个连续的、长期的过程；第二，职业选择的过程不可缺少且不可逆转，并且是由一系列起决定性作用的阶段构成的；第三，个体的职业行为来自个体的早期生活并伴随着时间不断发展；第四，职业选择显示的是个体在职业理想与可获得现实可能性中的妥协[1]。他将职业生涯发展分为三个阶段：幻想期、尝试期、现实期。

(1)幻想期(11岁之前)。该阶段个体的职业心理纯粹由自身的兴趣爱好所决定，具有较强的情境性。对世界与所能够看到的、接触到的各类职业工作者充满好奇，幻想自己将来所从事的职业工作，并在游戏中扮演自己所喜欢的角色，而不是对自身条件、能力水平、社会需求、机会机遇进行现实的评估。

(2)探索期(11～17岁)。该阶段个体的职业心理仍被主观因素主导，希望未来从事的职业与自己的爱好相关联。但是该阶段，个体的身心快速成长，独立意识、价值观念开始形成，知识、能力显著增强，并初步懂得社会生产与生活的经验。因而，个体开始客观地审视自身兴趣、条件、能力与价值观，关注职业本身的社会地位和社会需求。

(3)现实期(17岁之后)。该阶段是个体正式的职业选择决策阶段，最大的特点是客观并讲求实际，寻找自己合适的职业生涯角色。该阶段的个体职业需求不再模糊，为实现特定的职业目标，该阶段的个体会从现实出发，进行

---

① GALOTTI K M, KOZBERG S F. Adolescents' experience of a life-framing decision [J]. Journal of Youth and Adolescence, 1996,25(1): 3 - 16.

一种折中的选择和调试。

金斯伯格还指出,生涯发展的各个阶段之间相互关联,如果各阶段的任务能够完成,就能达到各个阶段相应的目标;反之,就会影响下一阶段的职业成熟,最终导致在职业选择时发生障碍。金斯伯格的划分并不科学,他侧重于青少年时期,对个体一生的生涯发展研究并不合理,但是他的贡献在于开启了研究者们对生涯发展阶段性的认识,而生涯发展的集大成者舒伯,正是受到了他的影响。

(二) 舒伯的职业生涯发展理论

20 世纪 50 年代,舒伯受前人理论的启发,运用差异心理学、发展心理学与职业社会等研究视角,进行综合研究,提出了生涯发展理论。在舒伯看来,个体的职业生涯发展可以分为 5 个阶段,即成长阶段、探索阶段、建立阶段、维持阶段与衰退阶段,并由此提出了各阶段的发展特点与注意事项(见表 3 - 2)。

表 3-2　舒伯生涯发展阶段与发展任务[①]

阶段	年龄	发展任务	阶 段 特 征
成长阶段	0～14 岁	自我概念形成;对工作世界开始形成正确的态度	根据学校、家庭、重要他人的认同结果,个体日趋成熟的自我概念得以发展;需求与幻想成为该时期的主要特质;随着年龄增长,学习行为出现,社会参与程度增加,对社会现实逐渐产生注意和兴趣。该阶段又可分为三个具体阶段。①幻想期(4～10 岁):以需求为中心,以游戏、幻想等方式来发展对职业角色的认同;②兴趣期(11～12 岁):以兴趣为中心,理解、评价职业,并发展职业爱好与兴趣;③能力期(13～14 岁):以能力为中心,考虑职业所需要的条件与自己能力的差距,并进行能力培养
探索阶段	15～24 岁	实现职业偏好;发展自我概念;开创学习机会	通过学校学习、休闲活动、实践工作等活动,进行自我考察、角色探索与职业探索。该阶段又可分为三个具体阶段。①试探期(15～17 岁):综合自身的意愿、兴趣、能力、就业机会,对职业发展方向作初步的判断,对未来职业进行暂时性选择;②过渡期(18～21 岁):个体正式进入劳动力市场或者进入专业教育培训期,在现实与环境中,寻求"自我概念"实现,并进行特定的选择;③尝试期(22～24 岁):初步进行职业选择,试探其作为终生职业的可能性,并对职业目标的可行性进行验证

---

① 金树人.生涯咨询与辅导[M].北京:高等教育出版社,2007.

（续表）

阶段	年龄	发展任务	阶段特征
建立阶段	25～44岁	找寻机会从事个体想做的事；学习与他人建立某种联系；探求专业的扎实和精进；确保工作的安全与稳固	确定真正适合自己的职业领域，并建立稳固的职业地位。该阶段初期个体会进行"试验"，从中确定职业选择与决定是否正确，并逐渐在某种职业上稳定下来。该阶段又可分为两个具体阶段。①适应期（25～30岁）：寻求安定，也可因满意程度进行略微的调整或者回到探索阶段重新规划；②晋升期（31～44岁）：致力于实现稳固与安定的职业，该阶段大多数人处于富有创造性的时期，身负重责大任
维持阶段	45～64岁	客观地接受自身条件的局限；应对工作难题；发展新技巧；专注本职工作；维持既有的职业地位与成就	个体根据既定目标，力求保有已取得的成就和社会地位，较少有创意与新意，面对新进人员，全力应对
衰退阶段	65岁以后	发展职业外角色；学习并适应退休人员的运动；做以前想做的事；降低工作时间	精力、体力逐渐衰退，退离工作岗位，发展新角色。①减速（65～70岁）：工作效率变缓，改变工作责任或性质以适应逐渐衰退的体力与心理。许多人会找兼职工作代替全职；②退休（71岁～死亡）：停止原有工作，转移精力

从成长阶段、探索阶段、建立阶段、维持阶段到衰退阶段，这样的生命全程式发展标记着一个人生涯成熟的程度。换言之，在该理论的每一阶段都有特定的发展任务需完成，每一阶段需达到一定的发展水平或成就水准，而前一阶段发展任务的达成与否关系到后一阶段的发展。例如，对于45～64岁的中年人而言，他所处的发展阶段是维持阶段，其生涯发展任务就应该是客观地接受自身条件的局限，专注于本职工作，并维持既有的职业地位与成就。这反映了个体在生理与社会层面的成熟程度，也是社会期待他的生涯发展阶段中所应呈现的水平。

在提出生涯发展阶段理论后，舒伯对发展任务的看法又向前跨了一步。他认为在个体一生的生涯发展中，新的各个阶段同样要面对成长、探索、建立、维持和衰退的问题，因而形成"成长—探索—建立—维持—衰退"的循环。举例而言，一个高中学生，他正处于生涯的探索阶段，但是在探索阶段中，他首先必须适应新的角色与学习环境,经过"成长"与"探索",然后"建立"一定的适应模式来"维持"高中阶段的学习生活;最后,他又要开始面对另一个阶段即准备求职。此前原有的惯用模式会逐渐"衰退",新阶段的任务又开始新一轮的循环,周而复始。

(三) 生涯发展理论与高中生生涯发展

生涯发展理论所体现的就是个体的生涯成长是按照一个固定的序列发展的,是一个不断发展、循序渐进的过程,并且每一个个体在不同的年龄阶段中,有不同的角色和任务。而个体在进行生涯设计和职业选择时,不仅要考虑自身的兴趣、能力与价值观的发展,还要与社会需要之间实现平衡,而这样的生涯设计与职业选择过程是由一系列起决定性作用的阶段构成的。高中学生所处的阶段正是探索阶段,这个阶段学生会通过学校学习、休闲活动、实践工作等活动,认识到自身对工作的需求,认识到自我兴趣、自身能力与价值观的重要性,并将能力与兴趣相整合,进一步具化职业选择,形成较为清晰的未来发展方向。因此,在这个时期,对职业生涯之路进行合理规划,不但可以帮助学生树立正确的职业认知与发展导向,而且对于学生今后的职业选择也有重要价值,特别是能够帮助学生缩短职业适应期,减少职业试错过程,对今后的职业成功及其对社会的贡献都大有助益。

三、生涯决策理论

研究生涯发展的学者们一直重视和关心的主题之一就是影响个体生涯决定或者生涯选择的原因。学者们关注的侧重点互有差异。大致来说,社会学家比较关注社会环境对个体的影响,而心理学家则比较关注个体的内在发展;而克朗伯兹的社会学习理论则兼顾了社会学和心理学的观点;彼得森的"认知信息加工理论"则主张通过"认知"生涯选择的内涵,帮助个体增强生涯选择的能力,从而做出正确的生涯选择。

(一) 克朗伯兹的社会学习理论

社会学习理论的论点主要在于个体在经历了环境的制约及强化特性后,会主动根据自己的行为目标以及需要作适当的控制。换言之,它所要阐明的是人的行为是如何通过学习进行的。

克朗伯兹的社会学习理论,试图解释个体的教育与职业兴趣、技能是如何形成的,以及这些兴趣和技能如何影响个体对职业或工作领域的选择。换言之,在他看来,个体的许多选择很大程度上受外界环境的控制和影响。在此基础上,他提出了职业选择的 4 种影响因素(见表 3 - 3)。

表3-3 克朗伯兹的职业选择的4种影响因素①

因 素 名 称		具 体 内 涵
遗传因素与特殊能力	遗传因素	指个体先天所获得的各种特质,某种程度上限制个体对职业或教育的选择,如种族、性别、外貌等
	特殊能力	如智力、音乐能力、艺术能力、运动能力等特殊能力,可拓展或者限制个体的学习经验与选择自由
环境的背景与事件		环境的因素与事件会影响到个体的职业生涯选择,如工作机会的数量与性质、劳动基准法的规定、劳务市场、制度政策、技术发展、战争或自然灾害、社会舆论等
学习经验		个体独特的学习经验(工具性学习和联结性学习),在决定其生涯方向时扮演重要角色。在工具性学习中,个体直接对环境产生影响,得到可观测到的结果;在联结性学习中,个体观测事物之间的联系,并预测其间的关系
工作取向技能		遗传因素、特殊能力因素、不同的学习经验以及社会上的各种影响因素,都会以一种交互影响的方式锻炼出个体特有的工作取向技能

4种影响因素之间交互作用,通过经验的累积与提炼,从而产生4种结果:一是自我认识的形成,个体会对自己的表现作出评估与推论,包括成就、兴趣、爱好、职业价值观等;二是世界观的形成,基于个体的学习经验,会对环境与未来事物作出评估与推论;三是工作能力的形成,个体从学习中培养自身能力,包括认知能力、操作能力、自我评估能力、对未来事件的预测能力等,其中与职业选择有重要关系的包括价值观念的澄清、目标的决策、资料的收集等能力;四是行动,个人综合以前所有的学习经验、自我与环境的推论,以及具备的各种能力,从而决定个体的行动。

该理论是从社会学习的观点来论述个体生涯选择的行为,其所强调的正是社会影响因素和学习经验。生涯教育不仅仅是将个人特质与工作相匹配,其重点在于个人应通过参与各种不同性质的活动,获得多种多样的学习经验,这些学到的技能有可能在未来的工作中派上用场,并拓展个人的兴趣,培养个

---

① KRUMBOLTZ J D. A social learning theory of career decision making [M]// MITCHELL L K, JONES G B & KRUMBOLTZ J D (Eds.) Social learning and career decision making. Granston, RI: Carroll Press, 1979.

人适当的自我信念和世界观。

(二) 彼得森的认知信息加工理论

认知信息加工理论让关注生涯发展的研究者从关注生涯选择结果的适当与否,到关注生涯选择的历程。彼得森认为,个体如果能够"认知"生涯选择的内涵,就能够帮助其增强生涯选择的能力。

认知加工理论是基于生涯问题的解决与决策制定的过程中,大脑接受、编码、储存、利用信息与知识的理念而形成的一种理论,其强调职业生涯问题的解决就如同一个认知的过程。从认知信息加工的视角,彼得森提出了 10 个假设去看待生涯选择的本质[①]:生涯选择是基于认知与情感历程的交互作用;生涯选择是一种解决问题的活动;生涯问题的解决依赖于认知运作能力,也依赖于知识统合能力;生涯问题的解决需要极高记忆负荷;一名好的生涯问题解决者,其动机主要是作出满意的生涯选择;生涯发展是"自我知识"与"职业知识"结构的不断成长与改变;生涯认同依赖于"自我知识"记忆结构的发展程度;生涯成熟是根据解决生涯问题的能力衡定的;生涯辅导目标之一是促进当事人的信息加工能力的提升;生涯辅导的最终目标在于使当事人成为生涯问题解决者。

根据上述假设,我们对"自我知识"与"职业知识"的认识越来越清晰,统合这些知识层面的认知历程也会越来越清晰。换言之,生涯教育的最终目标不是帮助个体解决生涯中的困难,而是帮助个体提升自身解决生涯问题的能力。其后,彼得森等学者总结出了生涯问题的共同特征:第一,生涯问题一般较为复杂并包含感情因素;第二,生涯问题的解决一般有多种备选方案;第三,生涯问题的选择结果一般具有不确定性。在此基础上,若需提升个体的生涯问题解决能力,则需要从加工信息的能力着手,故而其提出了"信息加工层面的金字塔"(pyramid of information processing domains),构成了其生涯理论的基本模型(见图 3 - 2)。

信息加工层面的金字塔共有三层,底部的两个部分称为知识领域,包括自我知识与职业知识;中间层为决策技能领域,是个体基于自我知识与职业知识的有效认知,对信息进行加工,从而做出生涯决策,其中的 CASVE 循环是指"信息沟通—信息分析—信息综合—信息评估—信息执行"5 个阶段,这 5 个阶段不断重复与持续;最上层为执行加工领域,也就是个体进行自我认识和自我调节的活动区域。

---

① PETERSON G W, SAMPSON J P, REARDON R C. Career development and services: A cognitive approach [M]. CA: Brooks/Cole, 1991.

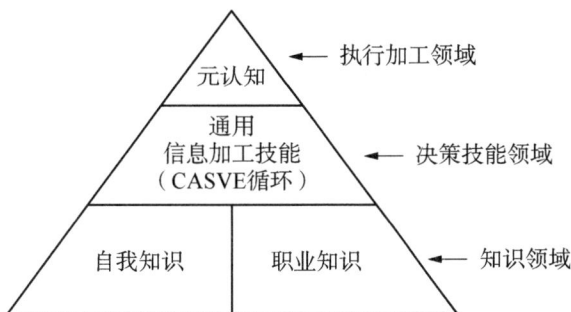

图3-2 彼得森信息加工层面的金字塔模型

(三) 生涯决策理论与高中生生涯发展

生涯学习理论强调生涯的选择是一种相互的过程,这种选择不仅反映了个体自主的选择结果,也反映了社会所提供给个体的成长机会与要求。生涯的选择并不是偶发性的事件,是许多前因造成的。因此,对于学生生涯发展来说,其生涯决定过程,不仅仅是将其的特质与未来工作、未来学习特质相匹配的过程,更应该是增强学习经验,增强与生涯相关的探索活动的过程。而认知信息加工理论则是在完善学生个体知识领域,引导学生合理进行未来成长决策、客观认识生涯决策等方面有着显著作用。

换言之,环境是可以创造的,知识是可以习得的。因此,学生可以通过生涯教育课程,培养自身的职业生涯规划的能力,认识到自身的特质、现有和潜在的资源优势,认识到自身的价值并使其持续增值;也可以对个体自身的优势和劣势进行对比分析,着力培养某种职业特质,从而更为科学有效地规划自己的学习与实践,为自己的理想职业做准备。

第三节 高中生涯教育的原则立场

实施高中学生生涯教育与指导是全面提高学生综合素质的需求,是普通高中多样化发展的需要,是深化教育改革与发展的具体措施。在以人为本的科学发展观的指导下,高中阶段的生涯教育与指导必须以全面深化教育领域综合改革为前提,以教育创新、人才培养创新的新思维去实施。在这一过程中,要恪守以下基本原则和立场。

一、基于立德树人的目标

当代中国青少年学生的发展未来,与国家发展、社会发展以及全球发展等紧密联系在一起。在全球化、信息化、知识经济、小康社会与大国崛起的进程中，青少年学生的未来生涯有着广泛的前景，他们享受发展带来的成果，也需要有参与和促进可持续发展的信念、责任与能力。

2013年11月，党的十八届三中全会提出"深化教育领域综合改革"的要求，强调"全面贯彻党的教育方针，坚持立德树人，加强社会主义核心价值体系教育，完善中华优秀传统文化教育，形成爱学习、爱劳动、爱祖国活动的有效形式和长效机制，增强学生社会责任感和实践能力。强化体育课和课外锻炼，促进青少年身心健康、体魄强健"。近年来，全国教育大会的召开和习近平总书记关于教育工作的重要讲话中，反复强调了立德树人的价值，强调了五育并举的高质量人才培养体系的建构。在这种背景下，高中学生生涯发展教育与指导，必须紧紧围绕党和国家提出的教育改革要求，必须体现培养和践行社会主义核心价值观的要求。所以，学生发展指导不能简化为单一的"生涯规划"教育，不能等同于简单的"职业指导"的教育或者"专业选择"的辅导。显然，高中学生的生涯教育与指导必须紧紧围绕每个学生的全人发展与终身发展。为此，高中生涯教育与指导必须将个人生涯的科学概念传递给每个学生，让他们认识到生涯的全面含义与要求，将个人生涯与国家要求、社会发展及时代变化等诸多方面联系在一起；只有符合了社会主义核心价值观的要求，才符合国家和社会的公民要求与人才要求。同时，高中学生生涯教育与指导必须关注尊重、宽容、适应、合作、团队、决策力、领导力、创造力等各种技能的养成；必须将社会主义核心价值观中的集体层面的"自由、平等、公正、法治"与个体层面的"爱国、敬业、诚信、友善"的要求，转化为学校开展学生生涯教育与指导的具体要求与内容。

二、基于专业标准的设定

我国高中阶段的生涯教育起步较晚，目前还处于探索起步阶段，没有相应的标准和要求，这也在实践之中导致了生涯教育缺乏系统性且低效。因此，着眼于有效的生涯教育，开展专业标准和共性要求的建构必不可少。

首先，要确立学生发展指导的专业标准与要求，包括分学段的生涯教育与指导的目标体系与内容体系，也包括从事发展指导的人员队伍的素养与能力要求，更要有体现实践操作的原则、方法与评价等举措。英美国家在这方面有比较成熟的经验可供借鉴[①]。

---

① 杨光富.国外中学学生指导制度历史演进[M].上海：华东师范大学出版社，2015.

其次,这种专业标准与要求的实现,需要各种政策的支持与保障。政策制定是学生发展指导工作的必要条件。《国务院关于深化考试招生制度改革的实施意见》为在高中教育阶段建立学生发展指导制度与实施学生发展指导工作创造了良好的条件。教育部出台的《普通高中学生发展指导纲要(试行)》为高中学生生涯教育与指导提供了支持。

最后,本土化他国先进经验与方法是专业建设的有效途径。在全球化的开放世界中,当代青少年学生更需要有全球化的和谐世界所需要的价值观念与基本技能,这样才能够促进学生获得有质量的终身发展和全面发展。培养高中学生的生涯思想与生涯技能,必须加强与外部社会及现实生活的联系,生涯教育与指导不能在"封闭"状态下进行,要将生涯知识的传授与生涯技能的培养结合在一起,而这种生涯知识更多的是故事与经验,需要倾听、分享、反思与选择。所以,在学生发展指导的专业建设上,完全可以借鉴和学习其他国家与地区的经验与方法,而不需要从零开始。

三、基于全体教师的协作

生涯教育的有效开展,师资队伍是关键。目前一些地方,为了实施学生发展指导或者生涯教育,提出要为学校配备专门的职业导师或者专职的生涯教育教师;同时,社会化的培训市场中,也出现了面向学校的"职业生涯培训师"师资速成班。从基于专业要求的生涯教育与指导出发,这些举措和行为,在一定程度上有助于短时间内为广大学校实施学生发展指导、生涯教育等提供一些支持;但是,这些专职的"生涯师"或者"职业师",或许并不能够完全承担学校实施学生发展指导与生涯教育的重任。因为,专业的学生发展指导与生涯教育,并不是少数的专门或者专职人员就可以完成的,而是需要学校全体教师的专业参与、共同参与、协同参与。学生生涯教育与指导,需要与学校教育教学过程相融合,需要生涯教育与立德树人的全面融合。所以,生涯教育与指导是一项综合性的活动与工作,需要全方位的参与和投入,尤其需要教育活动中每个教师的参与和贡献。开展生涯教育与指导在本质上是对每个教师提出的教育要求。

当然,全体教师参与学生发展指导与生涯教育,并不意味着教师们都要系统学习从事发展指导与生涯教育的知识,具有相关的素养与技能,而是更多意味着教师在教育教学过程中的意识和思维方式的转型,即要关注学生发展指导与生涯教育的要求及相关内容,而且教师之间要就学生发展与生涯教育开展相互合作与相互支持,尽可能避免各个教师"单干"的局面。教师之间不仅要保持学生发展信息的共享与分享,还要努力发挥每个教师在指导学生方面的专长,加强不同类型教师之间合作与互补,避免教师在指导学生发展方面可能存在的个人"弱项"。

总而言之,生涯教育与指导不仅要有专职教师,更要全体教师的参与和努力。生涯教育与指导中的导师制,是对全体教师的挑战和要求,要求教师具有能够有效实施生涯教育与指导的专业素养与专业能力;学生生涯发展与指导,是教书育人的重要内容之一,是全体教师的共同责任。

四、基于多方资源的整合

实施生涯教育与指导是学校教育的任务之一,也是学校全面实施素质教育的要求之一。但是,由于长期受应试教育的影响,目前在学校中实施学生发展指导与生涯教育还是一件新生事物,遇到诸多困难、问题与挑战。当前应试教育的状况还没有得到大的改变,片面追求升学率的导向仍然制约着高中尤其是普通高中学校的教育教学改革与发展。社会及其学校对高中学校实施生涯教育与指导的认识还不够,担心实施生涯教育与指导会影响学校现有的课程设计与教学安排,担心会导致学生学习成绩尤其是考试分数的下降。一些学校和教师只是希望把学生送入高校,而没有意识到学生发展的不同潜能、不同愿望与不同志趣。培养学生学会自主选择,促进学生的主动发展和个性发展,还没有成为高中教育的共同追求。在这种情形下,高中学校实施学生发展指导与生涯教育,在具有正确的认识基础上,还必须注重提高自身的实施能力,在学校管理模式、学校文化、教师队伍能力、课程与教学等多方面作进一步的改进与提高;还需要动员学校之外社会上各方力量的参与和支持,发挥全社会关心学生发展、支持学生发展和指导学生发展的生涯教育与指导工作[1]。特别要注重利用家庭、社区和高校的生涯教育资源,形成学生生涯指导的合力,整合多方力量,共同致力于生涯教育与指导的实践,从根本上为生涯教育的有效开展、有序开展提供全方位的保障。

---

① 朱益明. 论我国高中生涯教育与指导的原则立场[J]. 基础教育,2015(10):17-21,28.

第四章

现实把握——高中生涯教育的变革基础

　　当教育被区分为理论和实践两个维度之后,教育理论就是形成纯粹认识教育现象的过程,而教育实践的过程无非是运用教育理论来达成教育操作的过程。这样,教育理论被看作是对教育现象进行认识的科学范畴,而教育实践是完成教育过程的操作范畴。这意味着教育理论认识可以彻底地反映教育现象,而教育实践活动就是通过运用理论知识控制教育过程从而有效地实现相关目标的"生产"活动①。这就意味着,在教育变革中,如何处理好理论与实践的关系始终是一个重要的基础性问题。在笔者看来,要实现教育理论与实践的有机融合,就要坚定地遵循教育研究与行动的问题视野,基于现实的问题验证教育理论,运用有效的理论解决实际问题。

　　高中生涯教育为何需要变革,变革的思路在哪里?这一现实问题的回答,不仅需要理论层面的思考,也需要基于实践的检验。只有从理论层面充分认识到高中阶段生涯教育的多维价值,在实践层面充分把握高中阶段生涯教育存在的问题,我们才能更清晰地把握高中生涯教育变革的思路,凝聚高中生涯教育变革的信心和勇气。

第一节　对高中生涯教育多元价值的认可

　　价值哲学认为,价值是客体对主体的意义或有用性。价值是关系范畴和属性范畴的综合体,它是客体功能属性对主体需要的满足关系②。教育价值是教育作为客体对教育主体需要的满足关系。在教育实践中,由于教育实践主体对教育客体的需求不同,表现为教育主体的不同价值选择和价值取向。这

---

① 金生鈜. 何为教育实践[J]. 华东师范大学学报(教育科学版),2014(2):13-20.
② 袁贵仁. 价值观的理论与实践——价值观若干问题的思考[M]. 北京:北京师范大学出版社,2013.

些教育实践主体的价值取向直接或间接在教育实践中影响教育的行为[①]。从某种意义上说,人们决定采用某种教育变革行为,最为原始的动力就是认可这种教育理念、教育行为的价值。

一、生涯教育有助于促进学生全面发展

传统的教育和培养模式,无法适应新时代社会发展对于培养学生全面发展的本质要求,而生涯教育就是对传统教育最好的补充,它更重要的意义在于让学生明白"究竟是为谁学习,为什么学习,以及为什么而活,这一生应该怎么活"一系列问题,生涯教育实质上贯穿了人一生的发展历程。

生涯规划是生涯教育的核心内容,包括三层含义:学业规划,职业规划,人生规划。高中阶段是学生个性形成、自主发展的关键时期,也是学生选择未来人生发展道路的转折点,对个人价值实现及促进社会发展进步具有特殊意义。在这个阶段,学生的心智水平、知识能力、综合素质等都处于高速发展的时期,他们自身的兴趣和特长逐渐被激发,此时要求学校、家庭、社会帮助和引导学生对自身生涯进行分析和规划,使他们在人生的关键时期培养设计自身道路的意识和能力,为以后的人生之路打好前期基础[②]。

从这个意义上说,生涯教育能够关注到每个学生的发展特点,并根据每个人的特性,使个体的潜能和能力得到激发和发展,其宗旨就是促进人的全面发展,最大限度地实现自我价值,找到适合自己的发展路径。

二、生涯教育有助于缓解社会就业压力

生涯教育,特别是大学生生涯教育的提出,从某种意义上说与大学生的就业困难问题直接相关。当前中国正处于社会经济发展的重要转折期,经济增长方式转变,产业结构调整,使许多企业的人才需求模式也发生了较大的改变。伴随着经济结构的调整,我国高等教育也经历了较大的变革。教育发展统计公报显示,中国高等教育的毛入学率从 1998 年的不足 2%,提高到 2004 年的 19%,到 2010 年达 26.50%,2016 年到 42.70%,2018 年至 48.10%。换言之,经过 20 年的快速发展,中国高等教育成功地从精英教育转向了大众化教育。与此同时,根据国家统计局的统计数据,自 1999 年中国实行高等院校

---

① 杨志成,柏维春. 教育价值分类研究[J]. 教育研究,2013(10):18-23.
② 刘刚. 高考改革背景下普通高中职业生涯教育探析:以辽宁省实验中学为个案[D]. 沈阳:沈阳师范大学,2017.

大规模扩招后,中国的普通本专科毕业生数亦保持大幅度增长,从 1999 年的 84.8 万人,增长为 2018 年的 753.3 万人,数量增加了近 8 倍(表 4 - 1)。高等院校毕业人数的增加,也就意味着进入劳动力市场找寻工作的大学生的增加,但随着中国经济结构向供给侧方向的调整,经济运行从以前的高速增长逐渐转变为高质量增长,经济增速放缓,就业弹性降低,我国大学生在就业方面显现的问题日渐增多,亦日趋复杂,这是大学生的发展危机,其或可以说是生存的危机。当承载着国家、社会、家长无限期望的大学生不能就业时,人们对大学的质疑、思考、希冀就不再仅仅限于枝节或某些方面的问题,而是会触及大学的根本。这也就意味着,破解大学生就业困难,提升大学生的能力与素养,不仅是优化高等教育人才培养体系的重要课题,也是党和政府,乃至整个社会普遍关注的重要问题。

表 4 - 1　1999—2018 年我国普通本专科毕业生数统计

单位:万人

年份 指标	2018	2017	2016	2015	2014	2013	2012	2011	2010	2009
普通本专科 毕业生数	753.3	735.8	704.2	680.9	659.4	638.7	624.7	608.2	575.4	531.1
年份 指标	2008	2007	2006	2005	2004	2003	2002	2001	2000	1999
普通本专科 毕业生数	511.9	447.8	377.5	306.8	239.1	187.8	133.7	103.6	95.0	84.8

资料来源:国家统计局

大学生就业难是多重因素导致的,这其中有社会大环境等因素的影响,但也有毕业生对自身职业并没有很好规划,自身的就业目标模糊,扎堆和选择一些高待遇的工作,没有提前计划自己具体要做什么工作,对自己没有合理的定位等个人方面的原因。这种盲目入职所带来的后果就是对工作没有热情,既不利于个人的进步,也不利于社会的发展。这与学生生涯教育的缺失有直接关系。从目前情况看,很多时候教育改革和课程改革虽然表面上在各个学校紧锣密鼓地开展,但是实践中的教育模式并没有根本上的改变,教师依然采取传统的传授知识教育模式,缺乏对学生创新精神、综合素质的培养,不利于学生全面发展,更重要的是没有让学生对自身有正确的认识,以及对未来的积极规划。大学生的就业难问题,虽然表现在大学阶段,但是不能仅靠大学教育去化解,这也就意味着,学校应及早通过生涯教育为学生设置系统性的课程,进行一系列的积极引导和教育,若在普通高中阶段,学生就能对自己的兴趣爱好、特长、职业目标、职业理想有全面的认识,在进入社会后,学生对自身定位和工作目标也会有更清晰的认识,这显然有利于缓解社会就业压力。高中阶段恰好是学生心智不断成熟发展的阶段,这一时期也是对学生进行生涯规划引导的有效时间,如果能够通过合理的生涯教育介入学生的成长,就能够让学生为未来的专业选择、职业选择做好更早和更充足的准备。

三、生涯教育有助于应对高考综合改革

高中生涯教育的兴起在很大程度上源自高考改革的现实需要。2010 年 7 月,《国家中长期教育改革和发展规划纲要(2010—2020 年)》提出了"鼓励有条件的普通高中根据需要适当增加职业教育的教学内容。探索综合高中发展模式。采取多种方式,为在校生和未升学毕业生提供职业教育";"建立学生发展指导制度,加强对学生的理想、心理、学业等多方面指导"。随着经济和社会的快速发展,我国政府意识到在基础教育阶段实施生涯教育的必要性。2014 年,教育部启动了新一轮的高考改革,其中提出要"落实学生的选择权"。此轮高考改革的最大特点就是一定程度上给予学生选择学科及考试科目的自主权。相应的,高校录取方案也有了很大的变化。这就从政策上要求学校对学生实施生涯规划教育,其对培养学生自我意识、自我发展、自我规划有着不可替代的作用。随着各地高考改革的深入,越来越多的学校和教师开始重视对学生进行生涯教育,生涯教育也将逐渐展现其蓬勃而强大的生命力[1]。

由此可见,生涯教育从短期来讲,是为了让学生正确选择大学和专业,如果说各学科的老师希望让学生在高考中取得好成绩,那么开展生涯教育的老师就是希望学生能够把成绩发挥出最大的价值。从长远来看,高中阶段的生涯教育是为了给学生在未来的职业规划、人生发展中打下一个良好的基础,引导他们开始并且持续地思考自己希望成为怎样的人,应该怎样度过自己的一生。

因此,学校的生涯教育应该引导学生思考在此之后去过何种有意义的生活,应该结合高中阶段的性质和学生特点,从关注学生的生涯发展出发,帮助青少年形成积极的价值观和生涯规划的意识,帮助青少年在自身理想、家庭期待和社会需要中找到最佳切入点,提高他们自身的决策能力以及个体规划未

---

[1] 范峻岭. 普通高中生涯教育开展的现实意义及对策[J]. 西部素质教育,2019(9):60-61.

来的能力,这也是激发学生内在的学习积极性,并全面提高其综合素质的非常好的途径。

生涯教育,正是为了学生能够了解自身、了解生命、了解社会而设,它植根于学校生活的现实,更遥指学生发展的未来,它体现了教育对生命的真正关怀。生涯教育,有助于帮助学生澄清价值,明确方向,进而走出应试的迷茫,自觉在学校与社会的联系中学会自我分析与价值判断,进入一个更为广阔而清晰的世界。因此,对高中阶段学生进行生涯教育不但重要而且必须。

第二节 对高中生涯教育现实问题的分析

对于生涯教育重要价值的认知构成了我们变革和重构高中阶段生涯教育体系的思想基础,但是,教育变革从本质上说是一种实践性行为,其根本价值在于解决现实的问题。从当前情况看,随着新高考改革的逐步推开,各地都开展了高中阶段生涯教育的相关探索,也取得了一定的成绩;同时,众多的研究和实践普遍关注我国高中阶段生涯教育存在的多方面问题。对于这些现实问题的把握,应该成为我们推动高中生涯教育创新的实践起点。

一、众多研究呈现的高中生涯教育问题

随着生涯教育在高中阶段的普及,对于生涯教育过程中存在的问题分析越来越成为重要的研究领域。根据笔者梳理,在生涯教育的相关研究文献中,多数研究者都是基于实证和亲身感悟系统分析生涯教育存在的问题,进而提出变革的举措。综合相关研究,高中生涯教育存在的问题主要包括以下方面。

(一)对于生涯教育的重视程度不够

总体上,生涯教育在普通高中学校里尚未获得应有地位。受传统"学而优则仕"的教育观念影响,国内社会普遍认为普高阶段的主要任务是进入大学深造,然后走上仕途[1]。加上我国高中教育体制将普通高中与职业高中分轨,因而强化了普通高中学生的出路主要是考上大学这一认识。学校首先重视的是学生能否考上大学、考上什么样的大学,而把他们将在高校学习什么样的专业、将来会从事什么样的职业、会过上什么样的生活等问题置于其次。这就造成普通高中(也称普高学校)主要关注的是学生的考分而不是学生未来的生

---

① 杨燕燕,虞红明. 经验与反思:普通高中生涯教育的课程化实施——以杭州市清源中学为例[J]. 基础教育课程,2018(4):30-36.

活,或是仍将指导学生选科选考等生涯教育环节作为让学生尽可能获得高分的手段。虽然新高考制度倒逼了普高学校重视生涯教育,但是对什么是生涯教育、为什么进行生涯教育、怎么开展生涯教育等的认识往往是模糊不清的,较多学校的生涯教育开展仅停留于对原有教育教学工作的"补充"或"从属"层面。例如,学校没有专门的生涯教育领导机构,或是成立了生涯教育领导组织,但也只是把它作为学生管理部门的一种职能延伸,或是学校德育工作的一个组成部分,缺乏全面开展生涯教育的整体架构;又如虽然加强了对学生的选科选考指导,但是对于如何帮助学生真正实现全面、合理的学科与专业选择,还是缺乏比较系统和成熟的考虑。

(二) 对生涯教育的理解存在偏差

目前普高学校将学业指导和职业(专业)指导作为重心,使得"从职业或专业选择倒推出学科选择"成为当前学校生涯教育的一种普遍思路。以这样的思路推进生涯教育,往往会在生涯教育实践中重视通过"了解自我、了解职业(专业)世界、在自我和职业(专业)世界中建立关联"的逻辑来推进,而这样的逻辑恰恰容易使生涯教育的内涵窄化为职业指导——选科选考的学业指导是服务于职业(专业)指导的。将生涯教育窄化理解为职业指导,与我国生涯教育断层的历史发展不无关系。国内生涯教育在民国时期就以职业指导首开先河。新中国成立后,国家在计划经济体制下实行"统包统分"的毕业生分配方针,学生并不需要考虑未来的就业与发展。生涯教育在这样的形势下失去了存在价值,其发展一度彻底停滞下来。改革开放之后,生涯教育在我国缓慢恢复发展,并接续了民国时期以"职业指导"为主要内容的做法。1994年,国家教委基础教育司颁布了《普通中学职业指导纲要(试行)》,对于全国范围内推动普通中学实施生涯教育提出了具体要求。可见,将生涯教育窄化理解为职业指导的倾向,是有一定历史根源的。这种认识在素质教育时代和职业世界发生急速变化的时代,恐怕是难以为继的。

(三) 对生涯教育的实践相对单一

国内普通高中生涯教育的推进多半从校内的学生心理辅导平台开始,心理辅导教师成为生涯教育的主要师资,他们一般开设以职业指导为主要内容的课程或讲座,通过团体辅导和个别辅导的方式,帮助学生认识自我、探索职业及进行自我与职业之间的匹配。课程或讲座中的内容主要以心理学理论为基础,帮助学生选择适合自己的职业。故无论从课程内容还是实施主体来看,这样的生涯教育都带有较浓厚的心理学特征。当然,生涯教育与学校心理辅导在20世纪几乎同时产生,学校心理辅导把生涯选择作为一种认知性的问题解决过程而将有关自我和职业市场的知识进行匹配,一个好的匹配结果就是一种好的生涯选择。但现今,生涯教育恐怕还需要借鉴其他的学科视角并与之整合,创新和丰富生涯教育实施路径。事实上,普高变革的其他政策已经对此提出了相关要求,从《基础教育课程改革纲要(试行)》《国家中长期教育改革和发展规划纲要(2010—2020 年)》,再到《教育部关于深化基础教育课程改革进一步推进素质教育的意见》《教育部关于全面深化课程改革落实立德树人根本任务的意见》,这些政策文件都不同程度地要求我们去思考:普高生涯教育的内容和实施路径应如何与学校的课程改革以及学生的整体发展联系起来[①],如何通过课程与教学的系统变革丰富生涯教育的开展方式。

(四) 对于生涯教育的外部支持不足

当前的高中学校生涯教育,更多表现为学校的自主探索,政府政策层面的支持和校外力量的整合都显得相对不足。2017 年 9 月,中共中央办公厅、国务院办公厅印发了《关于深化教育体制机制改革的意见》,明确提出要培养学生的职业能力。但到目前为止,我国尚无全国性的中小学生涯教育指导政策文件。此外,地区整体推进的案例也很少见,只有山东、浙江和上海等少数地区的教育部门出台了关于中小学生涯教育的指导性文件,生涯教育基本停留在学校实践探索层面,由此也导致产生以下问题:一是学校在实施过程中缺乏依据和标准,如生涯教育的意图和目标有哪些,学生培养有哪些目标,在什么时候用什么方式开展,学生的生涯发展需求应该在多大程度上得到满足等,没有统一的回答;二是缺乏经费、机构和人员等方面的保障,生涯教育开展过程中需要大量的培训、课程开发经费,也需要重整学校管理架构,建立指导机构和配备指导人员,但缺乏政策依据,这些保障都无从谈起;三是难以统整研究机构和社会各界资源,缺乏地方政府的支持,单凭学校的力量是很难把当地研究机构和社会资源的力量利用起来的[②]。另外,在生涯教育的设计和实施过程中,家长被视为生涯教育的重要参与者之一,但在我国,由于缺乏地方政府的主导推进,家长对生涯教育的重要性认识不足,企业对生涯教育缺乏有效支持,科研院校对生涯教育的研究关注度也比较低。这些问题的存在也在很大程度上弱化了生涯教育在学校整个教育体系中的地位,甚至在很多学校看来,生涯教育并不能被视作一种独立的、特色的教育形式,这也导致其无法享受到

---

① 杨燕燕.普通高中生涯教育:问题、经验与策略[J].杭州师范大学学报(社会科学版),2018(6):126-133.
② 梁惠燕.我国当前中小学生涯教育实施的问题与对策[J].教育理论与实践,2019(17):18-20.

应有的课程与教学改革地位。

二、自身工作感悟的高中生涯教育问题

笔者作为一名一线教育工作者,全程参与了学校的生涯教育变革,也为这种变革的合理性一直在做相应的思考和调研。从上海市的情况看,笔者认为,相对于其他的一些地区,上海在生涯教育的探索上起步较早,目前的探索也已经形成了诸多经验。在生涯教育的探索实践中,笔者感受到,在教育部提出普通高中建立学生发展指导制度之前,我国一些地方及其学校就已经开始实施生涯方面的教育与指导工作,其中,最显著的就是生涯规划教育与职业指导教育。2010 年后,全国范围内的生涯教育与指导的实践得到了比较快速的发展,很多学校进行了生涯教育模式的探索,如上海的七宝中学初步构建了一个包含生涯发展导航目标、生涯发展导航内容、生涯发展导航实施载体与路径、生涯发展导航实施保障系统等在内的"全方位、全程化、多路径"生涯发展导航系统①。但是,笔者也明显感觉到在普高学校建立学生发展指导制度或者实施生涯教育与指导,实践中常存在以下问题。

第一,将学校德育工作简单地转化为学生发展指导工作,以德育的方式实施学生发展指导。这种转化或许有助于将培育与践行社会主义核心价值观的要求渗透到学生发展指导工作之中,但显而易见的问题则是,常规的德育工作方式方法并不能适用于学生发展指导的要求,尤其是那些停留在"说教"或者"灌输"层面上的德育思想、观念及方法,与学生发展指导中"指导"的思想、要求及方法不相符合。如果单纯地将生涯教育与德育等同起来,或者把生涯教育仅仅视作德育的一部分内容,就会在很大程度上削减生涯教育的价值。

第二,将学生生涯教育与指导简化为心理测试与专业选择、职业发展之间的对应关系,过分强调生涯规划与职业选择。生涯教育与指导固然基于学生的个体差异及其发展潜能的可能性,重视依靠心理测试等科学方法评估与识别学生的基本状况与优势特点,但是生涯发展并不完全取决于个体的内在因素,它同样依赖于个体所面临的诸多外部因素,个体成长与发展之中存在诸多的不可预测性。在当前这样一个快速发展与存在不确定性的(后)现代社会,需要引导学生合理地看待自身的兴趣、愿望与希望,需要学生学会不断学习、不断应变、不断创新,才能应对未来生活与职业的变化而成就自身的成功生涯。

---

① 潘蓓蕾. 高中生生涯发展导航系统的设计与实践研究[J]. 基础教育,2019(1):30-38.

第三,将学生发展指导简单化为一门新的课程科目或者几类简单的活动。以科目形式教学,固然体现了学校的重视,但很有可能影响了"指导"的力度。尽管现代教学论的发展,日趋重视教学中的"指导"参与,但在实施学生发展指导的过程中,必须充分注意到"指导"与"教学"之间的差别所在。因为教学往往是基于已有知识的传递与掌握,而指导则注重于师生之间的分享、研讨与探究。学科教学同样具有实施学生发展指导、生涯教育与指导的职责,学科教育与生涯指导的有效结合,不仅有助于提升学生知识学习的动力,也有助于学生真正发现自己的兴趣和特长。但是生涯教育不是仅靠一门单独的学科就能够完成其使命的,也不是仅靠几项活动就可以顺利开展的。如果把生涯教育仅仅视作一种单一的教学或者几类简单的活动,就无法从整体上推动生涯教育改革的全面推进。

综上可知,不论是笔者工作中的感知,还是已有研究的结论,对于高中生涯教育存在问题的呈现都具有高度的一致性,这种一致性突出体现在两个方面:其一,对于生涯教育的认知不够科学,特别是对于生涯教育是什么、有什么价值、为什么需要开展,还没有形成科学统一的认识;其二,对生涯教育的实践方式不够合理,没有从课程与教学改革的整体视角探索有效的生涯教育模式。上述两个问题的存在导致了学校生涯教育标准的缺失和有效性的难以保障。对此,一方面需要以专业标准审视学生生涯教育与指导的工作实践,将学生发展指导作为一项专业的工作来对待,在政府政策与学校实践上建立学生发展指导的标准体系;另一方面也要从课程变革的系统视角,探索支撑生涯教育的完善课程体系,并配套相应的实施路径,以此承载高中生涯教育的多维度价值。

第三节　对高中生涯教育未来转型的设想

从目前我国及世界教育改革与发展的现实情况看,从基础教育阶段就实施生涯教育,给予学生相应的生涯规范和生涯发展指导,已逐渐成为教育界的共识。目前,这项工作已不仅仅是民间的探索和尝试,一些省市已出台了一系列文件,来推进或指导中小学生涯教育工作的开展。然而,由于对生涯教育工作的了解还不够全面,对基础教育的理解还受到诸多旧有观念和惯性经验的影响,许多教育工作者对此项工作的认识仍存在分歧或误区,如认为:中学生涯教育只是为升学(中考、高考)服务;生涯教育就是职业生涯规划,就是为了帮助学生选择、确定未来的职业目标;生涯教育是大学或职校的事,小学生太小,中学生还早;世界变化迅猛,生涯不可规划;生涯教育是舶来品,不适合中国的教育国情;等等。种种对于中学生生涯教育的认识误区,要求我们必须正确认识中小学生涯教育的价值和使命①,也逼迫我们去努力思考新时代社会发展背景下高中教育的转型发展问题。

众所周知,当前中国经济社会发展已经进入新时代,这种社会发展的转型必然带来人才培育和教育系统变革的转型。高中作为人才培养的重要过渡性阶段,如何在时代发展的脉搏中把握变革的契机,这是事关高中阶段人才培养质量和教育内涵发展的重要问题。高中阶段生涯教育模式的探索应该是未来一个时期生涯教育研究与实践的重点领域,思考未来高中生涯教育的转型问题是一个紧迫的时代命题。

从生涯教育的国际比较和我国当前高中生涯教育的实施状况看,笔者认为,新时代的高中生涯教育要凸显以下四个方面的转型。

一、生涯教育的全员化转型

日本学校极其重视生涯教育,更强调形成"学校—政府—企业"全员化的生涯教育体系。日本学校经常要求政府官员、企业成功人士到学校开设专题讲座,讲述相关职业的岗位需求与工作内容等。

英国学校重视与雇主的合作,一方面邀请雇主来校听课,更多地了解学校与人才培养情况;另一方面则重视雇主的意见和建议,促进教学部门改进教学方法,在遵循一定原则的条件下,按照雇主需求培养学生,增加毕业生未来受聘的可能性。

新西兰政府强调生涯教育是学校、家庭与社会的合作,学校鼓励家庭参与到学生的学习和生涯规划之中,一方面帮助学生获取学习、培训和工作方面的信息,另一方面帮助学生设置目标并落实到行动中。社区可以为学校的生涯教育提供很多活动资源。当地企业则有责任与学校的生涯教育管理团队一同设计生涯教育活动,为学校提供最新的工作或职业的信息。

加拿大学校则充分利用校友资源,将成功校友的职业生涯经验,作为在校学生生涯教育的范本。

从国外实践可以看出,生涯教育不仅是学校的工作,亦是教育系统的整体工程,还受到由家庭所构成的社会以及各种因素的影响和制约。学校生涯教育要取得突破性的成效,不仅学校本身要发力,更要发动各层面的联动效应。

---

① 赵世俊.中小学生涯教育的价值与使命[J].江苏教育,2016(48):70-71.

而当前我国的高中生涯教育课程还停留在课堂教学模式,既未形成"学校—政府—企业"的联动式教学,也没有对企业、社区、校友、政府等功能进行充分挖掘。因此,我们需要学习国际上的先进经验,通过校内外生涯教育资源的系统开发和利用,帮助学生体验社会与职场生活;通过社区,提供给学生更多、更有利的信息与资源;通过政府,完善学校的生涯教育体系,获取更多的有力资源,打造全方位、全员式的联动生涯教育模式。在这一过程中要考虑到高中阶段一般没有专门的生涯教育课程和生涯教育教师的现实情况,通过教育引导不同学科教师的生涯教育意识,将生涯教育落实和分解到日常教学与管理之中,让全体教师都承担起对高中学生进行生涯教育的重要任务。

二、生涯教育的全程化转型

生涯教育不是大学阶段特有的教育方式,应该贯穿教育体系的全过程。瑞尔曼曾提出务必要认识到职业发展的终身性,通过活动或服务帮助学生承担起自我职业发展的责任[①]。因此,生涯教育应该是一种全程化教育和终身性教育。

日本将"终身学习"作为国策,而生涯教育关注人一生的职业发展,是终身学习的典型代表。1999 年,日本在《关于改善初等、中等与高等教育的衔接问题》报告中首次提出生涯教育,认为日本学生职业生涯教育应该始终秉承"终身学习"和"学会学习"的理念,日本学校教育应以培养每位学生的生存能力,未来社会人、职业人所必需的能力、态度与价值观为出发点,帮助学生将学业、理想相结合,将学校生活、社会生活和职业生活相贯通。因此,日本注重将职业生涯教育贯穿于学校教育的全过程,各级各类学校也根据不同年级学生的特质,开设了不同主题的生涯教育课程。

德国更是将生涯教育贯穿于个体的一生。德国政府与家庭从小学开始就有意识地培养孩子们的职业意识,初等教育阶段注重职业意识启蒙,中等教育阶段注重职业培训。鉴于大学生缺乏实践经验,步入职场后不能马上适应岗位需求的情况,德国在高等教育阶段注重实践环节,高校选派大学生进驻企业实习并进行考核,高校也会邀请企业负责人、研发人员等到学校进行授课,缩短大学毕业生进入社会的适应期。在进入职场后,当其遇到生涯问题时,可以寻求职业咨询人员的帮助,但是德国职业咨询人员的工作重点是帮助其意识

---

① RAYMAN J R. The changing role of career servers［M］. San Francisco：lossey-Badd Inc Publishers，1993：125－131.

到个人职业选择的自由和职业决策的自主性,帮助其分析职业生涯与职场上出现的问题,而并非替求职者解决问题或进行生涯决策。

由上可见,国外生涯教育融合在学生的发展全过程中,注重学生主体性的发挥,其目的是促进学生身心素质的全面发展。从发展的过程性、阶段性特征看,人的每一个阶段的成长需求是不一样的,生涯教育的针对性也应该有所不同。从生涯教育的全过程理念出发,高中阶段的教育工作者应该充分认识到这一时期对学生进行生涯教育的重要价值,以"守好一段责任渠"的意识自觉将生涯教育贯穿于高中阶段的全程学习之中。

三、生涯教育的课程化转型

要想真正提升高中生涯教育的实施成效,就必须从课程建设的视角来思考生涯教育,跳出将生涯教育仅仅视作特色性活动的传统思维,切实推动生涯教育的课程化建设,这既是落实当前教育政策法规的要求,也是推动高中生涯教育内涵发展、品质提升的要求。高中阶段是学生形成正确的世界观、人生观、价值观,树立远大理想的重要时期,这一阶段的学生具有强烈的进一步了解自我、探索自我的意愿,具有理性思索未来生涯发展的能力,所以,在高中开设生涯教育课程切合了高中生成长的需要。

国务院于 2010 年颁布《国家中长期教育改革和发展规划纲要(2010—2020 年)》,要求各高中学校"建立学生发展指导制度,加强对学生的理想、心理、专业等多方面的指导……推进培养模式多样化,满足不同潜质学生的发展需要……鼓励有条件的普通高中根据需要适当增加职业教育的教学内容"。2013 年,《普通高中学生发展指导纲要(试行)》指出,普通高中学生发展指导工作是当代高中教育的基本职能之一,与教学、管理处于同等重要的地位,而生涯教育是普通高中学生发展指导的主要内容,要加强学生发展指导课程建设。2014 年,《国务院关于深化考试招生制度改革的实施意见》决定在浙江、上海试点高考改革,尊重并鼓励学生的个性化发展和多元化发展。高考改革给学生更大的自主权和选择权,使高中生面临新的问题和多样化的选择,如何给予学生科学、有效的生涯指导,满足学生发展的要求,成为摆在大家面前的难题,也使实施生涯教育成为我们的现实需要。

在高中,实施生涯教育应结合学校的日常管理和教学工作,否则只能是脱离实际的空谈。应该从学校层面建构生涯课程体系,将学校所有与生涯教育相关的课程和活动串联起来成为一个系统的生涯大课程,将生涯课程作为实施生涯教育的重要载体,融入学校的日常教学管理,覆盖每一位学生,让每一位学生都受益。如何结合学校的日常管理,建构更有效、更有针对性、更贴近学生的生涯课程,是生涯教育能否有效实施的关键。生涯课程要建构得科学合理,需结合系统生涯规划法,系统的生涯规划应包括:生涯唤醒(觉知与承诺);深入了解自己;认识外部世界;学会自己作抉择;制订计划,行动落实;评估调整。以上这些提供了建构高中阶段生涯教育课程体系的基本框架,实际上也提供了高中阶段生涯教育所要解决的主要问题。对于高中学生而言,生涯是发展的,人在变化,世界也在变化。在生涯行动过程中要不断认识成长中的自己,认识变化着的外部环境,不断调整决策和行动①。这是高中生涯教育对于学生成长的重要价值,而这种价值的体现,显然应该依赖完善的生涯教育课程体系,而不能仅仅是零散性的生涯教育活动。

四、生涯教育的校本化转型

倡导校本是当前教育改革的一个重要趋势。对于高中的生涯教育而言,由于缺少整体性的课程标准和实施纲要,每一所学校基于校情的个性化实践探索就显得尤为重要,特别是在高考综合评价改革的背景下,学校需要通过生涯教育模式的校本化设计,主动对接和服务高考综合评价改革。在这一领域,我国香港地区的学校生涯教育能够为我们提供一个变革的样例。基于中学的多样化,香港各中学因地制宜,建立了校本特色的生涯规划教育模式,协助学生形成个性化学习概览。香港中学校本化的学生学习概览对我国内地中学开展学生综合素质评价具有很大的参考价值。从评价内容来看,通过校本生涯规划教育,可增进学生关于自身兴趣、性格、学科能力及价值观的认知,理性评估分析自身优势,从而撰写个性化自我陈述报告。而基于校本特色生涯教育课程或活动,学生个性得到彰显,更易选取印象深刻、与自身生涯发展密切相关的学习经历,撰写典型事实材料,丰富综合素质评价的内容。从评价主体来看,中学层面应将学生置于主导地位,让学生讲自己的中学学习故事,在撰写综合素质档案过程中培养学生的责任感和自主性;班主任或心理教师从旁支持、辅导,根据学生的记录进行及时的对话、交流、反馈和指导,引导学生发现自身优势和取得的成绩,帮助学生及时调整生涯计划。从评价方法来看,应强调体验、反思为本。学生在撰写自己的"生涯故事"时,通过对经历进行体验、反省,不断生成个性化的元素,不同潜质的学生发挥了不同潜能。当然,各中学还是需要因地制宜,形成校本特色的生涯规划教育,真正推动综合素质评价

---

① 陈韵君. 高中生涯教育课程体系建构的探索与实践[J]. 中小学心理健康教育,2018(30):24-27.

的落实,让学生成为自己生命蓝图的设计师、生涯故事的创设者,让每一个学生都有成功的体验,让不同潜质的学生发挥自身潜能。2014 年,内地教育部门以文件的形式将综合素质评价制度化。综合素质评价旨在促进学生全面而个性地发展,发挥学生潜能,这与生涯规划教育帮助个体自我认知、发挥自身优势的理念不谋而合。

在课程改革与教学改革的潮流中"校本研究"成为主流,是符合实践发展逻辑的。在近年的校本研究实践中,形成了"课例研究""集体叙事""行动计划"三类研究范例,基本理念是"基于学校,通过学校,为了学校",形成了作为教育研究的基本品质,即"有效地揭示问题""恰当地处理素材""提供新的认识",体现了"表达自我""人文范式""日常叙述"的研究价值取向[①],更为一线的实践性教育问题的化解提供了具有可辐射价值的研究结论。总体而言,我国当前的高中生涯教育还处于一个初步的探索阶段,很难形成统一性的生涯教育实践操作范式,特别是高中生涯教育的课程体系建构、生涯教育的系统开展模式建构,都没有现成的范例可以参考。这样一种现实情况,更需要通过扎扎实实的校本研究来积累经验,这不仅是推动每一所学校生涯教育系统化、科学化建设的内在要求,也是推动我国整个高中阶段生涯教育有效模式建构的可行性思路。也正是从这一认知出发,笔者认为,本书的写作被赋予了更丰富、更深层次的价值。

---

① 彭钢.校本研究:基本规范与价值取向[J].教育研究,2004(7):84-88.

第五章 ◎

整合重构——高中生涯教育的课程建设

前文论述了高中阶段生涯教育存在的问题。破解这些问题,需要学校对生涯教育重新定位,运用整合性思维,对学校生涯教育工作进行顶层设计[①]。这种设计至少应该包含三个方面的内容:生涯教育的目标设计,生涯教育的课程架构以及生涯教育的实施路径探索。本章中,笔者将以华东师大一附中的生涯教育探索实践,呈现整合思维下高中生涯教育的建构策略。

第一节 培养研究型人格的生涯教育课程目标

教育目标就是指所培养的人才应达到的标准,这个目标可高可低,按需而定,教育目标反映教育目的,也是具体而可观测的。对于教育改革而言,目标是行为的导向。从管理学的角度看,目标越清晰、越明确、越合理,其在实践中的引领价值就越容易发挥。很多时候,高中生涯教育过程中产生的一系列问题,包括认知层面、实践层面,很重要的原因就是对于生涯教育到底应该实现怎样的价值追求并没有形成合理的认知。由此,从学校的角度看,推动生涯教育的变革,首要的前提性工作就是形成合理的生涯教育目标体系。

一、高中生涯教育课程目标应遵循的基本原则

生涯教育课程目标的厘定不是随意的,要体现三个方面的基本原则。

(一)高中生涯教育课程目标要体现立德树人的时代要求

教育的根本任务和时代主题都离不开立德树人,同样生涯教育属于教育的范畴,也不可能离开这个根本任务。从传统的认识看,很多时候我们会认为立德树人属于思政教育的范畴,但实际上,立德树人不仅是思政教育改革的内

---

① 李勤. 用整合思维开展高中生涯教育[J]. 江苏教育,2019(39):14-16.

在要求,也是任何形式教育活动的首要价值导向。不论是思想政治教育,还是生涯教育,其根本目标都要围绕立德树人来设计。思想政治教育引导学生形成正确的"三观",为学生形成正确的职业观和良好的职业素质奠定基础,是一个动态发展的教育过程;生涯教育需要正确的职业观指导生涯选择,这是德育的重要内涵体现,也是对学校德育工作的精细化发展。而学生的职业选择和发展也是动态发展的过程,将两者相互融合,既可以在尊重并关心学生的基础上,给予学生针对性的生涯选择指导,引导学生为今后生涯发展打好基础,又可以彰显学校德育的实效性和长久性[①]。对于高中生涯教育而言,要体现立德树人的根本任务和时代要求,一方面,要在生涯教育的目标设计中凸显道德的元素,通过生涯教育促使学生有道德地成长,激发学生在人生发展、工作生活、职业选择等过程中的道德认知;另一方面,要在生涯教育的目标设计中体现树人的元素,着眼未来社会发展需要的复合型人才,拓展生涯教育的视野和载体,促进学生全面发展和综合素养的积淀。

(二) 高中生涯教育课程目标要体现高中阶段学习的特点

高中学段是为学生成长奠基的重要阶段,学校教育不能仅仅关注学生眼前发展的需要,满足于服务学生"选科",帮助学生完成学业规划、专业规划或者职业规划,更要放眼长远,为学生的未来发展和终身幸福着想。学校要充实生涯教育的目标体系,建构以共性目标为导向,由多重子目标集合而成、能引领学生多样性发展的动态的目标体系,实现由"职业指导"向"生涯指导"的转换,即通过丰富的、系列化的生涯教育活动,使学生在丰富的规划经历中形成生涯管理素养和自我发展素养,成为有明确人生方向、有生活品质的人。在此基础上,充分考虑不同年级学生的生涯认知和发展需求的阶段性特征,分步实施,构建一个既循序渐进又环环相扣的生涯目标系统。例如,高一年级,可以突出做好个性化的生涯教育工作,通过制订个体生涯教育方案,开展个别化辅导,指导和帮助学生初步规划。高二年级,可以一方面做好在选科问题上左右摇摆的学生的个性化辅导,指导其作出适合自身实际的生涯选择;另一方面整合理想信念教育、社会主义核心价值观教育、心理健康教育等内容,开展关乎学生终身"大"生涯发展的教育和指导。高三年级是学生学业目标和职业目标即将对接的阶段,生涯教育可与班级常规活动、学校的教育活动有机结合,渗透理想信念教育、心理健康教育。高考结束后、填报志愿前有近一个月的时间,学校可邀请高校招生的老师、生涯教育专家通过专场讲座、咨询辅导等方

---

① 朱雅.生涯教育中的立德树人[J].教书育人,2019(22):4-6.

式,指导学生科学选择适合自己的高校和专业,高质量完成志愿填报工作[①]。

(三) 高中生涯教育课程目标要体现学校特有的文化气质

教育与文化的关系十分密切。从某种意义上说,教育即文化,教育的本质是人与文化之间的双向建构[②]。文化是教育之根,也是重要的教育手段,因此,在学校变革的过程中,通过特有的文化建设发挥文化的育人价值始终是学校管理者的共性选择。学校管理中各校之间有很多相似的因素,但又存在很大差异。学校之间的差异并不完全是受升学率的影响,也并非硬件条件的不同,主要还在于学校使用教育方法的不同,最根本差异在于文化的不同。学校的活力在学生,学校的灵魂在文化。校园文化体现一所学校的生长力。学校如果没有自己的内在文化,就如同一个没有灵魂的人,那么纵然它校舍林立,蔚然成荫,也是一所没有发展潜力的学校。学校的文化就是水,滋润着这每一朵鲜花,让其茁壮成长;校园文化又是学生的向导,时时刻刻影响着学生的思想和行为[③]。也就是说,浸润在一定学校文化中的学生必然会被打上学校特有的气质和烙印,因而,作为一种重要人才培养方式的生涯教育,在设计目标的时候也不能是孤立的,需要充分考虑学校的办学历史、特有文化,也需要主动对接学校的人才培养目标。

二、对高中生涯教育课程目标的校本建构

生涯教育究竟应该何去何从? 在此,笔者结合自身的实践经验,尝试给出一个回答:生涯教育应该为学生生命意义的主动建构提供力量,即生涯教育应当能够帮助学生找到并实现自身的生命价值,充盈他们的内心,使他们能够奋斗在人生的各个角色当中,主动构建起自身生命的积极意义,成为一个真正完整的人[④]。基于这一总体思路,学校可以结合自身的特有文化和人才培养定位,对生涯教育的具体目标进行建构。

从华东师大一附中的实际情况看,心理健康教育和生涯教育一直是学校的重要办学特色。学校是首批上海市重点高中和上海市实验性示范校高中之一,于 1987 年开始开展学校心理健康教育工作,是上海市开展心理健康教育工作较早的实践者和探索者之一。华东师大一附中第一任校长,我国著名的教育家、心理学家廖世承先生,提出了"积极研究,勇于尝试、艰苦卓绝"的办学

① 李勤. 用整合思维开展高中生涯教育[J]. 江苏教育,2019(39):14-16.
② 刘献君. 论文化育人[J]. 高等教育研究,2013(2):1-8.
③ 权迎. 学校文化育人模式实施探讨[J]. 中国教育学刊,2013(6):129-130.
④ 刘县兰. 生涯教育:终极目标与实施策略[J]. 中小学心理健康教育,2019(12):29-31.

思想。秉持廖校长的办学思想，我们形成了"培养研究型学生、造就研究型教师、建设研究型学校文化"的办学理念，建立了"校长领衔—课题引领—中心统筹—全员参与"的"研究型学生人格培养"心理健康教育模式。在学校2016—2020年五年规划中，心理健康教育被列为学校教育发展规划的重要内容和特色，规划进一步强调了学校心理健康教育的发展内容：在促进学校整体发展的过程中，更好地为全体学生的心理健康和健康成长提供服务，为学校研究型办学理念中研究型学生人格的培养开展实践和服务，参与家庭教育指导，为提升家长教育技能，帮助家长建设和谐的家庭氛围服务；为社区服务，多做交流展示，充分发挥上海市学校心理健康教育示范校的功能。在上海市心理创新实验室的经费支持下，学校在原有设施基础上改建了"心海引航——心理与生涯教育中心"，面积约270平方米，设有团体辅导室、个别咨询室、沙盘游戏室、音乐放松室、宣泄室、办公及档案室等功能分区。中心各功能室每周一至周五中午12:10～13:10对师生开放。学生对拳击宣泄仪、音乐宣泄仪使用较多。学校在为学生建立心理档案及引进新教师时，都使用心理测评系统，每学年使用1 000余次。

概括而言，华东师大一附中在办学和发展的过程中一直推行"培养研究型学生、造就研究型教师、建设研究型学校文化"的办学理念，并以"研究型人格养成"作为学校心理健康教育的特色。根据上海市教育委员会发布的《关于加强中小学生涯教育的指导意见》，结合学校的办学特色，华东师大一附中一直践行"研究型人格养成"的生涯教育工作。高中生正处于自我同一性发展的关键时期，其思维水平处在由外省向内省、由感性向理性的转变过程中，因此，以"研究型人格养成"作为生涯教育的主要落脚点，是高中阶段的一个发展方向。

为了细化生涯教育的目标，学校从动机、行为、思想三个层面对研究型人格进行了定义。在动机层面，包括好奇的人格，即有质疑的动力；在行为层面，包括勇敢的人格，即勇于探究社会和自我，不断挑战自我；在思想层面，包括正直的人格，即具备良好的道德素养，在思辨中开展不同思维的碰撞，思考问题更客观、多元、全面，因思想丰富而人格正直，提倡激发学生的社会责任感。学校希望通过生涯教育，让学生在自我认识、社会理解和生涯规划中保有好奇之心、勤力探究之行、笃怀思辨之信，并在质疑、探究和思辨的过程中逐渐提升自身的品德修养，发展好奇、勇敢和正直的研究型人格[①]。最终，通过生涯教育的整体设计和实施帮助学生更好地认识自己、认知未来、认识自己与未来的连接；培养学生拥有能够选择的能力；培养学生良好的道德素养和生涯适应力；

---

① 沈闻佳."研究型人格"养成的生涯教育[J].江苏教育，2019(80)：54-56.

帮助学生树立未来不设限、坦然面对变化的弹性价值观。

从学校个性化的生涯教育目标体系建构看，它既符合当前立德树人的教育根本任务，将思政教育元素、价值观教育元素等系统融入其中，也注重遵循学校特有的文化传统和人才培养理念，同时也充分考虑了当代高中学生的成长特点、身心需要和未来社会发展对于学生综合能力素养的现实需求。因此，这样的目标建构具有了理论上的科学性和实践中的可行性，能够为系统性的生涯教育体系建构提供引领价值。

第二节　注重多维度整合的生涯教育课程内容

将生涯教育纳入课程建构的整体高度进行思考和设计，是推动生涯教育内涵发展和品质提升的关键。在新高考改革背景下，以《国家中长期教育发展和改革规划纲要（2010—2020 年）》为指导，华东师大一附中积极开展生涯教育指导工作，旨在回归教育本源，聚集专业师资队伍，以生涯教育为主线整合资源研究实践，尤其关注高中学生生涯意识和能力发展，力图帮助学生树立正确的价值观，使之能力、兴趣和谐健康发展，助力学生的升学规划与长远发展。

一、对高中生涯教育课程架构的思考

在培养"研究型人格"的生涯教育总体目标下，我们对于生涯教育的课程建设进行了两个维度的思考。

第一，我们思考了高中阶段生涯教育课程建设的整体指向，希望通过生涯教育指导和生涯教育课程体系变革，构建一个生涯辅导专业测评系统，完成"华东师大一附中学生生涯发展档案"；建设一系列生涯规划表，形成学生高中三年的动态生涯规划；搭建一支生涯发展教育教师队伍，完善全员多维生涯辅导导师团队建设；形成一批有创意、有特色、可操作、可复制的研究成果，向外辐射，带动区域生涯教育发展，进一步提升学校形象和影响力。

第二，我们对每一学段生涯教育课程建设的着力点进行了思考和整体性的设计。高一解码自我，重"好奇"。依托心理健康教育课、专业测评等，培养学生对自我的好奇和探究。高二解码社会，重"勇敢"。依托大学初探项目、深研职业项目、社会实践项目等，鼓励学生勇于尝试各种体验，形成各种研究报告，在探究和思辨中主动适应，更加勇敢。高三解码选择，重"正直"。依托"光华大夏寻根之旅"项目，整合自身资源与社会资源，在寻根之旅中思考社会责任，在思辨中更客观、更多元、更全面地评估自我与社会，在承担责任中形成正

直的人格。在三个阶段的生涯教育中,主动融入道德教育的元素,让立德树人贯穿生涯教育课程建设和实施的全过程。

基于上述思考,华东师大一附中近三年的生涯教育主要开展了如下几方面的工作:课题引领、队伍建设、学生生涯档案、学生生涯课堂、教师生涯课堂、主题活动、家校合作。从这些工作中我们形成了一定的生涯教育工作的特色,取得了一些成果,其中最为重要的是建构了相对完整的生涯教育课程体系,并设计了与这些课程相配套的多样化的生涯教育实践模式。

二、对高中生涯教育课程架构的实践

在我校生涯发展教育的目标定位基础上,学校对课程进行了调整和创设,构建了基于课程建设的生涯发展教育顶层设计。

第一,面向全体学生开设基础型课程、生涯班会课、心理辅导课以及社会实践课,满足学生生涯发展所需的基本能力。

第二,面向学生开设供自主选择的课程,满足学生的个性化需求。通过兴趣分层,让学生自主报名社团,在社团活动中深入体验和发展兴趣;通过能力分层,让不同能力的学生选择适合自己的团体课程,如学生领导力课程等,让不同学生在自己的能力程度上更上一层楼;通过优势分层,让学生选择符合他们优势的拓展课,如机器人、思维训练、头脑奥林匹克等,通过深入体验和学习,让优势得到更好发挥。这些不同的分层设计,满足了学生对自己生涯探索的个性化需求。

从上述两个维度出发,学校建构了涵盖基础型课程和拓展型课程的完整系统的生涯教育课程体系(见表 5-1)

表 5-1 华东师大一附中学生生涯教育课程体系

课程类型		具体课程	目标定位与能力培养
基础型课程		各门学科	培养学生拥有能够选择的能力;认识自己、认知未来、认识自己与未来的连接
拓展型课程	非限定性拓展课	各种拓展课	
		社团课程	
	限定性拓展课	心理辅导课	认识自己、认知未来、认识自己与未来的连接;深入体验职业,培养学生的生涯适应力;帮助学生树立未来不设限、坦然面对变化的弹性价值观
		生涯班会课	
		社会实践	
		TEDxYouth	

在学校课程建设的顶层设计下,心理辅导课和生涯班会课是学校落实生涯教育的课程主阵地。

心理辅导课主要实现帮助学生"认识自己、认识自己与未来的连接以及培养学生的生涯适应力,帮助学生树立未来不设限、坦然面对变化的弹性价值观"的目标,并帮助学生发现、创造和维系能够帮助他们应对变化的优势和资源。在此基础上,我们设计了心理辅导课生涯主题的单元内容(见表5-2)。

表5-2　华东师大一附中学生心理辅导课生涯主题教学内容

单元主题	课时主题	课时名称	目标
生涯辅导	自我认知	MBTI 快乐冒险岛 价值拍卖	了解自我的性格、气质、兴趣、优势、价值观等,形成自我概念
	未来与自我连接	理想职业 职业家族	认识到学习与未来之间的关系;认识自己受教育程度对未来人生和社会的影响
	选择与规划	我会怎样选择 穿越15年 我的生涯资源	学会做选择;学会结合自身情况制订成长计划;培养学生的生涯适应力,帮助学生树立未来不设限、坦然面对变化的弹性价值观

生涯班会课主要帮助落实职业体验、感受、自我与未来的连接,以及帮助学生梳理职业生涯社会责任感等目标。

我校各年级班主任根据学生特点与需求,开展不同主题的生涯教育班会,帮助学生在对一个人生涯的主客观条件进行测定、分析、总结的基础上,对自己的兴趣、爱好、能力、特点进行综合分析与权衡,结合时代特点,根据自己的倾向,确定最佳的奋斗目标,并为实现这一目标做出行之有效的安排(见表5-3)。

表5-3　华东师大一附中学生生涯教育班会课程内容

学习阶段	主题班会	实施路径
高一(上)	了解自我,适应高中	量表测试与分析
高一(下)	认识职场,体验职业	职场考察与实践
高二(上)	专业素养,学科选择	大学专业的探究
高二(下)	人文积淀,科学精神	行业规范与精神
高三(上)	走进楷模,憧憬未来	走访行业楷模
高三(下)	实现目标,追求梦想	体验大学一日

随着生涯教育探索的深入,学校在生涯教育课程体系的建构上又作了进一步的改革。除了基础性课程的渗透和拓展型课程的主题活动设计,学校又整合运用各方面的生涯教育资源,设计了针对性的生涯教育课程(见表5-4)。由此,华东师大一附中的高中生涯教育,既有相对独立的课程作为支撑,也能深刻融入学校整体课程与教学改革中,形成了一种指向学生"探究型人格培养"的专兼结合的高质量课程体系。

表5-4 华东师大一附中学生生涯教育专题课程

模块	单元内容	课时	主题	开设年级	目标
规划意识	课程导论	1	职业大超市	高一年级	感悟职业选择的重要性,形成为职业选择做准备的意识,知道现阶段可以为职业选择做哪些准备
		1	寻"吾"启事	高一年级	了解个人的特质,包括兴趣、能力、性格、价值观等
认识自我	认识自我	1	兴趣能给你带来什么可能性	高一年级	运用"兴趣星空图",觉察个人的兴趣;了解兴趣的三个层级和提升渠道;从职业规划的角度,重新审视个人兴趣,并形成培养"志趣"的自觉意识
		1	成为我自己	高一年级	运用"生涯鱼骨线"回顾过往的生命经验,形成经营"生涯资产"的意识
		1	特别的黑底	高二年级	客观地评价自我,接纳不完美的自己
		1	王婆就是要卖瓜	高二年级	在"个人简历"的自评和互评中,提高运用文字语言、口头语言和肢体语言表达自己的能力
认识职业	了解大学	1	大学在招手	高二年级	掌握查找和整合信息大学学校与科系信息的能力
		1	近距离看大学	高二年级	思考就读大学之意义,并认识大学学习内涵与生活形态,从而培养更认真踏实完成现阶段任务的责任感
	了解职业	1	世界上最好的职业	高一年级	明晰自己的职业价值观,了解必备的职业素质
		1	到底该挑谁	高一年级	了解从事职业活动应具备的一般素质

（续表）

模块	单元内容	课时	主题	开设年级	目　标
		1	生涯人物采访分享会	高一年级	交流生涯人物采访
		1	从事"××职业"的路径图绘制	高二年级	请根据上述访谈内容,查找相关资料,画出从事"××职业"的多通道路径图,落实以"升学"为主要导向的目标
		1	职业评估法	高二年级	运用 PLACE 法,总结和反思自己的个性特长,评估个人的职业发展方向
		2	整理术	高一年级	形成日常管理的元认知意识,掌握番茄时间管理法
实践调整	自主调整	1	咸蛋变超人	高三年级	体验、理解、接纳和处理生涯发展的不确定性
		1	情绪调节	高三年级	接纳情绪,主动调控情绪
	决策风格与技巧	1	左右为难	高二年级	明确生涯决策的内涵与意义;在两难情境中,了解并探索个人决策风格;学会和运用简单的决策技巧

第三节　打造专业化发展的生涯教育课程师资

教师是基础的基础。高中生涯教育的高质量发展关键在于师资队伍建设。辨明高中生涯教育师资队伍建设的困境,厘清高中生涯教育师资队伍建设的出路很有必要。当前从实践的角度看,生涯教育一般没有专门的教师,生涯教育师资的专业化建设更是举步维艰。这一方面与国家和政府层面缺少相应的生涯教育教师职业标准,高等学校也较少设置生涯教育专业的培养方向有关;另一方面,也与高中的教学性质、教学任务和师资队伍建设实际情况有关。

总体而言,高中生涯教育师资队伍普遍存在专业化程度低、专业发展支持不足的问题。对北京、上海开展的调查显示,在高中生涯规划教师中,73.3%的教师从事职业生涯指导的工作经历不满 3 年,在从事生涯规划指导的教师之中,有生涯规划师或心理咨询师证书的教师不足 1/3;67.8%的生涯规划教师表示缺少相关专业知识,工作自我效能感较低,信心不足。虽然各省市在相关文件中都提及教师专业发展的问题,如上海市强调"配套市、区、校三级生涯指导教师研训制度,定期为教师提供具有针对性的生涯教育相关培训和继续教育,打造专业化中小学生涯教育教师队伍"[1]。但是,当前的高中生涯规划教师专业发展路径多为非常态性的区域教研、校本教研、课题研讨、交流学习或自我提升,培训覆盖面小、系统性低、持续性差,对于提升师资队伍的整体水平效能不足。高中生涯规划教师的专业发展需要制度、经费、资源、指导团队的多元保障,需要建立全面、系统、可持续的支持体系[2]。

基于这样的认识,在生涯规划课程的建设过程中,有必要统一考虑课程的师资问题。一方面,只有配备了高素质的生涯教育师资队伍,生涯教育课程的开发才能够源源不断,持续性地推陈出新;另一方面,只有具备了专业化的生涯教育教师队伍,生涯教育的具体开展才能够有相应的人才保障。在华东师大一附中看来,在整体层面生涯规划专业标准缺失的现实情况下,要打造专业化的生涯教育教师队伍,就要赋予教师生涯教育的意识,通过专题性的培训和学习提升教师的生涯教育技能;同时,支持教师通过学习和努力获得生涯教育的职业资格,真正打造一支构成多样、专兼结合、奋斗进取的教师队伍,为生涯教育课程的建设和实施提供足够的人力资源支持。

一、建构生涯教育师资体系

华东师大一附中拥有一支以心理教师与班主任为主体的生涯教育教师队伍,其来自不同学科、不同岗位,由校长与党总支书记领导,包括学校中层干部、班主任和专职心理教师(见图5-1),主要成员均具有生涯规划师的资格证书,其教育背景与人格魅力为具体实施学校生涯教育做出了重要贡献。

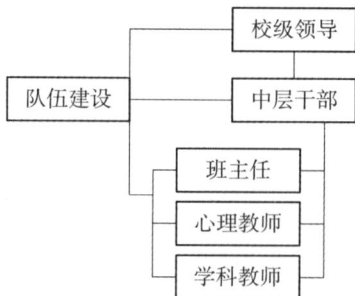

图 5-1 华东师大一附中生涯教育师资结构体系

① 周学辉. 高中生涯指导教师胜任力模型初步构建[D]. 济南: 山东师范大学, 2017.
② 庞春敏. 普通高中生涯教育师资队伍建设的困境与出路[J]. 教学与管理, 2019(10): 64-66.

2015年至今,我校已经有33位教师参加生涯规划师的培训,2位老师接受高阶生涯规划师的培训,均取得资质。他们共同形成了分管领导、专职教师、兼职教师(含学部负责人、班主任和学科教师)三个层级的生涯规划师梯队(见表5-5)。2位参加高阶生涯规划师培训的老师参与了生涯教育区本课程的编写,2位心理教师为上海市心理健康教育名师工作室(吴增强工作室)的成员。

表5-5　华东师大一附中生涯规划师名单总表

分工	序号	姓名	职务或学科	获得资质
分管领导	1	陆磐良	校长	生涯规划师
	2	王　新	书记	生涯规划师
	3	张　青	原学生处主任	生涯规划师
	4	陈明青	学生处主任	生涯规划师
专职生涯辅导教师	5	朱　丽	心理	生涯规划师
	6	沈闻佳	心理	生涯规划师
	7	潘炯心	心理	生涯规划师
	8	罗吾民(已调离)	心理	生涯规划师
兼职生涯辅导教师(学部负责人、班主任、学科教师等)	9	谢依岑	学部教学副部长,语文	生涯规划师
	10	王元秋	学部德育副部长,政治	生涯规划师
	11	张　蕾	学部德育副部长,英语	生涯规划师
	12	孟庆媛	班主任,数学	生涯规划师
	13	史馨彦	班主任,语文	生涯规划师
	14	张偲玛	班主任,政治	生涯规划师
	15	沃维佳	班主任,英语	生涯规划师
	16	刘家平	班主任,数学	生涯规划师
	17	卫佳琪	班主任,历史	生涯规划师
	18	徐美丽	班主任,语文	生涯规划师
	19	周　馨	班主任,英语	生涯规划师
	20	洪慧琼	班主任,数学	生涯规划师
	21	张惺艺	班主任,政治	生涯规划师
	22	陈　滢	班主任,英语	生涯规划师

（续表）

分工	序号	姓名	职务或学科	获得资质
	23	邹园园	副班主任,生物	生涯规划师
	24	陈清源	副班主任,数学	生涯规划师
	25	陈慧佳	英语	生涯规划师
	26	孙佳俊	物理	生涯规划师
	27	陆思吟	音乐	生涯规划师
	28	华文娜	数学	生涯规划师
	29	江 雪	英语	生涯规划师
	30	祁 棋	体育	生涯规划师
	31	许 璐	生物	生涯规划师
	32	董雨雪	信息	生涯规划师
	33	丁淑艳 (已调离)	数学	生涯规划师

　　尤其值得一提的是,响应上海生涯教育中小学一体化建设的号召,我校牵头为集团内的澄衷初级中学、新华初级中学、华东师大第一附属初级中学、华东师大一附中实验中学(现已并入华东师大第一附属初级中学)、虹口实验学校培养生涯规划师共计 14 名,既辐射了学校的生涯教育师资建设经验,也为区域层面高中生涯教育的整体变革与内涵发展提供了支持。

二、开设教师生涯课堂教育

　　教师专业发展是教师通过不断的学习持续地提升专业素养的过程,有效的教师专业发展既需要教师的主动投入,也需要外在条件的支持。教师专业成长应该从形式、内容和师资上构建功能齐全的支持体系,包括开展有效的培训、提供内容丰富的学习资源、创建专业的教师专业发展指导团队。特别是对于生涯指导而言,学校几乎没有生涯教育科班出身的教师。因而,如何通过有效的教育和培训切实提升教师生涯指导的专业素养,是学校必须考虑的问题。我们通过开设教师生涯课堂的方式,提升教师对于生涯教育的认知,为生涯教育的持续开展提供高质量的教师支持。

　　在新高考背景下,对学生生涯指导的任务更加凸显,除心理教师之外,全校教师都需要具备给学生进行一些生涯指导的技巧。为此,我校针对全校教师开展生涯课堂,主要帮助每个老师了解并掌握生涯指导的方法,指导班主任开展生涯教育主题班会,便于教师和学生进行生涯话题的沟通。

主题班会教育具有隐性教育功能、凝聚功能和激励功能,生涯教育具有贴近实际、贴近生活、贴近学生的特征,两者有机结合,可以实现教育内容日常化、教育过程全程化、教育形式个性化的教育目标。通过主题班会来提高认识、开展生涯教育,对促进学生的成长和树立人生观都起着重要的作用。

(1)教师生涯教育课程目标。了解生涯教育的重要意义,学习主题班会与生涯教育的相关理论知识;掌握基于主题班会开展高中生涯教育的策略和方法;具备和提升通过主题班会进行生涯教育的能力。

(2)教师生涯教育课程内容。基于教师在开展日常生涯教育过程中的现实困惑,着眼于解决实际问题,通过校内外教育资源的有效整合,开发设计了以主题班会指导为主要内容的教师生涯教育课程体系,旨在通过共同的研讨,提升教师的生涯教育素养(见表 5-6)。

表 5-6　华东师大一附中教师生涯教育课程内容

环节	主 要 内 容	学习方式	主持人	时长
现象思考	现象 1:班级学生对自己生涯发展的困惑,以及班主任面临的如何进行指导的困惑 通过 PPT+画外音的方式呈现实际案例	观摩	许　强	10 分钟
	现象 2:新入职班主任对于生涯教育的迷茫,对如何开展学生生涯教育无措 通过 PPT+画外音的方式呈现实际案例	观摩	刘家平	10 分钟
	学员完成作业(10 道题　选择/判断)	完成作业		25 分钟
理论学习	基于主题班会开展生涯教育的策略指导 形式:微讲座	观看讲座	王　新	15 分钟
	聚焦生涯发展的高中教育 形式:微讲座	观看讲座	潘炯心	15 分钟
	生涯教育与主题班会 形式:文本阅读	阅读文本		45 分钟
	生涯教育与主题班会 形式:微讲座	观看讲座	王　新	15 分钟
	学员完成作业(30 道题　选择/判断)	完成作业		45 分钟

（续表）

环节	主 要 内 容		学习方式	主持人	时长
案例分析	高一：认知与探索	1. 生涯觉察：认知自我，适应高中	观看案例	张偲玙	15 分钟
		2. 生涯探索：对照自我，生涯定向	观看案例	许 强	15 分钟
	高二：目标与规划	3. 生涯规划：体验职场，认识职场	观看案例	刘家平	15 分钟
		4. 生涯准备：学科选择，初定目标	观看案例	许 强，张偲玙	15 分钟
	高三：决策与行动	5. 生涯决策：挑战自我，初步定位	观看案例	付君	15 分钟
		6. 生涯行动：生涯定位，最后冲刺	观看案例	沃维佳	15 分钟
	研讨：策略归纳与总结		观看研讨		45 分钟
	学员完成作业（20 道题 选择/判断）		完成作业		45 分钟
实践反思	从课程所讲的四项策略中，选择一项，设计系列主题班会的方案。实践之后写下感悟与反思		自主学习		90 分钟

三、实施生涯教育课例研究

最近 10 年，在由 PISA[①]、TIMSS[②] 等国际大规模测验所引领的提升学生学习质量的全球性运动中，课例研究改进教师课堂教学的卓越效能备受瞩目，许多国家和地区都将其视为教学变革的强大工具予以重视[③]。一些教育改革研究专家也强调课堂层面最有效的改革方式所采用的模式应当是：作为合作学习共同体的教师小组聚焦于日常教学的改进，即课例研究模式[④]。对于教师

---

① PISA 一般指国际学生评估项目。是经济合作与发展组织针对 15 岁学生阅读、数学、科学能力进行的评价研究项目。

② TIMSS 是国际教育成就评价协会从 1995 年开始实施的一项大型国际教育评价和测评活动，每 4 年一轮，主要通过测试和问卷，测量国际上学生数学和科学成绩，了解影响成绩的不同因素。

③ 安桂清. 国际比较视野下的课例研究：背景、现状与启示[J]. 教师教育研究，2014(2)：83 - 89.

④ STEWART R A & BRENDEFUR J L. Fusing lesson study and authentic achievement：A model for teacher collaboration [J]. The Phi Delta Kappan，2005，86(9)：681 - 687.

的专业发展而言,课例研究为教师提供了探究工作情境的背景,重在发展教师的行动智慧。它的意义在于:打破长期以来专家统领的"理论研究"和教师的"实践操作"之间的藩篱,为教师提供一个真实的理论与实践的思考空间,让教师有可能跨越"学习理论和教学经验的缺口"。课例研究中,教师尝试将某种学到的教学理论或者方法转化为具体的教学行为,或者尝试针对自己教学行为中的某种缺失加以改进。这个过程的重点不在于发展出具体可见的产品,也就是说,课例研究不在于"打磨"一节优质课或者说写一篇论文报告,重要的是教师自身实际教学能力的提升与具体行动方法的改进。课例研究为教师提供了一个不断地汲取他人的智慧和力量,整理和提升个人经验,建构关于教与学的新知识的机会。由于知识的分布性和动态性,教师在自己的专业领域内自足地获得发展将不再可能。课例立足于课堂,是教师熟悉和有经验的"中介物",课例研究的过程是教师之间以课例为中介,对话切磋、分享经验的过程。有些东西要借助他人的帮助才能从反思中学习,同事是我们正在对之进行反思情境中的其他行动者,他们的观点、态度、反应和感受为我们进行专业实践的反思提供了丰富的材料。课例讨论中,同事之间的相互支持与挑战,能增强彼此对于各自实践的信心,也有助于引发质疑和反思,使大家更关注自己的工作结果。因此,课例研究的过程不是一个教师闭门造车所能进行的,一定是几个志同道合的教师围绕课例进行的集中的、有目的的、深思熟虑的反思过程。这是教师专业发展的一种有效工具,也是教师改进课堂的过程。

课例研究以经验为基础,协助教师从行动和反思中学习,获得发展。事实上,中小学教师正是通过观察、反思和概括等过程,识别出复杂经验中的模式,从经验中学习的。同时,他们也能参考内在储存的经验修正行为,区分哪些事情是面临的挑战,哪些事情是觉得舒心自在的。虽然从经验中学习是重要的,但是越来越丰富的经验并不能保证产生越来越多的学习,重复的经验或许还会养成很难改变的低效或者无效的习惯。因此教师专业发展需要特殊的技术和方法,来激励反思并使其能够从反思中学习。课例研究立足于课堂教学中教师实际的教学任务、情境与脉络,针对教师所关切的课堂中真实问题的解决,要求教师有计划、有针对性地搜集资料,尝试某一新主意,检讨改进自己尝试该主意的想法和技巧,并评价其效果。这是一种相当复杂且持续的反思活动。这种建立在反思与行动相互联系基础之上的学习,在改进课堂的同时,也让教师获得发展[①]。

---

① 王洁.教师的课例研究旨趣与过程[J].中国教育学刊,2019(10):83-85.

对于高中生涯教育的教师队伍建设而言，如何有效地开展生涯教育，没有教师能够给出准确回答，这种对未知领域的担忧甚至恐惧会影响到教师参与生涯教育的积极性、主动性。基于这样的情况，我们采用生涯教育课程化的方式，通过课例研究引导教师通过集体智慧提升生涯教育素养。

课例 1　　　　　**聚焦生涯发展的高中教育**

这一讲，我们重点围绕什么是生涯教育和为什么要进行生涯教育展开。生涯指的是一个人从事某种活动或职业的生活经历。

生涯教育起源于西方发达国家，经历了从职业指导到生涯辅导最后到生涯教育的转变，它所指向的是一个覆盖人的生命全程、纵横交错的立体概念。它也是一种统整的教育构想，不仅包含着一个人的升学、择业、未来发展，同时还包含着使个体从幼儿到成年能够形成积极、健康的价值观，理想信念和自我规划、自主发展能力的过程。

高中作为基础教育的最终阶段，是学生人生观、价值观、性格习惯、人生理想等自主发展的关键时期，也是未来生涯发展的重要准备时期。同时，他们面临着人生的一次至关重要的选择，即选择高考后的大学和专业。这里先和各位老师分享一个学生的真实事例。

刘某是一个成绩优异的学生，他高考时以高分被浙江大学的化学工程系录取，获得学士学位后被保送到清华大学的化学反应工程专业，硕博连读。但是他在读了一年硕士研究生课程后，申请了退学并重新参加了高考，最后考上了清华大学的建筑系。在记者采访他时，刘某说："我考虑了一个多月。权衡利弊，觉得一边是化工系的直博生，一边可能是一个其他学校的建筑系本科生。利是自己喜欢的专业，弊就是博士学位毕竟比双学位更有优势。自己以后一生究竟是在一个不感兴趣的专业里痛苦地挣扎，还是在一个喜欢的专业里快乐地做事……而且，并不只是单纯地在这几年的时间，这是涉及一生的选择。"

记者问："如果有人效仿你，你会对他们说什么？"刘某回答："我不提倡这个。如果在高三的时候，或者更早就能找到自己喜欢的专业，你就是幸运者，能够选择自己认为正确的一条道路走。如果说你没有，那么你应该在大学里尽早地找到这样一条路，不要像我这样。"

这是一个极端的案例，但是代表了非常普遍的现象。很多青少年在高中时价值观尚不清晰，人生观也存在一定的盲目性，或者受到社会上世俗化和功利化的价值观影响，很容易陷入被动和迷茫。这种被动和盲目不仅体现在大学、专业、职业的选择上,也体现在日常的学习与生活中。比如没有明确的志向、无从了解自己的志趣与能力,无法建立有效的生活目标与专业指向,不了解社会的需求和职业环境;适应力、抗压力、耐挫力差,到了大学、开始了专业学习才发现这不是自己愿意为之终生投入和奋斗的事业,此时才开始转专业,甚至退学重新参加高考,这不仅是对教育资源的极大浪费,也极其不利于高中生健康而可持续的成长。

由此可见,生涯教育从短期来讲,是为了让学生正确选择大学和专业,如果说各学科的老师希望让学生在高考中取得好成绩,那么开展生涯教育的老师就是希望学生能够把成绩发挥出最大的价值。从长远来看,高中阶段的生涯教育是为了给学生未来的职业规划、人生发展打下一个良好的基础,引导他们开始并且持续地思考自己希望成为怎样的人,应该怎样度过自己的一生。

因此,学校的生涯教育应该引导学生思考在此之后去过何种有意义的生活,应该结合高中阶段的性质和学生特点,从关注学生的生涯发展出发,帮助青少年形成积极的价值观和生涯规划的意识,帮助青少年在自身理想、家庭期待和社会需要中找到最佳切入点,提高他们自身的决策能力以及个体规划自己未来的能力,这也是激发学生内在的学习积极性,并全面提高综合素质的非常好的途径。

生涯教育,正是为了使学生了解自身、了解生命、了解社会而立,它植根于学校生活的现实,更遥指学生发展的未来,它体现了教育对生命的真正关怀。生涯教育,将有助于帮助学生澄清价值,明确方向,进而走出应试的迷茫,自觉在学校与社会的联合中学会自我分析与价值判断,进入一个更为广阔而清晰的世界。因此,对高中阶段学生进行生涯教育不仅重要而且必须。主题班会是学校重要的德育活动之一,通过主题班会来澄清是非、提高认识、开展教育,对促进学生的成长和树立人生观都起着重要的作用。在下一讲中,我们将理论与实践相结合,讲解如何通过主题班会来开展生涯教育。

(本课例设计者:潘炯心)

课例 2　　**生涯觉察——认知自我,适应高中**

一、引言

在前面的现象思考中大家不难发现,许多学生对于自己生涯发展感到非常迷茫,为了帮助学生更好地解决这个问题,本讲主题聚焦高中生生涯觉察,主要围绕高中生认知自我、适应高中展开。特别是对刚刚进入高中的学生,班主任如何帮助他们指向终身发展,如何帮助他们进行自我规划,我相信这是每位班主任亟须解决的事情。

二、设计理念与预期目标

本讲主要运用内在逻辑策略,旨在通过各个模块的设计来激发学生对于自我的探究欲,培养学生自我分析的能力。本节课的设计意图是通过外部认知与自我认知相结合的方式帮助学生全方位、多角度深度剖析自我。霍兰德职业兴趣测评以及他人对你的评价,这两种途径是使学生从外部渠道进行自我认知的有效方法。但是仅仅依靠外部的认知是不够的,还需要学生进行自我的内化与沉淀。因此本文模块四就是班会课后,运用我校自主设计的学生SWOT分析表,让学生从内部对自我进行挖掘的展示。

三、方法

通过提问、讨论、小组活动等,让学生充分参与活动,发挥学生主体作用,让学生在体验中感悟收获。此外,相较而言,高中生的认知能力提升了,理解性、选择性增强了,用活动、讨论等方式更易于学生接受。

四、对象

学生、班主任、家长。

五、具体过程

(一)准备阶段

(1)让心理老师对霍兰德职业兴趣测评进行适当改编。

(2)准备海报纸、水彩笔。

(3)学生依据自愿原则组成6个小组。

(二)实施阶段

模块一:"激活"自我

学生小组讨论交流分享:

(1)你觉得自己的性格是内向还是外向?说说你对内向和外向的理解。

(2)空闲时你最喜欢做什么?你最大的兴趣爱好是什么?

(3)如果你去参加学生会干部竞选,要用5个词汇描述自己的核心能力,你会用哪5个词?

模块二:测评结果中的我

霍兰德职业兴趣测评是由美国职业指导专家霍兰德根据他本人大量的职业咨询经验及其职业类型理论编制的测评工具。他认为,个人职业兴趣特性与职业之间应有一种内在的对应关系。根据兴趣的不同,人的性格可分为研究型(I)、艺术型(A)、社会型(S)、企业型(E)、传统型(C)、现实型(R)6个维度,每个人的性格都是这6个维度的不同程度组合。

如何让霍兰德职业兴趣测评服务班会课呢？我们可以做这样的设计。

【课堂活动】恭喜你！你获得了一次免费度假游的机会，可以去下列6个岛屿中的一个。唯一的要求是，你必须在这个岛上待满至少半年的时间。

A岛——美丽浪漫岛。这个岛上到处是美术馆、音乐厅，弥漫着浓厚的艺术文化气息。岛上保留着传统的舞蹈、音乐与绘画艺术。许多文艺界人士都喜欢到这里来寻求灵感。

C岛——现代井然岛。这里处处耸立的现代建筑，标志着这是一个进步的、都市形态的岛屿。岛上的户政管理、地政管理及金融管理都十分完善。岛民们个性冷静保守，处事有条不紊，善于组织规划。

E岛——显赫富庶岛。该岛经济高度发展，处处高级饭店、俱乐部、高尔夫球场。岛民性格热情豪爽，善于企业经营和贸易活动。岛上往来者多是企业家、经理人、政治家、律师等。这些商界名流与上等阶层人士在岛上享受着高品质生活。

I岛——深思冥想岛。这个岛平畴绿野，人少僻静，适合夜观星象。岛上有很多天文馆、科技博物馆、科学图书馆。岛民们最喜欢猫在自己的小房子里，天天钻研学问，沉思冥想，探究真知。哲学家、科学家和心理学家们在这里聚会，讨论学术、交流思想。

R岛——自然原始岛。这是个自然生态优良的绿色之岛。岛上不但保留着热带雨林等原始生态系统，而且建立了相当规模的植物园、动物园、水族馆。岛民以手工制造见长，他们自己种植花果，栽培蔬菜，修缮房屋，打造器物，制作工具。

S岛——温暖友善岛。这个岛的岛民们性情温和，乐于助人，十分友善。大家互助合作，重视教育后代。每个社区都能自成一个密切互动的服务网络，处处充满着人文关怀气息。

提问：

（1）如果你必须在这6个岛之中的一个岛上生活一辈子，成为岛民中的一员。你会第一选择哪个岛？

（2）你会第二选择哪个岛？

（3）你会第三选择哪个岛？

（4）你绝不会选择哪个岛？

请同学们找到最想去的小岛的同行者，给自己的小组命名并选取一个标志物，然后为该岛设计一张宣传海报，最后各组进行交流展示。

【解读霍兰德】6个岛事实上分别代表了6种霍兰德职业类型，它们的描述以及矛盾关系如下：

    A 岛——艺术型（artistic）   vs.   C 岛——常规型（conventional）

    E 岛——企业型（enterprising）vs.   I 岛——研究型（investigative）

    R 岛——实用型（realistic）   vs.   S 岛——社会型（social）

艺术型特征：理想主义者，具有独创的思维方式和丰富的想象力，直觉强烈，感情丰富，喜欢活动，尤其喜欢创造和自我表达类型的活动，如音乐、美术、写作、戏剧。

常规型特征：追求秩序感，自我抑制，顺从，防卫心强，追求实际，回避创造性活动。

企业型特征：为人乐观，喜欢冒险，行事冲动，对自己充满自信，精力旺盛，喜好发表意见和见解。

研究型特征：自主独立，好奇心强烈，敏感，并且慎重，重视分析与内省，爱好抽象推理等智力活动。

实用型特征：个性平和稳重，看重物质，追求实际效果，喜欢实际动手进行操作实践。

社会型特征：洞察力强，乐于助人，善于合作，重视友谊，热情关心他人的幸福，有强烈的社会责任感，总是关心自己的工作能对他人及社会做多大贡献，喜欢与别人合作的活动，帮助别人解决困难。

模块三：他人眼中的我

（1）同学眼中的"我"。以小组为单位，小组长主持，根据各自对小组各成员的了解，从特长、性格等方面对小组内每个成员轮流做出书面评价并且记录在表格内（见表 5-7），最后这张满载着同伴们评价的表格会回到"我"的手中。

表 5-7   同学眼中的"我"

他/她在你的眼中是怎样的？	同学签名

（2）家长眼中的"我"。课前班主任与家长联系沟通，请家长写一段对自己孩子的认识，要求从特长、性格、情商以及将来可能发展的方向等角度客观评价。密封后由学生交给老师。课中请小组长把父母的寄语分发给每位同

学,请同学认真阅读,了解家长眼中的"我"。

　　模块四——SWOT分析表

　　第一部分:我的理想

　　学生对自我理想的表述记录于表5-8。

表5-8　理想记录

我的理想大学		我的专业倾向	

　　第二部分:学科学习

　　学生的学习情况反映于表5-9中。

表5-9　学科学习情况

	科目	我喜欢的学科	我擅长的学科	我准备选择的+3学科
1.	语文			
2.	数学			
3.	英语			
4.	政治			
5.	历史			
6.	地理			
7.	物理			
8.	化学			
9.	生物			
10.	信息技术			

　　第三部分:自我分析

　　学生的自我分析体现在表5-10中。

表5-10　自我分析记录

长处	1. 学科: 2. 个性: 3. 能力: 4. 其他:	不足	1. 学科: 2. 个性: 3. 能力: 4. 其他:

（续表）

潜力	1. 2. 3.	困难	1. 2. 3.

我的近期目标是：

我的措施是：

我想得到的帮助：

家长的话：

（三）总结阶段

在本讲的实施过程中，一共设计了4个模块。老师可以根据不同的班情对各个模块进行适当的选择与调整。模块一的设计意图在于激发学生对于自我的探知欲。模块二的设计中融入了霍兰德职业兴趣测评。在班会课的具体操作过程中，为了提高课堂的趣味性和丰富性，对霍兰德职业测评进行了略微调整，运用小组活动的方式替代测评中的问题。模块三中设计了同学互评和家长评价的环节，试图通过"他人眼中的我"来帮助学生更好地认识自我。模块四可以运用SWOT分析表让学生从内部对自我进行挖掘。

六、小结

高中生涯——15～18岁，是一个人生命中极其重要的3年，人生观、价值观等重要理念在这个时期形成，对一个人将来的健康发展起着重要的作用。

对自我正确的认识,可以帮助学生客观地评价自己的优缺点,了解自己的优势与特长从而合理规划自我的人生发展道路。最后,本节案例的生涯觉察也是在为学生们的下一阶段生涯探索做准备。

(本课例设计者:张偲玙)

课例3　　　　**生涯探索——对照自我,生涯定向**

一、引言

随着上海地区高考改革的不断推进,特别是"3+3"模式的推出,很多学生和家长都非常焦虑。他们经常会问以下几个问题:我的升学路径从什么时候开始考虑? 有哪些路径可以考虑? 如何确定我未来生涯的发展方向? 等等。在学习了生涯教育的理论指导和生涯觉察的内容后,我们对于生涯教育有了初步的认识。这一讲是教师如何指导学生进行生涯探索。本讲主要通过运用满足学生个性化需求的指导策略,中间穿插其他策略来完成主题班会的设计。班会主题是生涯探索:对照自我,生涯定向。

二、设计理念与预期目标

第一,通过了解学生的学科兴趣,引发学生对于生涯的关注(见表5-11)。

表5-11　学科兴趣表

学科兴趣表		我喜欢的学科	我擅长的学科	我准备选择+3的学科
1.	语文			
2.	数学			
3.	英语			
4.	政治			
5.	历史			
6.	地理			
7.	物理			
8.	化学			
9.	生物			

第二,是指导学生对照自身能力,制订一个能力提升的计划与目标(见表5-12)。

表 5-12　能力对照表

能力对照表		
1. 能力优势区 （长处）	1. 学科 2. 个性 3. 能力 ……	2. 能力储存区 （不足）	1. 学科 2. 个性 3. 能力 ……
3. 能力潜能区 （潜力）	1. 学科 2. 个性 3. 能力 ……	4. 能力盲区 （困难）	1. 学科 2. 个性 3. 能力 ……

第三,结合社会环境的制约,通过与社会环境的"妥协"确定自己的人生方向(见表 5-13)。

表 5-13　环境制约表

环 境 制 约 表	
1. 家庭制约	1. 家庭职业 2. 家长建议 ……
2. 社会环境 （潜力）	1. 理想大学 2. 专业倾向 ……

老师设计的所有课程与活动都是为了能够使学生进行生涯探索,为"生涯定向"而准备的。

三、方法

参观学习、见习体验、访谈交流、讲座辅导和角色体验。

四、对象

学生、家长等。

五、具体过程

方案由三个分阶段的系列活动组成。

第一阶段:学科兴趣调查研究,准备阶段。通过让学生了解自己的个性和感兴趣的学科,引发学生对于生涯的关注,然后进行统计,大致把握这个班学生的共性问题,为指导学生的生涯规划做好准备。

第二阶段：能力对照，实施阶段。当学生了解了自己的兴趣所在后，老师就要引导学生对照自我，看看自己有没有从事某项工作或某方面活动的基本能力。老师要把学生的兴趣激发为对于能力提升的转变，从而让学生进行有意识的自我对照与调整，为自己制订一个能力提升计划。

第三阶段：环境制约，学会妥协。经过以上的综合考量，学生就会有多种的生涯方向进行选择，这个时候，我们就要考虑外部环境对学生生涯发展的影响。

（1）根据学生的家庭职业或家庭对孩子生涯发展的影响，教会学生学会与家长沟通。

（2）指导学生对自己感兴趣的行业或专业进行多方面的了解和挖掘，可以从了解行业发展的前景，了解大学或专业，适当的职业体验等方面入手，学会与外部环境"妥协"。

老师通过对学生自主探索的专业倾向、优势智能进行分析后，帮助学生对自身进行一个全方位的综合考量，引导学生进行生涯定向，分析主题班会的效果以制订后续的跟进措施。

六、案例小结

通过老师的引导，学生梳理自己的学科兴趣和能力；老师把班级同学的共性问题通过主题班会的形式进行个性化和共性的指导。

（本课例设计者：刘家平）

课例4　　**生涯规划——体验职场，认识职场**

一、引言

前面我们已经通过现象思考和理论学习，对如何以主题班会为载体进行生涯教育，有了一定的认识。通过板块一，我们学习了"认知与探索"的内容，现在我们就要进入板块二，"目标与规划"内容的学习。在这一板块中，我们首先学习引导学生"体验职场，认识职场"。

我们知道，学生的生涯教育是从了解自我开始的，通过对自我的了解，进行自我的分析和展望。但这样的展望，有时候脱离实际，想得很多、很美好，却不知道现实生活当中它有哪些困难，现实社会对人才有哪些要求，特别是自己所向往的那个方向，自己还欠缺什么。那么，我们就需要引导学生走出校园、走进社会，尤其是进入职场进行观察思考。这也是为主题班会做准备。在这个过程当中，我们可以运用整合社会资源、组织社会实践和个性化指导的策略，来完成整个生涯教育逻辑当中的一个重要环节，职场观察体验和反思的主题班会。

二、设计理念与预期目标

我们设置"体验职场，认识职场"这一板块的理念在于：

第一，从学生的实际出发，提高生涯教育成果的有效性，先了解学生，再研究学生，最后塑造学生，做到有的放矢；

第二，利用好家长的教育资源，拓展生涯教育内容的深度和广度，让家长能够全程参与进来，现身说法，让学生体会到家长从事职业的不易，以及家长对孩子的一番苦心与热忱期待；

第三，激发学生进行人生思考，回归生涯教育目标的现实性，"人无远虑，必有近忧"，生涯教育的这个切入点，在于让学生身临其境地对未来进行思考，然后回望现实，反思自己现实的努力，审视自己的状态是否符合走向未来职业和专业这条道路的条件。

我们设置"体验职场，认识职场"这一板块的目标在于：让每一个学生都积极乐观，发奋进取，快乐自信！学生不仅了解了自己未来喜欢的职业，还发现了自己的优势和不足，想到面对这个职业所欠缺的知识技能、素质品格和心理准备，可以激发自身的进取心和行动力，改变整体的学习风貌。在此基础上，改变和提升整个班级的班风、学风。

三、方法

参观学习、见习体验、访谈交流、讲座辅导和角色体验。

四、对象

学生、家长等。

五、具体过程

方案由 4 个分阶段的系列活动组成。

第一阶段：调查研究，准备阶段。了解学生未来的职业理想，然后进行数据统计，大致把握这个班里学生期望的职业方向，然后分 5～6 个大类，再选择 5～6 个典型的职业，让学生去考察和了解。

第二阶段：职场考察，实施阶段。通过联系学生家长，利用家长的教育资源来提供对这些职业的考察机会，比如：开展学生陪伴家长上一天班的"相伴一日"实践体验活动；参观中国银行发展史展馆，做半天银行"大堂经理"，等等。

学生走进这些职业的现场，进行 3 个方面的考察：

(1) 从事这个职业的人平时在做些什么？怎么做的？从业状态如何？

(2) 职场对从业人员有怎样的素质和品格要求？

（3）通过提问，进一步了解有关这个职业的深层次问题，请从事这项职业的专业人士进行解答。

第三阶段：思考交流，总结阶段。学生写出职场考察报告，教师召开主题班会组织交流。如果内容比较丰富，可以开两次。每次的内容可以分为3个方面。

（1）学生对职业职场考察的感想，从事这项职业的家长的感想，包括未来对自己孩子从事这项职业的寄语。

（2）听了这些内容以后，教师现场采访，挖掘学生对这些职业的新思考。

（3）对是否具备从事这项职业的基本能力，做一些实践性的小游戏或者小实验，让学生体会，从事一项职业所应具有的品格和能力。

第四阶段：落实行动，反馈阶段。让学生带着对未来职业的重新思考和憧憬，来具体落实自己高中三年学习生涯的规划，明确自我期待，进而反思和调整自己学习的心态和状态，以及高考专业的选择、高中＋3学科的选择等。

整个系列活动过程渗透了社会主义核心价值观的教育，如爱国、敬业、诚信、友善等。4个阶段是循序渐进的，逐层铺垫，最后达成效果，即让学生从对社会职场的观察和思考之中，了解自己对未来人生发展的要求，再把这个要求，转化为对自己现实学习状态的反思和完善。这是一个由内而外，再由外而内的动态变化过程。

六、案例小结

高中的生涯教育，离不开学生对社会的了解，这需要他们走进社会、走进职场。借用一句古诗，所谓"不识庐山真面目，只缘身在此山中"。也就是说，学生在校园里没有办法真正认清自己的学习状态，以及自己的高中学习阶段在人生中的重要作用，更没有办法来完成其基于对社会和未来的认识的行为转化，即"我要改变"的内驱力的提升。那么通过这个板块我们就做到了以下几个方面。

首先，走出校园的考察，满足了学生接触社会的好奇心。在实施过程中，学生怀着很强的好奇心来到职场，看到了他所喜欢的职业现状和从业人员的状态，并且完成了从感性认识增加到理性思考的深入，还解决了很多学生曾有的疑问。更重要的是，让他们看到了这个职业的优势、前景，也看到了可能有的困境，感受到了这个职业所需要的高的标准和要求，哪怕是一个很普通的从业人员，都需要非常高的从业素质，这对学生的触动是非常大的。

其次，这项活动让学生开始反思自己平时日常学习生活中的点点滴滴。这是自我对话的过程，学生将未来的要求和今天学习的状态做一个具体的对接,进而产生了对学习生活的反思。在主题班会上,同学们了解了自己喜欢的职业,或者说知道了以前并不了解的职业的特点;有的从不感兴趣到开始感兴趣;有的对感兴趣的还进行了总结。特别是在我们对学生作的 3 个量表的测评分析之后,学生对自己的兴趣、性格、能力等方面有了更多的了解,他再来重新认识职业选择,重新对自我的专业方向进行思考,就有了更多的理性成分。

再次,整合了家庭教育和社会教育的资源,对学生的生涯教育形成了合力。家长对学生的期待充满热情,家长的分析带有成年人、长辈在社会上对职场的理性思考成分,对学生影响非常大。这也从一个角度让孩子们看到了家长从事工作的不容易,不论是卓越还是平凡,都不是那么简单就能做好一件事情的。这也加深了学生对自己日常学习生活的反思。以后对家长谆谆教诲的接受度也有提升,家庭的亲子关系得到了加深,促进了家庭教育对学生人格塑造的优化。

最后,完成了学生从接受教育到自我教育的转变,使之走向了学习自觉。对未来职业或专业的某种素质要求,要落实在今天的学习生活的一个又一个细节上。当学生再去重新思考未来方向选择的时候,那么他更多的理性思考,将影响到他对现在学习生活状态的反思。有些实践性的检验,包括一些小游戏、小实验,既可以让学生看到自己具有怎么样的优势,也可以让学生真正地了解自己能力上的差异与不足。这对他自己未来的选择来说,也是一个接受教育的过程。这样在主题班会之后,学生重新考虑对学习生活的要求的时候,就会自觉地把职场和专业的要求、专业的素养,放在比较高的位置来审视。这是学生自我感悟、自我内化的过程,而不是简单地去听老师讲道理,或者说去简单地相信一个道理,而是自己悟到的道理,会自觉去做的。那么在提出落实到现实生活当中提升学习的素养、品格和方法的时候,学生就比较愿意去接受老师的分析,和学校、家长对他学习的要求,这也就完成了自我教育的过程,走向了学习自觉。

总而言之,通过"体验职场,认识职场"这个板块,我们可以感受到通过生涯教育来提升德育品质所达到的效果,它不仅突破了传统德育不能深入学生内心和难以焕发改变自我愿望等的局限,还促使学生对自己的学习状态和学习品格进行了反思,进而可以预期改变整个班级的班风和学风——他们能够对未来充满自信,找到契合自己的专业方向和职业理想,把这些要求,内化落实到自己的学习生活当中,在班级形成一个非常好的德育教育氛围。家长和教师都可以感受到,学生越来越懂事了、越来越自觉了,也越来越自信和快乐了。

（本课例设计者：许强）

课例5　　　生涯准备——学科选择，初定目标

一、引言

上一讲大家学习了如何引导学生通过生涯体验来认识职场。随着新高考改革步伐的推进,学生可以根据自己的兴趣、未来的职业倾向自主选择高考选考科目,这也就意味着学生必须尽早确定自己学涯阶段的目标。但是反观如今的高中生,生涯规划的意识相当缺失。大多数学生清楚地知道自己的目标是要考上大学,至于考什么大学、学什么专业却缺乏深入的思考。这是身为一名班主任亟须解决的问题。

二、设计理念与预期目标

本节班会课设计综合运用了实践体验策略与开放性资源整合策略,前期做了大量的铺垫,为后期班会课的呈现做了充分的准备。首先让学生自行调查各个专业,引导学生对不同的专业产生自己的思考与感悟,其次让学生在主题班会上呈现实践体验的成果,交流感受与思考。同时,结合校内、外的资源,充分利用社会资源和高校资源,如邀请优秀毕业生分享大学生活、走进大学进行社会调查,从而形成开放性的资源整合,全方位地开展本节班会课。希望通过这个过程唤醒学生们的自我规划意识,激发其对高校生活的向往,同时也树立一个初步奋斗的目标。

三、方法

前期的社会调查,运用调查问卷、资料收集、访谈等让学生充分参与活动,发挥学生主体地位,让学生在体验中感悟收获。

四、对象

学生、班主任、优秀毕业生。

五、具体过程

（一）准备阶段

（1）收集信息:请每位同学写一所向往的大学并列举2～3个有意向在将来深入学习的专业。

（2）统计数据:请班干部对同学们列举出来的大学和专业分别进行统计,并向同学们公布大家普遍比较向往的大学以及普遍有意向在将来深入学习的5个专业。

（3）挖掘资源:班主任通过教务处寻找到毕业后在大学学习的我校优秀

校友并与他们取得联系。

（4）社会调查：全班分为 5 个小组，每组选出一位组长，要求每个小组针对一个专业进行调查研究。调查的范围包括该专业学习的内容、报考该专业的基本要求以及就业方向和就业趋势。调查可采用资料收集法、问卷调查法或对大学教授、学长学姐进行访谈（见表 5-14）。

表5-14　华东师大一附中学生社会调查记录

社会调查记录表

组长	
小组成员	
调查主题	
调查时间	
调查地点	
调查对象	
调查方法	
调查结果	1. 学习内容： 2. 基本要求： 3. 就业方向： 4. 就业趋势：

（5）整理资料：班主任指导学生对社会调查的结果进行整理，并据此撰写报告，制作 PPT。

（二）实施阶段

（1）请学长向同学们简单介绍高中时期的学习经验，最重要的是为同学们介绍进入大学以后的感受以及大学生活和高中生活不太一样的地方。

（2）班级小组汇报交流。在课前准备时，每个小组已对本小组负责的专业进行了调查，并制作了 PPT。因此本环节以学生为主体，请 6 个小组的代表为其他同学介绍该组所调查的专业，分享该专业的学习内容、报考要求以及就业方向和未来的就业趋势。

（三）总结阶段

通过本节班会课，想要教会学生们的并不是对某一个特定专业的了解，因为每位同学的理想专业是不同的，本节班会课旨在培养学生对有意向的专业做调查的能力。

六、案例小结

本节班会课前期做了大量的准备工作。首先筛选出同学们普遍比较青睐的大学和专业。但是绝大多数学生对于这些耳熟能详的大学和专业的认识是比较模糊的。为了解决这个问题,班主任联系到在高等学府深造的毕业生,让他们为班内学生分享学习经验并介绍大学的学习生活,从而激发班级学生对于高等院校的向往。对于同学们普遍比较青睐的专业,在班会课前期准备过程中,鼓励学生通过社会调查的方式对高校热门专业进行初步的调研,一方面实践可以让学生收获对某个专业的认识,也是一个历练的过程,另一方面,这也渗透了我校的研究型文化,以及培养研究型学生的办学理念。

(本课例设计者:许强,张偲玙)

课例6   **生涯决策——挑战自我,初步定位**

一、引言

经历了生涯觉察(认知自我,适应高中),生涯探索(对照自我,生涯定向),生涯规划(体验职场,认知职场),生涯准备(学科选择,初定目标)阶段后,学生进入生涯决策(挑战自我,初步定位)阶段,我们建议开展以课题或项目研究、竞赛为主题的班会,结合校内外的教育资源,形成开放性的资源整合,发掘学生的自我潜能,展示学生的优势和兴趣,为学生科学决策、挑战自我,生涯初步定位打下良好的基础。

二、设计理念与预期目标

以课题或项目研究、竞赛为主题的班会,即在高校综合评价录取改革的背景下,充分利用各种竞赛平台,开展围绕学生的优势和兴趣课题或项目研究、竞赛发掘学生的自我潜能,增强个人实力,扩大个人成长发展空间,从而增强学生发展的目的性与计划性,培养学生的综合素质和终身发展的能力。

生涯决策主题班会希望能达到下列预期目标:引导学生认识到课题或项目研究、参与各种竞赛的重要性;帮助学生了解课题或项目研究、参与各种竞赛时自身的优势和兴趣;鼓励学生在知道课题或项目研究、参与各种竞赛的方式后,实际参与其中。

总之,生涯决策的主题班会是生涯教育的重要组成部分,可以帮助学生在所学的知识与理想追求间建立联系,使之初步学会规划未来与人生发展的方向。希望各位教师根据自己班级学生的实际情况积极开展各种形式的生涯决策的主题班会。

三、方法

课题汇报、交流互动等。

四、对象

学生、班主任。

五、具体过程

（一）准备阶段

按学生的兴趣、爱好组成班会活动小组，每小组建议人数为 4 人。如果班级人数用 4 除不尽，那么可以使一个、两个或三个小组分别是 5 人或 3 人。通过小组活动发挥群体的积极功能，提高个体的学习动力和能力，打破教师垄断地位，激发学生的主动性、创造性。

（二）实施阶段

下面介绍班会的实施过程，具体包括下列环节。需要说明的是，下列环节不需要按照顺序依次实施，可根据班级实际情况选取某个（某些）环节或自创环节来施行。

1. 巧用综评网、骑月网等高校综合评价录取的重要参考平台

本环节由班会活动小组主持，采用班会活动小组与同学交流互动的方式开展，至少需要完成 2 项任务。

（1）引导学生认同综评网、骑月网等平台的重要性，从而认识到课题或项目研究、参与各种竞赛的重要性。在介绍综评网时需要说明它是用于记录学生参加研究性学习、社会调查、科技活动、创造发明等情况的，它的全称是"上海市普通高中学生综合素质评价信息管理系统"。在该平台上，学生可提交实证材料，客观记录学习成长经历。该平台重点记录学生参加课题或项目研究、参与各种竞赛等情况。各大高校通过这一网站获取的考生综合素质评价信息，重点考察学生的综合素质、创新潜质、实践能力等。在介绍骑月网时需要说明它是官方认可的第三方评估研究性学习认证平台。学生参与课题或项目研究、参与各种竞赛的成果上传至该平台，可由第三方进行认证。

（2）了解综评网、骑月网等平台的使用方法。例如，每学期末，学生将自己参与课题或项目研究、参与各种竞赛的成果上传至综评网；学生高中毕业前，信息管理系统自动生成《上海市普通高中学生综合素质纪实报告》，经学生确认后在本校公示；公示无异议后，由学生本人签字，再经班主任和校长签字以及高中学校盖章后存档，供高等学校招生时参考使用。

在使用骑月网时注意，骑月网研究性学习认证并不是强制的。我们鼓励学生参与课题或项目研究、参与各种竞赛，有相应成果后，报名参加骑月网的

认证,在完成课题材料上传和在线视频答辩后,获得课题认证报告。学生可以自主选择是否将课题认证报告上传到高中生综合素质评价平台,作为"创新精神与实践能力"板块"研究性学习"评价的第三方认证材料,提交给高校,在综合评价录取过程中作为信息参考。

总之,在此环节巧用综评网、骑月网等平台,能让学生认同参与课题项目研究竞赛的重要性,促使他们勇于挑战自我,为生涯初步定位打下良好的基础。

2. 鼓励有志于服务国家重大战略需求且综合素质优秀或基础学科拔尖的学生参与强基计划

2020年1月13日,《教育部关于在部分高校开展基础学科招生改革试点工作的意见》印发,决定自2020年起,在部分高校开展基础学科招生改革试点。强基计划主要选拔培养有志于服务国家重大战略需求且综合素质优秀或基础学科拔尖的学生。它聚焦高端芯片与软件、智能科技、新材料、先进制造和国家安全等关键领域以及国家人才紧缺的人文社会科学领域。

各班可以召开关于强基计划的主题班会。首先,班级可以结合各高校的强基计划招生简章对强基计划进行政策解读。当然,介绍方式多种多样,可以由老师统一介绍,也可以按照学生对大学的兴趣分别介绍。在了解强基计划后,教师可以要求学生完成表5-15内容的填写,让学生思考自己是否有基础学科的优势,对哪些基础学科有兴趣,有天赋,是否有可能在相关学科领域有突出表现等。最后在班级进行交流。

表5-15 对照强基计划了解自我

姓名	有优势的基础学科	可能在哪个(或者哪些)学科领域有突出表现	已做和未来需要做的准备

3. 学生课题项目研究成果交流

以课题或项目研究、竞赛为主题的班会可以成为课题或项目交流的平台。学生以个人或项目研究小组为单位,通过交流展示个人实力,提升参与课题项目研究的积极性。在这个过程中,学生的自信心逐渐建立,学生的综合素质和终身发展的能力不断提升。

学生在进行课题项目研究交流时,建议围绕以下方面展开。

(1)课题项目名称是什么?

(2)课题项目获得的奖项或拟参加的竞赛有哪些?

(3)选择该课题项目的原因是什么?

(4)课题实施过程中遇到的困难以及解决办法有哪些?

(5)你对尚未进行课题项目研究的同学有哪些意见和建议?

(三)总结阶段

以课题或项目研究、竞赛为主题的班会是在高校综合评价录取改革的背景下开展的基于主题班会的高中生涯教育的一个环节。它采用课题汇报、交流互动等方法,充分利用各种竞赛平台,发掘学生的自我潜能,增强个人实力,扩大个人成长发展空间,从而增强学生发展的目的性与计划性,帮助学生实现生涯定位,助其进行最后的冲刺。

(本课例设计者:付君)

课例7　　生涯行动——生涯定位,最后冲刺

一、引言

经历了生涯觉察(认知自我,适应高中),生涯探索(对照自我,生涯定向),生涯规划(体验职场,认知职场),生涯准备(学科选择,初定目标),生涯决策(挑战自我,初步定位)阶段后,学生们将在高三第二学期进入决策和行动的最终阶段:生涯定位,最后冲刺。在这一阶段,他们将遇到各种问题,不仅要直面高考,填报高考志愿,参加高考综合评价面试,还要为离开高中校园进入高校做好冲刺准备。针对这些问题,主题班会可以侧重实践体验,开展一场"模拟高考综合评价面试"。

二、设计理念与预期目标

"模拟高考综合评价面试"的设计,主要是为了帮助学生完成生涯定位,为高考最后冲刺做准备。所谓生涯定位,它有两方面内容。

(一)准确的自我定位

任何一个具体的职业岗位,都要求从事这一职业的人具备特定的条件,并不是任何一个人都能适应任何一项职业的,这就产生了职业对人的选择,也就要求学生们必须准确定位自我。在之前的课例中,我们介绍了如何帮助学生根据科学方法,如借助职业兴趣测验和性格测验以及周围人对其的评价来认识自我、了解自我,清楚自己的职业兴趣、能力、特征,清楚自己的优势与特长、劣势与不足,也提供了一些实践活动方案,如参加社会实践活动、志愿服务活动等,这些实践活动不仅能够锻炼学生们的能力,还能使学生们在活动中发掘自身潜在的优势资源,进一步认识自身的个性特质。最终,帮助学生对自己做出客观、冷静的准确定位,了解自己的兴趣、特长、性格,正确评价自己的学识、技能、智商、情商等,从而对自己所适合的职业和职业生涯目标做出合理的抉择。

（二）清晰的专业定位

职业生涯规划时除了要准确定位自我外,职业定位也十分重要,它是职业生涯的"镜子和尺子"。而对于学生来说,高考报考什么大学、选什么专业,就是人生职业的第一次定位。定位准确,学生会为自己插上腾飞的翅膀;定位不准,就如同绘画时涂上一个不和谐的底色,即使想画出一幅美丽的图画也无形中增加了很大的难度。通过之前的案例,我们介绍了如何帮助学生体验职场、认知职场,学生们通过我们设计的活动,对职业的分类和大学专业的分类也有了初步了解。

"模拟高考综合评价面试"的形式,可以让学生身临其境地思考规划人生,激发其动因和驱动力,也可以帮助学生热身,让他们更好地迎战近在咫尺的高考。同时,它可以开启学生对于自我的发现,看到一个真实又不受限的自己,通过对自己的积极期待,开始理性地选择,完成最终的生涯定位。

三、方法

模拟面试,老师和学生共同参与,角色扮演。

四、对象

高三学生。

五、具体过程

（一）准备阶段

教师在进行"模拟高考综合评价面试"这一主题班会前,需要提前一周完成以下准备工作。

（1）帮助学生建立个人简历表,让学生根据自身情况填写。学生除了填写基本信息外,还需要进行自我分析,包括对自身学科特长、性格特点、技能技艺、缺点不足做综合的评价。此外,学生还要完成综合素质评价,包括社会实践、课题研究、获奖经历等。最终,让学生确认意向大学及专业。教师收集学生简历后,分类,确认本次模拟高考综合评价面试的几所大学名称。

（2）根据学生自愿分组原则,把学生分成两组:甲组为考官组,负责协助教师收集该校历年面试考题、设计模拟面试问题、模拟面试提问等;乙组为面试组,自行准备,等待模拟高考综合评价面试。

本活动可以帮助学生完成自我分析和综合素质评价,初定心仪高校和专业。在参与面试的过程中,学生亦可对往年高校(专业)面试要求有所了解。

(二)实施阶段

教师利用主题班会,在教室中进行"模拟高考综合评价面试"。教师可以根据班级学生人数和实际情况,设置面试时间。如果人数过多,可以设计成两场,尽量让每个参与的同学都能体验到。

该"模拟高考综合评价面试"分为三个环节。

(1)自我介绍。面试者用两分钟进行自我介绍。面试官可以借机了解面试者的信息,考察他们的语言表达能力、应变能力和报考专业的胜任能力;面试者也可以趁此机会主动向面试官推荐自己,展示自己的才华和能力。自我介绍中,同学们可发现自身问题。教师可做观察者,把这些问题记录下来,面试之后进行反馈,也可引导甲组同学从面试官的角度思考,对面试者的表现进行反思。

(2)问答环节。面试者需要回答面试官提出的两个问题,面试官根据其回答进行打分。问答环节的题目主要设定为5类:入学理由、人格理想、专业方向、观点表达、语言表达。问答环节可以呈现学生求学动机与专业期望、专业知识与特长、求学态度、语言和文字表达能力、综合分析能力、反应能力、自我控制能力、人际交往能力、兴趣爱好等,有助于学生进行生涯定位。在此提供实施过程中的几组问答及分析。

例1

面试官:同学,你好!请分析自己的性格,你觉得自己的弱点是什么?

学生1:老师好!其实我没有什么明显的缺点。我觉得自己蛮好的。

学生2:老师好!我这个人的缺点就是没有团队精神,不能承受压力,不喜欢和别人沟通。

分析:两个学生的回答都不太理想。学生1没有构建客观清晰的自我认识,不能客观分析自己的优势与特长、劣势与不足。学生2虽然对自己的缺点有所了解,但缺乏沟通技巧,容易给自己减分。

例2

面试官:同学,你好!你的第一志愿是英语。我看了你获得的奖项,发现你得过科普英语的奖。你是不是对科普有兴趣?

学生1:对,我很有兴趣。

学生2:坦白说,我对科普有兴趣,但是对此了解的不多,因为科普英语比赛的侧重点是英语不是科普。我非常热爱英语,贵校的英语专业一直是我的目标专业。我参加过不少比赛,比如上外杯、科普英语大赛等,获得过一些奖项,证明了我的语言优势。当然,通过科普英语比赛,我也拓展了眼界,积累了较多科普方面的资讯。

分析:这个面试问题,曾出现在 2016 年高考自主招生面试中。学生 1 的回答,一不留神,就可能自掘坟墓。面试官很可能追问:"那你具体谈谈,对科普你知道多少?"如果本身对科普不够了解,可能就会阵脚大乱。学生 2 的回答比较巧妙,他开诚布公承认自己的不足,又把话题引到他比较有把握的语言方面,面试官后面的一些问题就侧重于其对大学、专业熟悉度和匹配度的考察,反而回答得比较轻松。

例 3

面试官:同学,看到你要报考我校物理专业。请谈谈万有引力定律是什么,并说说与之相关的生活现象。(该问题是用英语表述的,也要求学生用英语回答)

学生 1:老师好! 我英语很差,我不会。

学生 2:老师好! 我英语不太好,所以用英语表达有困难。但是我一直对贵校的物理专业很感兴趣。我一直很喜欢物理,已经自学完大学一年级物理课程……如果进入贵校,我不仅要把物理学好,也要把英语学好。请给我一个机会,我会好好努力的。

分析:这个面试场景和类似问题,出现在 2017 年高考综合评价面试中。学生 1 的回答,直接为自己的面试画上了句号。学生 2 的回答,诚恳真实。他能正视自己的弱点,也能展现自己的优势,他的回答呈现出他的进取心和对物理这一专业的热爱,感动了面试官们,最终他以较高的面试分和不俗的高考成绩,顺利进入了报考的大学。

(3)打分环节。面试结束后,教师和甲组同学完成模拟面试评分表。经过打分商议,在个人简历表中写下"高校意见",对面试者进行点评。

(三)总结阶段

教师提出问题,引导学生思考讨论。以下问题可供参考。问题 1,在制作简历中,你有没有遇到什么困难或者困惑? 问题 2,面试中,你最大的感受是什么? 问题 3,作为面试官,你的最大感受是什么……

通过思考、讨论和总结,方便学生判断自己定位是否准确,求学动机是否正确,专业要求和能力特长是否匹配,并且能根据自身情况和模拟面试结果进行调整。

六、案例小结

本主题班会采用"模拟高考综合评价面试"的形式,侧重实践体验,帮助学生通过面试来发现自身的问题,查漏补缺,找到自我的定位,从而确定求学目标。它帮助学生了解自己的求学目标,锻炼他们信息整理、分类能力,提升整合利用能力。此外,它可以引导学生换位面试官立场,从第三方角度重新思考自身能力和求学动机,并进行调整和提升。

这场模拟面试,不只是帮助学生备战高考,更是促使学生发现自我,分析自身优缺点,了解自身能力特点,通过对自己的客观评价,理性地选择,完成最终的生涯定位。一扇扇职业世界的大门会向他们打开! 学生可以去发现、去了解,进而学会选择,从而不仅能从容应对眼前的高考,也能坦然面对之后的人生。

(本课例设计者:沃维佳)

第六章

路径创新——高中生涯教育的策略设计

教育学本质上是一种实践哲学,实践是其根本属性。从这个角度出发,高中生涯教育改革的探索归根到底要落实到实践领域,也就是探索有效的生涯教育实施路径。生涯教育的策略研究一直是研究的热点问题。有研究者对2007—2018年国际生涯教育研究的热点主题进行了统计分析,发现生涯教育有4个热门研究领域:生涯教育的对象差异,即性别差异与职业选择关系研究;生涯教育的效果检测,即职业选择满意度研究;生涯教育的能力构建,即生涯适应力研究;生涯教育的方法途径,即多元生涯教育方法途径研究[①]。这4个领域中,关于生涯教育的实践路径研究又是处于决定性位置的,应该给予更多的关注和思考。

2011年哈佛大学教育研究生院发布《繁荣之路:21世纪对美国青年的挑战》报告,强调高中教育要加强与高等教育、职业世界和公民生活的连接,认为学生的生涯选择与决策的素养仅凭在学校里的学习是难以真正得到培养的,需要通过"更具整合性的方式"加以实现,使学生更加明晰地认识自己的生涯方向,更好地实现自己的生涯发展。

从现实看,高中学段的生涯教育"更具整合性的方式"有三条路径。

首先,整合校内教育资源,坚持以我为主。把日常教学活动、常规教育活动、主题沙龙、社团活动以及目前越来越普及的游学活动等有机整合起来,用生涯教育的思想统领,加强活动设计、内容渗透、组织指导,为学生提供多种选择的可能,让学生在团体参与和丰富的学习实践中培养合作、自主、创新和探索的精神,为学生的终身发展奠基。

其次,学校与社会资源的横向联合。作为学校,有两大丰富的资源为一般单位所不具有,一是家长资源,二是校友资源。这两类资源又有两个显著特

---

① 潘黎,孙莉.国际生涯教育研究的主题、趋势与特征[J].教育研究,2018(11):144-151.

点，一是源源不断，二是职业门类齐全。学校应充分用好这两类资源，邀请不同职业的家长来校开设讲座，介绍各自的职业领域、职业前景、企业用工需求状况等；也可以邀请毕业校友介绍自己的成长历程，分享交流自己的生涯选择和生涯发展过程。同时，学校也可以邀请所在地政府、企事业单位的负责人来校开设讲座，介绍经济社会发展的走势和当前及未来经济社会发展对人才的需求情况。这些身边人讲身边事的讲座，更接地气，比起空洞的说教或纯理论知识的讲授，学生更爱听，也更好参照。学校还可以与社区企事业单位建立见习、实习的合作关系，安排学生参观学习或者顶岗实习，让他们形成直接的职业体验，这对学生认识不同职业的本质、了解职业素养要求有直接帮助；也为学生真切地了解社会、认识自我，正确处理个人价值与社会价值的关系，树立正确的人生观和价值观，理性地进行生涯选择提供了直接支撑。

最后，学校与高校的纵向互动。发达国家非常重视中学与中学后教育的衔接，我国《国家中长期教育改革和发展规划纲要（2010—2020年）》也提出了"树立系统培养观念，推进大中小学有机衔接"的要求。生涯教育是一项专业性很强的工作，需要有心理学、社会学、伦理学以及大量自然科学知识做支撑，高中学段少有专业化的教师，更难开展相关深入的研究。高中学校与高校天然相依，高中学校要主动与大学做好衔接，主动向高校求助，一是开展与高校的共建合作，争取高校招生部门和生涯教育研究的专家教授的支持，帮助培养骨干教师、设计教育课程、指导开展活动、开设学术讲座，利用高校丰富的教育资源来丰富教学内容、优化教学方法，提高教师素养、提升教学专业水平，提优教学效果；二是在高中学段开设大学先修课程，让学生提前了解大学的学习内容和学习要求，了解大学的学科专业和社会职业分类[1]；三是通过组织高中学生走进大学的方式，让学生提前体会大学的生活，激发其积极向上的学习动力。

基于上述整合性思维，华东师大一附中在实践中探索出了多元化的生涯教育实施路径，为生涯教育的有效开展提供了多维度的支持。

第一节　依托课题研究的整体引领

近年来，随着"教师成为研究者"命题的提出和学校"科研强校"理念的落实，学校中的教育科研项目越来越受到重视。教育研究在本质上是实践的，教

① 李勤.用整合思维开展高中生涯教育[J].江苏教育，2019(39)：14－16.

育研究主体的活动是教育研究的唯一表达方式,从发现问题、认识问题到解决问题并形成理论,无一不是教育研究主体活动的外在体现[①]。因此,教育研究要注重研究主体能动性的发挥,让教育研究主体在不断的思考和实践中强化思维与行为方式,推动教育活动的持续变革。对于生涯教育的开展而言,推进学校生涯教育的发展一定要有顶层设计,需要基于实践的反复思考探索。为此,我校依托多个课题对学校生涯教育的顶层设计进行了思考,将心理健康教育、社会实践、学科教育中能落实生涯教育的内容进行了梳理,立项了多个教育研究项目,且参与教师覆盖面广,课题研究内容有深度,课程研究有质量。也正是在这种研究中,我们对于生涯教育的开展思路有了更清晰的认识,总结梳理了开展高中生涯教育的有效途径。

本章中,笔者列举了学校近年来比较有代表性的研究。

一、基于高中学生生涯教育的个性化学程设计与实施的研究

本课题是 2016 年 1 月立项的上海市教育科学研究规划项目。

(一)研究问题的提出

《上海市教育综合改革方案(2014—2020 年)》指出:"要深化课程教育改革,完善适合学生发展的课程体系。建设关注学生差异与多元成长、创新素养与实践能力、问题解决能力和批判性思维的课程。"要实现这一目标,当前学校教育必须围绕以学生为本的理念,进行课程的重构。而关键问题是,以学生为本的课程理念如何转化落实为学校的教育教学实践,并最终促成每一个孩子的发展。

要在课程改革中落实"以学生为本",学校需要基于已有的教育教学实践,思考并解决以下的问题:学生的真正学习需求是什么? 如何让学生认识到自己的真正学习需求? 如何依据学生学习需求,提供足够的课程资源? 如何让学生自主地选择课程资源,实现个性化的成长?

我们认为,就近年来所开展的学校教育教学实践来看,前两个问题与高中学生生涯规划有着密切的相关性,而后两个问题关联到学校的课程开发与管理。如果将上述问题视为一条连贯的逻辑线索,则学校在当前课程改革中所产生的实践操作问题是:高中学生生涯规划和课程改革能否进行统整? 以学生为视角的课程改革的有效策略是什么?

对此,我校的思考如下。其一,高中学生生涯规划和高中课程改革是一个

---

① 靖东阁.论教育研究的本体论特征及其现实意义[J].教育理论与实践,2013(31):3-6.

问题的两个方面。生涯规划既需要不断丰富学校课程以作为实现理想的知识与能力支撑,也需要让学生在选择课程的过程中学会规划学习和职业生涯,提升自主意识与能力;而课程改革要真正促进每一个孩子的发展,就必须转换既有视角,在生涯规划数据的支撑下,真正设计和开发适合学生需要的多样化课程,以提升课程的适切度和效度。其二,课程改革的策略是:用学程改革倒逼课程改革,以个性化学程的设计与实施推动课程的开发、重构与实施,使之更适应学生个性化的成长需要,促进每一个学生的发展。

(二) 项目研究的价值

有助于学生个性化发展,并为其生涯理想的实现提供丰富、多元的学程选择,培养他们自主学习、自主规划、自我负责、自发进取的意识与品质,在提高学习效率的同时,为未来的职业发展和终身学习奠定基础。

有助于学校变革教育理念,转换课程开发与实施的视角,以学生需求为导向,重组、更新原有的基础型课程、拓展型课程、研究型课程的内容与结构,探索课程管理与学业评价的有效模式,提升高中课程的质量。

有助于提升学校教师的教育理念和课程意识,引导教师在教育教学实践中更加关注学生的成长需要,并在项目的实践研究过程中,不断提升课程的开发力和实施力,逐步形成一支适应现代教育发展的教师团队。

(三) 项目研究的目标

基于学生生涯规划发展需要,设计和实施个性化的学程,满足学生个性化成长需要。

通过实施学分制管理,为学生的个性化选择和自主性学习提供制度保障,并形成操作性方案。

以项目为平台,培养适应新学程教学和管理模式的教师专业团队,带动学校教师队伍的整体建设。

(四) 项目研究的内容

1. 高中生职业生涯的倾向性

以霍兰德职业兴趣量表作为测评工具,对2019届新生进行"一人一表"的调研,获得关于学生兴趣、擅长的活动、所喜欢的职业和能力类型的第一手数据,并在高三阶段进行问卷回访和比较。

2. 个性化学程的整体框架设计

内容上,对原有基础型、拓展型、研究型三类课程进行重新整合,形成由基础必修、文理精修、兴趣选修、主题研修和大学先修构成的"五修"特色课程,提供学生多样化的课程组合。基础必修对应国家规定的基础型课程;文理精修课程聚焦语数外学科的拓展和深化;兴趣选修课程对应学业水平等级考的"＋3"选修课程、体育专项课程以及学校的校本选修课程;主题研修课程指向学生研究型学习活动;大学先修课程指向大学 AP 课程。

管理上,研究采用学分制管理方案,使不同的课程内容对应不同的学分赋予,不同的课程大类对应不同的学分要求。学生可以根据自身情况,自主选择个性化学程。

3. 个性化学程的相关课程建设

推进课程建设的策略:以学程需求促课程改革,强化优势课程,精化校本课程,活化传统课程。相关课程体系如表 6-1 所示。

表 6-1　华东师大一附中生涯教育个性化学程的相关课程体系

课程大类	课 程 内 容	建 设 重 点
基础必修	国家基础课程	基于规准的校本化学案建设
文理精修	语文、数学、英语	经典导读(语文)、数学精拓、语用实践(英语)校本课程开发
兴趣选修	等级考课程(物理、化学、生物、政治、历史、地理)	校本化学案、教案、练案建设
	校本选修课程	"人文活页"短课程、社团活动课程的开发与建设
	体育专项选修	羽毛球、足球专项课程的开发
主题研修	理化生学科实验研究课程 社科类社会调查研究课程	物理化学实验校本课程开发 社会调查研究校本课程开发
大学先修	大学 AP 课程	基于学生研究需要,由华东师大提供相应课程资源

以"人文活页"短课程开发为例,学校根据学生选课情况和意见反馈,将原有的优秀人文类选修课程"万历十五年的世界""人文地理""经济学原理"等进行升华和浓缩,选择最精粹部分做成短课程,打包成为 3～4 种套餐式的组合,在有限的课程时间条件下,尽可能地拓展学生视野,丰富学生见识,引导学生兴趣,并在此基础上,与主题研修类课程进行衔接,满足学生的进一步研究需要。

4. 个性化学程的实施保障

个性化学程的实施保障具体包括:实施个性化学程的学校硬件设备保

障;学程管理制度——学分制;师资保障;学程的信息化管理系统保障。

5. 个性化学程的推进机制

①个性化学程的推进机制包括:在华东师范大学支持下,探索推进高中课程建设的高校+高中合作办学机制;②以华东师范大学教育资源为支撑,探索助力高中生个性化成长的"双导师制"辅导机制。

(五)项目研究的方法

通过文献法,收集、了解学生生涯规划和学程的相关研究的理论基础和研究现状。

通过问卷调查法,充分了解和掌握学生的职业发展倾向和对于生涯规划、课程设置的真实需求。

采用行动研究法,探索个性化学程在设计和实施中的实际问题,推进教育实践。

采用经验总结法,总结、反思项目的经验和教训,形成项目成果。这一项目的核心价值在于建构了基于学生特性的生涯教育支持体系,通过系统性的数据分析和个性化的课程与教学设计,实现了生涯教育指导的个体性、针对性和有效性。与此同时,本项目还着眼学生生涯成长需要,依托现代课程理念,以学科为基点,融合学生综合素养和全面发展需要,开发设计了一系列特色课程,既满足了学生生涯成长的个性化需要,也丰富了学校的课程体系,为生涯教育的课程化实施奠定了基础。

二、社会实践活动视角下高中生涯发展教育路径研究

本课题是 2016 年 12 月上海市中小学德育研究协会德育研究立项课题。

(一)课题研究的背景

《国家中长期教育改革和发展规划纲要(2010—2020 年)》指出要"建立学生发展指导制度,加强对学生的理想、心理、学业等多方面指导",明确提出要通过多种途径对学生进行生涯指导。随着深化普通高中课程改革工作的推进及高考改革试点方案的实施,生涯规划教育开始更多地进入高中学校的视野,寻找有效的教育途径,成为当前推进生涯规划教育的重要研究方向。目前,开设"高中生生涯规划指导"课,开展职业体验实践活动,增设生涯规划辅导项目,进行学科渗透等都是高中学校生涯规划教育的路径。在实践中,我校发现,作为生涯规划教育主要路径之一的高中生社会实践活动有其不可替代的重要作用。

《关于进一步落实中小学生社会实践工作的若干意见》指出,中小学生社

会实践活动主要包括考察（调查）体验类、社会服务与技能训练类、军政训练类、农村社会实践类、科技文化活动类、志愿者服务类等内容。社会实践活动坚持以体验教育为基本途径，引导学生在实践中体验、感悟、内化道德情感，培养创新精神和实践能力。

生涯规划教育的社会实践活动指采用参观、考察、调查、志愿者服务等实践活动或研究活动的方式进入现场，以强化互动体验为目的开展的生涯规划教育系列活动。2016 年 3 月，我校在高一、高二年级所做的一份关于学生生涯规划教育情况的问卷中，问及学生最希望获得的生涯规划指导时，学生的回答依次为：获得职业体验（36.4％）、专业的职业评估（28.6％）、信息提供（28.4％）、问题答疑（16.1％）、方法指导（12.2％）。可见，实践体验活动对于我校学生的生涯发展而言有现实的需求性。

为满足学生生涯发展需求，研究团队运用文献研究法和实地考察法，观察和研究了上海市多所高中学校正在开展的生涯规划实践体验活动。在吸取各校经验的同时也发现了以下的问题。

1. 实践体验活动目标定位：局限于职业规划

生涯虽然凸显事业，区别生活，但从 20 世纪 70 年代后期开始，生涯不仅仅强调职业生涯过程，还是一个人职业、社会、生活与人际关系的总和，是一个人终身学习与发展的历程。生涯辅导的核心价值在于促进人的发展，实现人的终身成就。显然，"职业规划"是生涯辅导的重要内容之一，但并不是全部。一些高中学校把生涯辅导中的社会实践活动仅仅定位在帮助学生对自己的大学专业或者职业去向做出更好的选择，而忽视对学生生涯发展的意识、情感和能力的培养，忽视对学生树立理想、投身工作、为融入社会做好能力储备的鼓励。这样的生涯教育实践体验活动的目标定位是有局限性的。

2. 实践体验活动内容设置：局限于认识外部世界

生涯发展理论一致认可，生涯规划教育的内容主要包括四个方面：认知自我、认知外部世界、认知外部世界与自我的连接、选择与规划。但一些高中学校将社会实践活动的内容仅仅聚焦于关注了解不同行业的特点、关注了解高校信息、关注了解热门工作的信息，等等，而忽视学生在实践体验活动中由亲历活动而萌发的自我认知、外部世界与自我的连接，使学生因缺乏实践体验的指引而难以形成生涯决策的思维方式与策略。

3. 实践体验活动主题排布：缺乏整体性和序列性

生涯教育是一项系统工程，高中阶段 3 年的生涯教育应该是分层次、分阶段循序渐进的教育，与之相配合的社会实践活动亦然。高中阶段学生会经历各种类型的实践活动,包括考察(调查)体验类、社会服务与技能训练类、军政训练类、农村社会实践类、科技文化活动类、志愿者服务类等,学校会在每一类的社会实践活动中设计和组织各种具体的主题活动。如何让每一类社会实践活动之间实现横向连接,又使每一类活动下的主题活动实现纵向连接,从而整体上形成一个支撑高中生生涯逐级递进发展的网络体系,是很多学校正在探索的问题。

(二)课题研究的内容

基于以上的思考,本研究的主要内容包括:探索社会实践活动在高中生涯教育路径中的价值意义,将社会实践活动与生涯体验相连接,形成有学校特色的生涯教育社会实践活动总目标;梳理各级各类社会实践活动与学校生涯发展总目标的契合点,形成包括认知、能力、情感三维目标的单项社会实践活动分目标;设计与生涯规划教育目标、学校特色、学生需求相匹配的覆盖高中3年的社会实践活动内容序列体系;借鉴传统高中综合实践活动课程的3种活动方式,研究基于传统社会实践活动项目、基于社区服务、基于研究性学习的生涯教育社会实践活动的实施策略,推动高中生涯实践活动深度开展。

(三)课题研究的亮点

综观各地的高中生涯规划教育,尽管其定义和内容各不相同,但强调学生能力发展比抉择本身更重要的是共同趋势。如在新加坡《教育和职业生涯规划教学大纲》中,高中的目标是让学生通过有关渠道收集信息,具备合成信息以作出正确的教育和职业决策的能力。生涯规划的能力是一种元认知能力,这种能力的培养,仅仅依靠信息提供、知识传授、发展辅导是不够的,还要引导学生亲身体验与活动探索。因此,本研究将社会实践活动与高中生涯规划教育相勾连,强调的是学生在真实的生涯体验与实践活动过程中,促发自身生涯决策的思维方式与策略,提升生涯规划的能力。

许多学校都很重视生涯规划实践体验活动,但走马观花、浅尝辄止的活动多,而深入探究、深度体验的活动少,究其原因在于缺乏有效活动设计。本研究在总体把握高中生涯规划教育理念的基础上,根据学校的发展特色、教育资源,设计学校生涯教育实践活动的总目标。在明确总目标的基础上,设计每一个社会实践活动的分目标,并依据活动目标、主题、资源以及学生发展需求将各级各类社会实践活动或切分或整合,形成循序渐进的生涯教育社会实践活动序列。在推进社会实践活动过程中,借力传统的社会实践活动、社区服务和研究性学习三种活动方式,探索深度推进生涯规划教育的社会实践活动开展方式与策略。

（四）课题研究的价值

高中生处于生涯发展的需求、探索和选择阶段，如何确定人生发展目标和发展道路，把自我健康成长、能力发展、大学专业选择与未来的职业规划进行有效整合，从而科学地规划人生，来实现自身的最大发展，是一个重要而迫切的问题。

高中生的身心特点决定生涯规划教育需要依托社会实践活动。高中生身心趋于成熟，思维活跃，经常会提出问题，能独立地判断是非善恶，不轻信别人的结论，但缺点是容易以点概面；高中生有很强的自我意识，有强烈的对外交往愿望，要求别人了解、尊重自己，希望独立地解决问题，缺点是易波动，会感情用事，有时也会出现盲目的狂热和急躁。在这一时期开展生涯规划教育，如采用指令、建议、劝告、示范等方式，告诉他们"该怎样走""如何走"显然不符合学生的身心发展规律。而通过设计一些社会实践的体验活动，促使高中生更深入地思考生涯规划，并探索"我可以往哪里走""我可以如何走"等问题，在不断地构建自我认识、社会理解中明确方向，进而逐步明了生涯规划的意义、方向和方法，更适合高中阶段生涯规划教育的规律。从这个意义上讲，生涯规划教育中的社会实践活动探索研究能帮助学生通过进入真情境、解决真问题中学会发现自己、认识自我，并不断提高自我规划和问题解决的能力。因此，本研究具有一定的实践意义。

生涯教育作为深化普通高中课程改革、促进高校考试招生制度综合改革的重要举措，在浙江、上海等普通高中正如火如荼地开展。有很多学校在生涯规划教育的实践活动中积累了大量的经验，也有一些学校由于种种原因，学生并没有非常深入的体验，生涯规划教育的实践活动尝试存在缺乏广度和深度的问题。在社会实践活动视角下探索高中生涯规划教育的研究，无疑可以丰富和拓展高中生涯教育的路径研究。因此，本研究具有一定的理论意义。

（五）课题研究的实施

基于以上的思考，本研究重点在于构建学校特色的生涯教育社会实践活动总目标，在此基础上梳理和形成单项社会实践活动的分目标，整合学校各类各级社会实践活动，形成序列化的学校社会实践活动整体架构，并进一步探索生涯规划实践活动深度开展的实施策略。课题研究框架如下。

第一阶段：通过文献研究，厘清社会实践活动在高中生涯教育路径中的价值，包括对生涯规划教育的实践活动进行内涵界定、国内外生涯教育理论和教育模式研究、高中生涯规划教育目标与社会实践活动关联性研究。

第二阶段：通过行动研究，构建学校生涯规划教育社会实践活动的总目标，形成各项社会实践活动分目标，分类或整合各项活动，构建学校特色的社会实践活动体系，包括根据学校办学理念、办学特点以及学校教育资源确立生涯规划教育的社会实践活动总目标；梳理形成从认知到能力、情感的社会实践活动分目标；构建社会实践活动递进发展体系，并重点关注社会实践活动设计的目的性、聚焦性和可评估性。

第三阶段：通过行动研究，形成推动有深度的高中生涯实践活动的实施策略，包括研究传统高中综合实践活动课程的 3 种活动方式；研究基于原有社会实践的生涯活动，重点关注此类活动体验中学生反思形式的创新；研究基于社区服务的生涯体验，重点关注此类活动体验中学生通过角色体验认知自我以及自我和外部世界的连接；研究基于研究性学习的生涯探索，重点关注此类活动体验中学生如何在开展研究性学习课题的过程中窥探与思考自己感兴趣的未来发展方向。

（六）课题研究的成果

本课题的核心成果在于围绕学生生涯成长的需求，整合校内校外两类资源，将社会实践作为一种支持学生生涯成长的重要方式引入生涯教育体系之中。课题明确了为了促进学生生涯成长，社会实践活动应该坚持以学生为本，应该注重发挥其实践性、开放性、灵活性、多元性的特征，应该注重社会实践活动的课程化设计，提升社会实践活动的内涵、价值和人才培养效能，同时，也应该注重社会实践课程教师队伍的建设和相应的质量保障体系建构，为社会实践课程的有效实施和学生生涯成长提供更多可能。

三、中小学生生涯辅导项目推进研究

本项目是 2017 年 4 月上海市教委立项课题。

（一）项目的预期总目标

构建一套与学校特色发展相适应的学生生涯教育体系，主要包括：开发系列生涯教育课程，从与高中生生涯发展息息相关的内容模块着手，借助心理学科、修身课堂、社会实践、个别辅导等载体，通过知识传授、实践体验以及感悟反思 3 条路径，开发形成有创意、有特色、有实效、可操作的学校生涯辅导系列课程；打造学生生涯发展数据平台，收集学生个性性格、能力和兴趣的个性化测评数据、品德发展与公民素养数据、修习课程与学业成绩数据、创新精神与实践能力数据、身心健康与艺术素养数据等，创制数据收集、数据分析、数据可视、数据应用一体化的软硬件；创建交叉式辅导培养模式，填补学生生涯发展的"供需真空带"，整合"社会—学校—家庭—个人"资源，构筑家庭与学校合

力、个体与社会携手、高中与大学联袂的学生生涯辅导系统，激发生涯教育全社会合力；创设"三全"育人环境，加大生涯规划师的培训力度，实现班主任、学科教师人人都是学生生涯发展导师，主动将培育学生生涯"发展意识""实践能力""思维方式"和"自主人格"落实到教育教学中，并不断辐射扩大，营造校内全方位、全过程、全员的育人环境。

项目研究的具体目标如下。①完善生涯教育课程：邀请专家指导生涯课程校本教材的文本化和实施工作，同时启动校本教材使用和反馈意见收集工作；②成立校内导师团队：成立校内学生生涯教育导师团队，并组建生涯教育班主任沙龙，凝聚形成一支专业性强，能在学校领衔实施生涯发展教育的队伍；③与大学、各社会团体和单位联手组建学生生涯发展实践基地：建立2～3个设在大学的学生生涯发展体验与实践基地，每年定期组织学生开展大学名校访学活动；④成立校外导师团队：聘请基地大学教授、专家作为学生生涯发展导师，开展研究性学习指导和升学指导；⑤组织教师参加生涯规划师培训：组织本校20名左右教师参加生涯规划师培训；⑥形成有影响力的文本成果：完成《华东师大一附中基于个性化学程的高中生生涯发展校本课程方案集》《华东师大一附中生涯辅导课讲座素材集》《华东师大一附中生涯发展教育班会教案集》《华东师大一附中学生职业调研优秀报告集》。

（二）项目的主要内容

教育要注重培养支撑终身发展、适应时代要求的关键能力。我校是一所上海市实验性示范性高中，在学校发展历程中，始终传承"培养研究型学生、造就研究型教师、建设研究型学校文化"的"三个研究型"办学理念。为进一步传承和发扬这一办学理念，我校对高中生生涯教育的目标定位为：具备在学习过程中认识自我，认知未来，洞悉"未来"与"现状"之间矛盾的"发展意识"；拥有科学解决自我现状与未来发展之间矛盾的"实践能力"；具备根据内外部变化不断做出调整和选择的"思维方式"；具有统整自我和未来，积极适应变化的"自主人格"。

基于以上思考，本项目研究旨在构建一套与学校生涯发展教育目标相适应的生涯教育体系，主要包括：开发序列生涯教育课程，形成有创意、有特色、有实效、可操作的学校生涯辅导系列课程；打造生涯发展数据平台，收集学生生涯发展各类数据，整体创制数据收集、数据分析、数据可视、数据应用一体化的软硬件；创建交叉式辅导培养模式，构筑学生与导师携手、高中与大学联袂，家庭与学校合力的学生生涯辅导系统，熔铸生涯教育的社会合力；创设"三全"育人环境，打造班主任、学科教师人人都是学生生涯发展导师，营造校内全方位、全过程、全员培育学生生涯"发展意识""实践能力""思维方式"和"自主人格"的育人环境。

(三) 项目的实施方案

分配原则：根据项目执行单位预算申请和经费评审意见，结合学科德育项目的重要性予以确定。

管理措施：研究制定项目经费管理办法，加强项目立项申报、过程监控以及绩效评价机制建设。年度项目初定，在处室围绕综改工作在集体讨论基础上形成年度工作项目计划表。

专家咨询：组织专家对项目计划表进行审阅，修改完善后形成年度工作项目计划指南。

单位申报：组织各相关区及学校围绕申报指南填报项目经费申报表；

专家评审：委托第三方机构组织专家对项目方案及经费预算进行评审，指导申报单位修改完善方案及预算。

项目执行：根据财务规定，向财务处及分管领导提交请款报告及有关材料，审批通过后下拨各单位执行。

过程监控：委托第三方不定期对项目实施情况进行指导检查。

绩效评估：项目结束后，委托第三方机构组织专家对项目实施情况及预算执行情况进行绩效评估，确保经费使用规范、高效。评估结果将作为下一年度经费申报、项目立项以及经费额度确定的重要参考。

(四) 项目的核心成果

本项目研究的核心成果在于呈现了一整套支持学生生涯成长的课程与活动体系，明确了学校在生涯教育过程中应该秉持的课程理念，整合学校原有的零散的生涯教育探索，形成了涵盖主题课程、专题活动、特色讲座等在内的完善的生涯教育课程体系。同时，对于学校生涯教育课程和活动的实施方式、评价方式等进行了设计，形成了可操作的高中生涯教育实践模式。基于这一研究，学校生涯教育的体系基本建构完毕。

第二节　完善学生生涯的详细档案

学生的生涯成长是一个前后相继的过程，在这一过程中会积累形成大量的数据资料，对于这些数据资料的分析和运用是提升生涯教育有效性的重要路径。在当今价值多元、以人为本的社会背景下，生涯教育的意义在于明确人生发展方向，最大化地实现个人价值，和谐职场供需关系，为社会节约人才资源，最终实现个人、单位和社会多方共赢。从这个角度上说，生涯档案建立势必会帮助高中生有效规划人生,为学生明确自己的发展方向提供成长记录的数据支持,从而促进人才更好成长,资源更加合理分配,社会更加健康地发展①。同时,个性化教育是当前教育的一个重要趋势,如何做好个性化教育,一个重要的思路就是数据的统计和分析,通过对学生生涯特征的描述性统计与分析,深刻把握每一个学生的成长特点和成长需要,进而做到针对性的生涯指导和帮助。

据此,我校运用专业测量量表与自评的生涯规划表对每个学生进行生涯发展的个性化评估,形成了学生生涯档案,而且评估是动态的,学生可以通过评估看到自己的变化,从而对自己的规划进行调整。

一、专业化开展职业生涯评估

我校对每位学生从性格、能力和兴趣3个维度进行了个性化测评,运用MBTI职业性格测评、多元智能职业兴趣测评和霍兰德职业兴趣测评,进行详尽的测评分析,从各个维度帮助学生认知自我。从2015年至今,我校对1200人次进行了生涯方面的个性化测评,每位学生都有自己的测评报告,学生可以带着自己的测评结果和取得资质的生涯教育教师进行讨论,更多地认识自己和了解自己,为未来学涯与生涯发展做准备。

MBTI职业性格测评是职业人格评估工具,根据中国学生特点进行常模修订,帮助学生了解自己的职业人格匹配;多元智能职业兴趣测评从能力角度出发挖掘个人优势,帮助学生全面认识自己的优势与劣势;霍兰德职业兴趣测评则从兴趣角度来探索职业指导,帮助学生确定职业兴趣与能力专长。通过上述3个测评量表的运用,能够清晰地记录和分析每一个学生的特点。据此,教师可以针对性地给予指导帮助,学生在设计自我成长路径与方向的时候,也能够得到更多的参考。

丁××同学学涯测评报告

一、霍兰德职业兴趣测评报告

性格类型

INTP 型(见图 6-1)

---

① 赵方勋. 学生生涯规划档案的建立[J]. 教学与管理,2019(16):33-35.

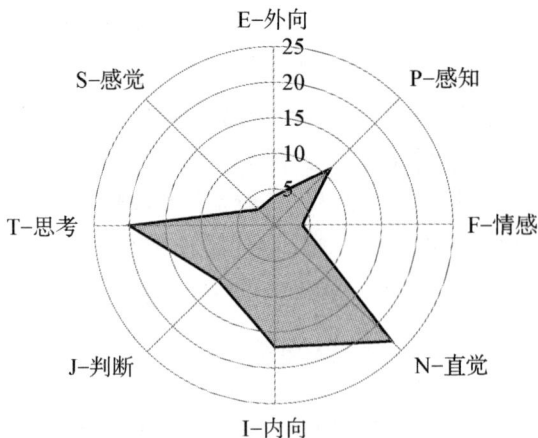

图 6-1 ·MBTI 性格测试

简介

INTP 表示内向、直觉、理性、理解。INTP 型的人沉默寡言,特别喜欢理论或科学方面的追求,喜爱用逻辑和分析解决问题,有兴趣出主意,不太喜欢聚会和闲聊天,对某一方面有非常明显的爱好。谋求能使他们的某些特别爱好得到运用的那些职业。

个性特征

INTP 型的人独立而沉静;思维宽广而富有创新精神;好奇而进取;理智、随和,适应能力强;有主见而不盲目附从。INTP 型的人是理性的问题解决者,他们很有才智和条理性,表现出突出的创造才华。INTP 型的人外表平静、缄默、超然,但内心专心致志于分析问题。他们苛求、精细,惯于怀疑。他们努力寻找和利用原则以理解许多想法。他们喜欢有条理和目的地交谈,而且可能会仅仅为了高兴争论一些无益而琐细的问题,只有有条理的推理才会使他们信服。

通常 INTP 型的人是足智多谋、有独立见解的思考者。他们重视才智,对于个人能力有强烈的欲望,有能力也有兴趣向他人挑战。INTP 型的人最主要的兴趣在于理解除了能够准确知道、接受和明显的事物之外的可能性。他们乐于为了改进事物的状况或解决难题而发展模式。他们的思考方式极端复杂,能更好地组织概念和想法而不是人。有时,他们的想法过于复杂以致很难向别人表达和被人理解。INTP型的人十分独立,喜欢冒险和富有想象力的活动。他们灵活易变、思维开阔,更感兴趣的是发现有创见而且合理的解决方法,而不是仅仅看到眼前现成的解决方式。

INTP型的人几乎没有情绪,无视批评和赞美,生性喜欢当旁观者。他们没有要影响别人的强烈动力,也没有伤害或冒犯他人的意图。INTP型的人对他人感受的关注度正常情况下基本是零,更多时候他们只想表达自己真实的看法而已。他们通过逻辑推理过程与感受自我成长来获得成就感。

我的优势

1. 充满想象力和创造力。

2. 杰出、创造性地解决问题的技能,具有探险精神、创造意识以及克服困难的勇气。

3. 独立自主,能一个人工作,并且全神贯注。

4. 能够综合考虑和运用大量的信息,能够理解非常复杂和高度抽象的概念。

5. 即使在压力很大的情况下也能有逻辑地分析事物。

6. 喜欢能够学到新知识、掌握新技能的环境,学习新知识的信心和动力都很强。

7. 能够有远见地分析问题,能够把握事情的全局,弄清行为和思想的长远影响。

8. 能灵活地适应新情况,有熟练地随机应变的能力。

9. 有稳定平和的心态。

10. 有冲劲和闯劲,不患得患失。

不足之处

因为INTP型的人过分依赖他们的理性分析,所以会忽视与别人有关的事物。如果某一方面不符合逻辑,即使对于他们来说很重要,他们也会冒险抛弃。承认自己所真正关心的,会有助于他们与真实的情感保持联系。

INTP型的人精通于观察一种思想的缺陷,对于表达自己的评价却沉默寡言。因为他们拒绝在整个计划中存在一点不符合逻辑的地方,所以在涉及计划某部分的一个细微错误之时迟滞不前,使整个方案难以完成。当他们把自己高度磨练过的批评性思考运用到周围的人身上时,他们的坦诚会变成一种无意的伤害。必须告诉他们,而且他们必须学会询问在情感上与别人相关的事务。

因为 INTP 型的人喜爱解决问题,所以往往会对常规的细节缺少耐心,而且如果一个计划需要过多的细节或持久贯彻,他们会失去兴趣而永远完成不了计划。向外转移他们的能量会使他们获得充分的实际知识以产生可行的、让别人能接受的想法。当 INTP 型的人努力维持自己高标准的完美时,他们有时会感到困扰。学会与别人分享感受会帮助他们获得更现实和客观的见解。

适合领域(以下排名顺序不分先后)

适合领域:计算机技术、理论研究、学术领域、专业领域、创造性领域等。

1. 电脑软件设计师:软件工程。
2. 系统分析人员:计算机科学与技术、软件工程。
3. 计算机程序员:计算机科学与技术、软件工程。
4. 研究开发专业人员:计算机科学与技术、软件工程。
5. 数据库管理:计算机科学与技术、网络工程。
6. 故障排除专家:计算机科学与技术、网络工程。
7. 金融规划师:金融学、金融工程。
8. 信息服务开发商:电子信息工程、信息工程。
9. 变革管理顾问:工商管理。
10. 企业金融律师:法学(金融法)。
11. 大学教授:无特殊专业要求。
12. 科研机构研究人员:理工科类相关专业。
13. 数学家:数学与应用数学。
14. 物理学家:物理学、应用物理学。
15. 经济学家:经济学。
16. 考古学家:考古学。
17. 历史学家:历史学。
18. 证券分析师:金融学、金融工程。
19. 金融投资顾问:投资学、金融学、金融工程。

20. 律师：法学。

21. 法律顾问：法学。

22. 财务专家：财务管理、会计学、审计学。

23. 侦探：侦查学、刑事科学技术。

24. 各类发明家：无专业要求，要求天赋及钻研精神。

25. 作家：汉语言文学。

26. 各类设计师：设计学类专业。

27. 音乐家：音乐表演、音乐学、作曲与作曲技术理论。

28. 艺术家：艺术类专业、艺术鉴赏艺术学理论类专业。

29. 建筑师：建筑学。

二、多元智能测评报告

我的测评结果

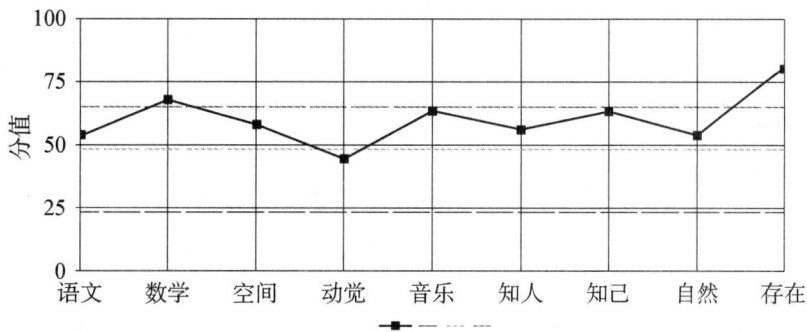

项目	语文	数学	空间	动觉	音乐	知人	知己	自然	存在
分值	54	68	58	44	64	56	64	54	80

我的测评说明

智能水平	数量	智能种类
L4(69～90分)	1	存在
L3(46～68分)	7	数学、知己、音乐、空间、知人、自然、语文

（续表）

智能水平	数量	智 能 种 类
L2（23～45 分）	1	动觉
L1（0～22 分）	0	

在"存在"这 1 种智能上，你的表现很强，有绝对的优势。 在"数学、知己、音乐、空间、知人、自然、语文"7 种智能上，你的表现较强，有一定的优势。 在"动觉"这 1 种智能上，你的表现一般。

9 种智能详细说明

智能	解释	你的测评结果说明
存在	存在智能指的是了解人生的意义、掌握人生的价值，常思索存在的问题或宇宙的本质，并且没有疑惑。有明确的生活目标，并能以泰然的态度面对生死和宇宙的变化。哲学家、宗教家等多具有这方面优越的能力	智能水平：L4（强） 面对不同的人生际遇时，你能抱着非常积极的态度去应对，并且非常乐于接受挑战，能够最大程度地善用各个机会。在人生的各个阶段，你非常注重设定明确的目标，且非常积极地去采取行动实现。你非常独立自主，能够很好地掌握个人人生方向，能够非常坦然地面对各种人生中的变化
数学	数学智能指的是对逻辑结构关系的理解、推理、思维表达能力，主要表现为个人对事物间各种关系如类比、对比、因果和逻辑等关系的敏感以及通过数理进行运算和逻辑推理等。科学家、数学家或逻辑学家就是这类智力高的人	智能水平：L3（较强） 较为喜欢提问，探究事情发生的原因；也会喜欢对事物进行分配、分类、分等；相信事物都会有合理的解释；比较容易相信经过科学研究或有数据的事情；略为懂得估算或进行快速心算；又较为喜欢有计划地做事
知己	知己智能指的是个体认识、洞察和反省自身的能力，表现为个人能较好地意识和评价自己的动机、情绪、个性等，并且有意识地运用这些信息去调适自己生活的能力。这种智能在哲学家、小说家、律师等人身上有比较突出的表现	智能水平：L3（较强） 认为自己较为诚实、坦白，勤于反省，勇于认错，明事理、拥有自尊，懂得自律；也认为自己一直较为坚强或性格独立；会检讨自己做事成功或失败的经验，使下次做事更为顺利；亦有自知之明及据此做出适当行为的能力；偶尔善于计划和分配日常生活时间

（续表）

智能	解释	你的测评结果说明
音乐	音乐智能指的是个人感受、辨别、记忆、表达音乐的能力，表现为个人对节奏、音调、音色和旋律的敏感以及通过作曲、演奏、歌唱等形式来表达自己的思想或情感。在作曲家、歌唱家、演奏家等人身上表现得特别明显	智能水平：L3（较强） 喜爱听音乐，有音乐伴着来做事心情愉快，较为专注、较快完成；有时听过一遍到两遍的曲子，就能很准确地把它唱出来；较喜爱吹口哨、唱歌、唱游活动；有时能辨别音乐走调，亦偶尔能随音乐的节奏，用动作来表达
空间	空间智能指的是对色彩、形状、空间位置等要素的准确感受和表达的能力，表现为个人对线条、形状、结构、色彩和空间关系的敏感以及通过图形将它们表现出来的能力。工程师、航海家、水手、外科医生、雕塑家、建筑设计师、画家等是具有高度发达的空间智能的例子	智能水平：L3（较强） 喜欢手工、美术、劳作、视觉艺术课、看电影和其他视觉艺术表演；尚能轻松地想象一个事物的景象；较会选择材料、用具，按自己意念进程进行设计创作；亦较喜欢用比喻解说事情
知人	知人智能指的是对他人的表情、说话、手势动作的敏感程度以及对此作用有效反应的能力，表现为个人觉察、体验他人的情绪、情感并作出适当的反应。对于教师、临床医生、推销员或政治家来说，这种智力尤为重要	智能水平：L3（较强） 当有问题时，较愿意找别人帮助，亦较乐意接纳别人的意见；较会倾听别人的说话，懂得互助，沟通良好，较懂得关心、体谅和帮助别人；较具有团队精神，尚能尽职及努力奉献，并且较容易结交新朋友
语文	语文智能指的是人对语言的掌握和灵活运用的能力，表现为个人能顺利而有效地利用语言描述事件、表达思想并与他人交流。诗人拥有真正的语言智力，演说家、律师等是语言智力高的人	智能水平：L3（较强） 较为容易明白别人的指示、谈话内容及其言外之意；亦较能用说话表达想法、情绪和需求；与人交流时，他细心聆听，善用言语；而且较为善记人名、地点、日期或琐事细节；略会看图说故事，偶尔用丰富词汇编写故事
自然	自然智能指的是人们辨别生物（植物和动物）以及对自然世界（云朵、石头等形状）的其他特征敏感的能力。这种智能在过去人类进化过程中显然是很有价值的，如狩猎、采集和种植等，同时这种智能在植物学家和厨师身上有重要的体现	智能水平：L3（较强） 较为喜欢看云，有时能看出不同形状、高度、明暗度等；对自然景物较有兴趣；对自然界事物有较敏锐的感觉；对植物、动物、自然生态环境较有好奇心、保护意识和关怀之情；较喜欢使用仪器来探究自然世界；也较善待自然世界，较乐于分享自己探索自然万物的经验

（续表）

智能	解释	你的测评结果说明
动觉	动觉智能指的是人的身体的协调、平衡能力和运动的力量、速度、灵活性等，表现为用身体表达思想、情感的能力和动手的能力，最典型的例子就是从事体操或表演艺术的人	智能水平：L2（一般） 在玩运用身体动作猜电影名称或歌曲名称的游戏时，不太容易将这些名称用动作表达出来；少许或不喜爱通过身体感觉（例如用手触摸）进行学习；少许或不善于模仿他人的动作、言谈举止；偶尔会亲自练习一项新的技能，而不只是看说明或描述的录像带；稍为喜爱拆解和组装物件

建议指导

在 9 种智能中，在"存在"这 1 种智能上有绝对的优势；

尝试去参加哲学、人生、规划等的讲座。经常尝试写下自己对一些基本人生问题的思考；用思辨的方式去看待和反思问题；对生活和学习进行规划，并逐步在追求目标实现的过程中，去思考规划的意义。

推荐专业

哲学、心理学、应用心理学、历史学、考古学、地理科学、自然地理与资源环境、海洋科学、地质学。

二、个性化动态制订生涯规划表

我校让每位学生在高一至高三根据自己的每个阶段的情况填写生涯规划表，制作成生涯规划手册。生涯规划表不是学生填写了之后就不再使用，而是根据自己的情况，在各个阶段进行调整，生涯规划表在每个不同的阶段也会涉及不同的内容（具体参见附录）。

"长远发展"在"短期规划"中的践行
——个案中的"个性化动态评估"

我校的生涯辅导一直遵循"短期规划，长远发展"的理念，即只对大学之前的学涯做相对具体的路径设计，对于终生的适应与发展则以综合素质的储备和提升作为应对策略——这一理念是回应后现代思潮"不可预测性与不确定性已是生涯发展的本质特征"的思想而形成的。"短期规划"中亦践行着适应与调整的思想，是为"长远发展"做的有益铺垫，具体就体现在"个性化动态评估"中。

所谓"个性化动态评估"，就是指华东师大一附中学子的短期学涯规划是跟随学生的自我认知推进与社会参与深入而不断调整学涯目标的自主规划模式。具体的实施过程为，让每位学生在高一至高三根据自己每个阶段的情况填写生涯规划表。生涯规划表不是学生填写之后就不再使用，而是根据情况，每个阶段进行调整。生涯规划表在每个不同的阶段也会涉及不同的内容，比如：一开始，学生生涯规划表包括理想、学科学习、综合素质、自我分析、家长的话等板块；之后学生生涯规划表的内容包括理想、修习课程的学习变化、综合素质、自我分析以及家长的话。学生根据这些内容对自己进行动态分析和评估，及时调整，从而对自己的生涯进行更多有效的思考，并付诸行动。

接下来就以我校高二某在校生"生涯规划表"的1.0版、2.0版和3.0版的对照，来对"个性化动态评估"的特点予以说明。

一、宏观目标的动态调整

小夏是2017年入学的一名"光华人"。在入学之初，他尝试着填写了"生涯规划表"的1.0版；在第一学期结束时，他填写了2.0版；第二个学期期中考试之后，他完成了3.0版。

首先，我们在对照中发现了他的理想学校与专业的变化，1.0版本中，他填写的是上海交通大学的临床医学专业；2.0版本中，调整为复旦大学的英语专业。

与大部分初入高中的学生一样，小夏最初的理想是一种模糊化的想象，是凭借一些零散的信息，再加上亲朋好友传达的社会信息作出的决定，缺少自我认知和社会参与两个基础支撑，更接近于生活憧憬。

在1.0版到2.0版之间，我们邀请了赢帆生涯测评机构为学生们进行包括霍兰德职业兴趣、MBTI职业性格、多元智能三项内容在内的专业心理测评，为学生们的自我认知提供了科学的参考数据。与此同时，学生也开始在学校参与社团活动、在校外参与社会实践活动，由此获得了与社会互动的经验反馈；我们也面向学生开设了生涯课，为学生系统补充生涯规划的常识，也为他们自我认知与社会经验的再整合提供指导。

因此，小夏从上海交通大学医学院到复旦大学，从"临床医学"到"英语"，从1.0版到2.0版看似不可思议的巨变，其实有着现实的根基。

二、微观路径的动态调整

如果说"生涯规划表"的第一部分是"理想"，那么第二部分的"学科成绩"就是"现实"（见表6-2、表6-3），而第三部分"综合素质评价"和"SWOT自我分析"则是"理想照进现实"的自主调控。

表6-2 学科学习1.0版本

		我喜欢的学科	我擅长的学科	我准备选择+3的学科
1	语文			
2	数学	√	√	
3	英语	√		
4	政治			
5	历史			
6	地理			√
7	物理	√		√
8	化学	√	√	√
9	生物			
10	信息技术			

表6-3 学科学习2.0版本

		学业成绩 成绩/级排	我擅长的学科	我准备选择+3的学科
1	语文	67/第7档		
2	数学	91/第2档	√	
3	英语	69.5/第9档		
4	政治	74/161		
5	历史	73/189		
6	地理	75/78		√
7	物理	92/4	√	√
8	化学	95/6	√	√
9	生物	88/8	√	
10	信息技术	74/77		

在小夏的两次学科成绩中,我们发现他擅长数理化,却在语文、英语的作业表现上呈现不足。与父母、师长耳提面命的督促不同,小夏在对照中主动做出了调整。比如,他在近期目标中设定了多刷题、多总结整理的目标。

这种在对照中呈现出的变化,既激发和维持了小夏较高的内在学习动机,也在事实上启发了他的反思。他的学习不再停留在"学什么"的层面,而到了更上位的关于"如何学"的元认知层面。

(执笔人：罗吾民　沈闻佳)

第三节　建构贯穿全程的生涯课堂

课程作为学校教育的核心,是教育思想、教育目标和教育内容的主要载体。因此,要推动学校生涯教育的内涵发展和品质提升,必须以课程为载体,即以课程化的形式实现生涯教育的育人价值。生涯教育的课程化建设具有不同的路径,其中最为基础的就是按照生涯教育的理念整合课程元素,设计内容丰富但主题明确的单一式生涯教育课程。单一式生涯教育课程是指学校层面在某一学时段内围绕生涯教育的主题单独开设一门具体的课程,通过正规教学或指导的形式,全面系统地向学生传授生涯知识,以帮助学生探索自我,了解职业世界,合理地规划自己的人生。

自戴维斯于 1907 年开设美国公立学校历史上第一个系统的指导课程——"职业与道德指导"以来,生涯教育作为一门具体的课程逐渐得到人们的认可。1917 年,美国国会通过了《史密斯-休士法案》,从法律上确立了生涯教育作为一门课程的地位[1]。由此可见,生涯教育最初在学校层面的实践形式便是单一式课程,且这种形式一直保留至今,并融入了更加丰富多彩的内容与形式[2]。从这种认识出发,学校在建构生涯教育课程体系的时候,可以运用这一课程建构思路,形成具有特色的生涯教育主题课程。也正是基于这一理念,我们以生涯教育的课程建构为载体,打造学生生涯课堂,让生涯教育特色课程成为支撑学生高中阶段成长与发展的重要载体。

一、学生生涯课程的认知

华东师大一附中的学生生涯课堂是以生涯心理课为载体的,这是学校落实学生生涯课堂的主阵地。生涯课堂由心理教师执教,在高一到高三分别开课,每个年级每月一节。

学生生涯课堂以启发职业生涯规划意识、提高职业规划能力、促成生涯

① 朱益明.普通高中学生发展指导研究[M].上海：华东师范大学出版社,2013.
② 罗羽乔,魏国武,左璜.试论学校生涯教育课程化的三种路径[J].中小学德育,2017(11)：5-10.

适应力和心理弹性为总体目标。课程面向三个年级开设,采用体验式生涯辅导的教学形式,设计有益的团体活动,把理论介绍与生涯规划实践相结合,解决大家在生涯规划中的困惑,在体验过程中获得实用的知识、技能、态度。课程实行开放式教学,拟采用课堂讲授、小组讨论、案例分析、生涯人物访谈、互动游戏、面对面交流、实践活动等多元化的开放式教学模式。

二、学生生涯课程的建构

(一)课程目标

高一年级:明确高中需要面对的生涯抉择关键点;养成良好学习习惯、融入高中学习大环境;拓宽视野,在学习和活动中探索自我。

高二年级:规整自我知识储备,提高学习效率;清晰自我人格特质,搜索生涯目标;了解大学,理性认识学科,对一些大学专业初步了解。

高三年级:规划未来,做出选择;调整心态,直面挑战。

(二)课程设计

传承和发扬"研究型学生人格养成"的心理示范校特色,注重探究能力和研究方法在课程中的运用;以倒推的路径,连接未来职业和当下选择,让学生获得求知动力;依据认知信息加工理论的 CASVE 模型,参考《高中生职业生涯教育探索与实践》一书的相关内容形成"认识自我""认识职业""实践调整"三个模块。

(三)课程内容

学生生涯课堂的课程内容在本书第五章中已经做过介绍(具体见表 5 - 4),此不赘述。

三、学生生涯课程的案例

课例 1   **"职业大超市"生涯教育课程实施案例**

"职业大超市"是提高学生规划意识的一堂课,从职业的角度帮助学生了解自身与社会实际之间的差异,从而激发学生早做规划的意识。

主要教学过程如下所示。

【课堂主题】职业大超市

【活动目标】

(1)在选购的情绪变化中,感悟职业选择的重要性;

(2)形成为职业选择做准备的意识;

(3)在讨论分享中,知道现阶段可以为职业选择做哪些准备。

【活动准备】

PPT 课件,根据"霍兰德职业兴趣测评量表"分类制作的职业卡片。

【活动过程】

一、导入:读完书,去干嘛?

高中毕业以后,你们准备做什么? 大学毕业以后呢? 当所有的教育都完成以后,你们准备做什么?

所以,用一句话来总结,就是无论我们的教育历程有多长,终将面临工作的选择,对吗?

二、活动:职业大超市

(一)自由选购

自由选购,用时 2 分钟。

(二)揭开职业密码

第一步,请每位拿到卡片的同学,在卡片的背面标记"职业密码"。然后对照自己的实际情况,如果符合职业密码上的每一个要求,那么你将最终获得这个职位。

第二步,思考与分享:经历了选择和被选择,此刻你的就业状态如何? 面对手中的职业卡片,你此刻的感受如何? 你又经历了哪些情绪变化? 让我们先和周围同学简单交流一下。(全班交流)

三、打开视野:真实的数字与故事

根据 2012 年 6 月 12 日公布的《2012 年中国大学生就业报告》,在就业的 2011 届大学毕业生中,仅有 47% 对自己的就业现状表示满意,部分行业的就业满意率低至 27%,而已经工作 3 年的大学毕业生中,也只有 35% 对就业现状满意。对现有工作不满意的原因主要集中在对工作性质及内容缺乏了解、薪金待遇比预期低、人际关系处理能力弱等几个方面。

追根溯源,我们也许会在一些调查报告中发现问题:2007 年某调查显示,有八成的学生称对自己所学专业不了解,其中两成学生更表示,很不喜欢现在的专业。2011 年 5 月的另一调查显示,当前中国大学新生对就读专业的满意度总体水平不高,只有近一半的学生对就读专业感到满意。非常有意思的是,一些按志愿录取比例较高的(热门)专业,就读学生的满意度并不高甚至还比较低。"我的专业算是新兴专业吧,但说实话真的不了解,至少跟我原来想象的完全不同,当初真的很盲目。"一名同学表示,自己当初选择了一个比较热门的新兴专业,现在每天不得不面对这些不喜欢的课程,对于将来的就业,也开始感到迷茫。

请大家结合自己在"职业大超市"里的感受,思考一下,为什么会出现这种不尽如人意的状况?(全班交流)

四、活动:由自己做主的职业,我们现在可以……

第一步,小组讨论:要是早一点去做些什么就好了……

各位已经选好工作的年轻人,如果再回到工作以前、回到大学以前、回到现在:高中生活刚刚开始的今天,你会做些什么准备来迎接未来的职业选择?

以小组为单位展开讨论,看看哪个小组给出的建议最切实可行。

第二步,全班分享。

第三步,课后拓展:破解密码。

请集结同一色卡的同学,组成研究小组,解答以下疑问:类型字母的内涵是什么?这一类型的职业密码有哪些共同特点?除了你们手中拿到的职业,还有哪些职业也属于这个类别?

第四步,寄语:每一个未来都生长于现在,每一个现在都预示着未来。同学们,为了最适宜的职业,为了最好的自己,让我们从现在开始加油!

(本堂课获得2010年上海市中小学心理活动课大赛一等奖,设计者:罗吾民)

课例 2 "穿越十五年"生涯教育课程实施案例

在生涯辅导的课堂上,学生们反映他们以前想从事的职业现在已经不存在了,或者有些他们想要从事的职业目前还没有出现,《心理健康教育自助手册》第167页的内容也写道"生涯不是规划出来的""不要过度规划你的未来"。这些现象都告诉我们,现在的学生面临的生涯发展会存在很多不确定因素。"穿越15年"这堂课就是这样产生的,主要帮助学生体验变化并尝试积极认知和面对变化。

"穿越15年"这节课运用相互作画和本人作画的方式,将主题思想贯穿于整堂课的讨论中,层层递进,帮助学生感悟、体会和提炼,在作画的过程中体验变化,看到不变的东西、资源的积累以及新的可能性,从而达到相互沟通、自我探索和发现成长的效果。

主要教学过程如下。

【课堂主题】穿越15年

【活动目标】

(1)感知、体验变化和意料之外的事是一直存在的。

(2)积极面对变化,看到自身的力量以及更多的可能性。

【活动准备】

(1) 制作PPT,以《心理健康教育自助手册》第167页内容为基础。

(2) 准备水彩笔(每人一支)、白纸(每人一张)。

【活动过程】

(1) 课堂导入。

(2) 核心活动:边听音乐边作画。

第一步,互相画,感知、体验变化和一直出现的意料之外的事。

① 教师宣布绘画规则。

② 学生画画。

③ 分享:你画了什么? 你看到了什么? 你的感受是什么?

④ 教师小结。

第二步,学生自己作画,学习如何积极面对变化。

① 学生自己作画。

② 分享:做了哪些调整? 怎么调整的? 怎么做到的?

③ 教师小结。

第三步,在绘画中寻找不变的东西和新的增长点,看到自己继续前行的能量和资源。

① 教师分享自我经历的变化,以及在经历变化中看到的自己的资源以及资源的积累。

② 回到绘画中,寻找自己不变的资源以及资源新的增长点、新的可能性。

③ 学生分享与教师小结。

(3) 总结。

(本堂课获得2016年上海市中小学心理活动课大赛二等奖,设计者:沈闻佳)

课例3 "近距离看大学"生涯教育课程实施案例

一、教学目的

(1) 引导学生思考就读大学之意义,并认识大学学习内涵与生活形态,培养学生责任意识和认真踏实的学习态度。

(2) 培养学生正向、积极应对和解决问题的能力与态度。

二、教学准备

PPT课件;电视纪录片《我的大学》片断(约15分钟);大学专业课程计划

表；"近距离看大学"学习单。

三、教学过程

（一）调查：大学是这样吗？

同学们在"王婆就是要卖瓜"环节中的优秀表现，展现出你们对大学生活的向往与憧憬——这一点深深地感染了我，促使我形成了今天的内容"近距离看大学"。在"走近"大学之前，先让我们做一个小小的调查。一会儿，我会在大屏幕上展示一些流行的观点，请同学们大声地说出，你是否赞同以上的观点。

（1）大学生活比高中生活更轻松自在。

（2）大学更加注重实践能力的培养，所以上基础课的时间很少。

（3）大学里的班集体比较松散，大家更多的是在宿舍形成友谊。

（4）恋爱是大学的必修课。

（5）大学老师讲课没有固定的教材，所以有时候为了一门功课，必须同时读好几本书。

（6）要想拿到毕业证必须通过大学英语四级考试和计算机等级考试。

（7）社团活动，参加得越多越好。

（8）大学的成绩只要过得去就可以了，因为招聘单位不会看这些。

（9）毕业时，所有人都要完成毕业论文或者毕业设计。

（10）大学期间最好做一些勤工俭学工作。

（二）用一个词形容大学生活

同学们对以上的问题也许都还不能做出确定的回答，但是以上问题所涉及的方面，也许可以帮助我们在脑海中勾勒出大学生活的概貌。如果用一个词语来形容这个概貌，你会用哪个词语呢？请在学习单上写下来。

（三）第一眼：课程安排

大学、大学，既然有一个"学"字，我们还是逃脱不了上课，那么大学的课是怎样上的呢？现在，我的手上有某大学化工、德语和艺术设计三个专业的四年课程计划表。一会儿我将给每个小组发一份，请大家以小组为单位进行讨论，解答以下几个问题：

（1）大学的课程可以划分为几个大的板块？

（通识课程、专业必修课、专业选修课、实习、毕业论文或设计）

（2）三个专业分别要修多少个学分？如果1个学分＝45分钟（每节课的时间）×18周（每学期的周数），那么单纯上课，我们需要花多少时间完成所有学分的修习？

为了更完美地完成一个科目的学习,假如还需要额外花 1 倍的时间来补充课外阅读,那么我们实际上要花多少时间来完成所有学分的修习? 平均到每天,大概是多少时间?(4 年×2 个学期×20 周×5 天)

同学们,大学的学习时间,和你想象的有什么不同?

(四)第二眼:生活六边形

在大学一定完成的 10 件事:大学课程构成了大学生活的核心内容,而除了"上课"之外,我们想做的、能够做的事情,还有很多。接下来,就是 3 分钟的畅想时间,请在纸上写下你在大学里一定要完成的 10 件事。

大学生生活百态管中略窥。

(1)大学生活=魔兽世界。小吴在高中时期一直被爸爸妈妈限制上网,自从上了大学,他感到了明显的自由。每天除了与电脑为伍,他没有任何其他的休闲爱好:每天早上起来第一件事就是打开电脑,聊 QQ、玩游戏、看动漫……后来迷上了"魔兽世界",更是没日没夜。经常到夜里两三点钟才收工,甚至还出现过组队连续作战两天两夜的记录。对于网络世界的种种,他都能高谈阔论,在现实生活中,却连跟人打招呼的勇气都没有,更不要说什么参加社团活动了……

(2)大学生活=花花世界。小龙自从脱离了沉闷无聊的高中生活后,就不断地追求生活中的玩乐和刺激,但凡同学约去唱歌、泡吧、旅游……没有不答应的,社团也参加了很多,每天生活都排得非常满,导致经常因为时间不够而感到困扰。大一以来,电话通讯录里面增加了许多数不清的新名字,有一些他自己都不清楚究竟是谁,同学们都说他是"社会活动家"。但是因为晚上太累、活动太满,结果就是翘课……

(3)大学生活=图书馆是我家。安迪是个爱读书的小孩,他的人生就是为了追求好的成绩、好的名次,即便上了大学,他也没有放弃这一点。他每天都泡在图书馆里念书,对书目如数家珍,但是对于现在社会上发生了什么事情,他完全不知道,也不想知道。

(4)大学生活=命中注定我爱你。小周和小乐是班级的一对,两个人一入学没多久就在一起了。小周每天早上去宿舍楼下等小乐,然后两人一起吃饭、上课、看书、泡开水……甜蜜得美煞旁人。到大四他们悄悄地搬出宿舍同居了。可惜甜蜜的日子不久,他们就经历了一次激烈的大吵,小乐决定分手,并且搬回宿舍。只是,接下来的日子,她突然觉得自己不知道该干些什么,似乎连个知心的同性朋友都没有了……

思考:这样的大学生活,缺乏的分别是哪方面的学习内涵?

教师总结：关于大学生活如何度过，每一个人都有坚持自己选择的权利。一般而言，我们大学生活都会涉及以下 6 个方面，分别是专业学习、社团活动、勤工俭学、人际关系、感情生活和个人管理。

形成六边形：请大家根据自己设定的"大学一定要完成的 10 件事"，完成"大学生活六边形"。六边形的每一极代表生活的某一个方面，对该项目的投入度越高，则越靠近外圈；对该项目的投入度越低，则越靠近中心。最后将各个坐标位置连起来，就会形成展示你个人能力发展的不规则多边形。

（五）第三眼：发囧的事

分享。刚才我们分享了大学生生活的各个方面。在现实中，我们的生活未必如想象中得平坦。接下来，就是我们的想象环节：假如，我们现在已经步入大学了，请问你可能会遇到哪些让你感受到压力、令你发囧的事情呢？请尽情地展开联想。

（语言、生活习惯、学习……）

备用材料："腾讯教育"上的特别报道。

就业压力——中国社会调查进行的一项在校大学生心理健康状况调查显示，75％的大学生认为压力主要来源于社会就业；50％的大学生对于自己毕业后的发展前途感到迷茫，没有目标；42％的大学生表示目前没考虑太多；只有8％的人对自己的未来有明确的目标并且充满信心。很明显，就业已经是每个大学生一进校门就要考虑的事情了。

学业压力——学业压力是学生永远需要面对的主题，因就业压力而造成的新的学业压力也在逐渐增大。大学生为了适应社会的需求，把自己变成全能型人才，需要学习很多功课，拿到各种证书来应对就业。可是人的精力是有限的，往往顾此失彼，结果是学什么都不专。

经济压力——对生活感觉有压力的主要是来自贫困家庭的学生，许多偏远山区农村的家庭往往因为供一个孩子上学而负债累累，这样的孩子上学时，更多的是考虑自己如何生存、如何筹集学费，所有的课余时间也都用在了打工挣钱上。

自理压力——现在的孩子高考之前唯一的任务就是学习，学习就是生活中的一切，如何料理自己的生活、如何与他人交往、如何应对各种事件，都是很陌生的事情。许多学生因为无法与他人和睦相处，造成很大的心理压力，甚至出现心理疾病，变得性格孤僻、脾气暴躁，无法正常学习。面对挫折和新的环境不能有效地调节自己去适应，也造成了这些新的心理压力。

小结：请大家想象大学生活中可能遇到的困难，并不是要吓唬大家，而是希望每一个同学在问题可能到来之前,做好一定的心理准备,"不打没有准备的战争"。这样,我们记忆中的这段象牙塔岁月将更加美好,没有遗憾。

四、分享《我的大学》

最后,让我们来分享一段大学生自己拍摄的片子,名字叫《我的大学》,也许这会让我们对大学生活又多一重感性认识。

如果想了解大学生的更多生活状态,大家不妨到各个大学的 BBS 和开复学生网(http://www.5xue.com/)上去看一看。愿每一位同学都对大学生活有一个积极、健康的定位。

(设计者:罗吾民)

第四节　开展特色鲜明的主题活动

学生的学习是一个复杂的过程,既需要静态的知识传递,也需要动态的体验和经历。近年来,随着新课程改革的深入,如何提升课程与教学的活动属性、实践属性成为改革的关注热点,在这一过程中,基于活动理论的活动课程建设颇受重视。活动理论是针对探究性活动发生条件、过程及结果的系统性研究成果,主要探讨活动主体所处共同体中的复杂性和动态性问题,现已广泛进入教育领域[1]。从活动理论的视角看,有意识的学习和活动是相互作用和相互依存的[2],即学习应注重学习过程中对象与动机的协商与转换,注重中介制品对于应用情境的依赖性,注重活动对学习的作用等[3]。从活动方式的视角出发,教育的过程中应该通过有效的活动设计加深学生的学习体验,丰富学生的学习经历,特别是对于生涯教育之类没有固定课程标准的特殊课程,更需要在实施方式的灵活性上充分拓展,而这种拓展的一个重要思路就是开展特色鲜明的主题活动。基于这样的认识,在对学生进行专门的生涯测评、生涯记录和生涯课程教学的同时,华东师大一附中还注重通过多样性的主题活动,让学生在自主探究和亲身体验中感悟生涯的魅力,学会生涯的选择,同时也切实提升学生的综合能力与素养。

---

① 侯中太. 活动理论视角下学生课堂学习的同伴中介效应研究[J]. 教育理论与实践,2020(2):53-55.

② 何克抗. 对美国"建构主义教学:成功还是失败"大辩论的述评[J]. 电化教育研究,2010(10):5-24.

③ 卢强. 课程学习活动设计重审:活动理论视域[J]. 电化教育研究,2012(7):95-101.

一、校内特色活动

(一) 访谈与职业调查

生涯人物访谈,是通过与一定数量的职场人士(通常是自己感兴趣的职业从业者)会谈而获取关于一个行业、职业和单位"内部"信息的一种职业探索活动。通过访谈,了解该职业岗位的实际工作情况,获取相关职业领域的信息,进而判断自己是否真的对该工作感兴趣,实际上是一次间接、快速的职业体验(见表6-4)。

职业调查活动,是学生们调查职业的主要工作内容、自己亲赴职业工作地点的所见所闻,以及各职业对人员的要求、从事该职业所需专业等,以此丰富学生的课余生活,拓展视野,为学生日后走出学校、走向社会的职业选择作参考。

表6-4 生涯人物访谈报告

他是怎样选择自己的职业的? 做了哪些准备?

一个典型的工作日是什么样子的?

工作中哪些是他喜欢的,哪些是不喜欢的? 为什么?

这个行业的起薪和平均薪酬大约是多少? 他是否满意?

（续表）

他的工作条件如何？包括时间、环境、着装等。	
他认为这个职业的发展前景如何？	
你的访谈心得。	

（二）心理健康月活动

上海市的心理健康活动月为每年的5月份，主要围绕心理健康教育的相关主题，开展各类心理健康教育活动，传播心理健康教育理念与知识，提升学生对自身、对他人心理健康的觉察与关怀，促进大中小学心理健康教育的系统衔接和共同发展。我校在近年来的心理健康月活动中，均开展了与生涯教育有关的活动（见表6-5）。

表6-5 华东师大一附中心理健康月主题活动

年份	主要活动形式	具 体 活 动
2015	小团体辅导	生涯团体学生领导力的培养
2016	表达性艺术治疗	生涯不确定性
2017	心理微视频	生涯TED演讲
2018	心理剧	生涯主题剧目

（三）大型专题活动

我校每年3月有"光华读书节"活动，帮助学生培养人文底蕴；每年11月有"大夏科创节"活动,帮助学生培养科学匠人精神;每两年 5 月有一届"世承体艺节"活动,关注学生的身心健康。这三个大型活动帮助学生发现自己的特点,展示自己的特长。

二、各类社团活动

社团是由具有相同兴趣爱好的人组成的组织。按照 1998 年《社会团体登记管理条例》的规定,社会团体是指中国公民自愿组成,为实现会员共同意愿,按照其章程开展活动的非营利性社会组织,如行业协会、专业学术协会、基金会等。社团的成立、变更或注销登记必须经政府主管部门审批同意并接受其监督指导。

与一般的社会社团不同,学生社团由学生组成,按照官方解释,是"学生自愿组成,为实现成员的共同愿望,按照其章程开展活动的非营利性群众组织"。这是学生通过自主选择、自主组合组建的,并在此基础上推选社长、聘请指导教师、制订活动目标和内容。学校把社团活动作为学生创新实践的舞台,通过营造自主、探究、创新、高尚的社团文化,将学生的自我体验、自我管理和自主发展紧紧结合在一起。

相对于社会上的社团,学生社团由于有特定的对象成员和特定的活动范围——校园,因此并不一定受制于《社会团体登记管理条例》。它的成立手续比较简单,既不听从某种组织安排,也不需要到政府部门申请,只要到学校相关部门登记备案即可。同样,学生社团组织开展活动也相对自由,体现出自主、多样、动态、开放的特点[1],能够为学生的全面成长提供帮助。

根据调查,近年来上海高中学生参与学校社团活动的积极性在不断提高,学校之中社团组织的类型也越来越丰富[2]。因此,如何有效利用社团组织做好学生的教育引导工作,是一个极为现实且富有价值的命题。

从生涯教育的视角看,社团活动与学生生涯教育有着重要的内在契合,依托社团活动可以有效开展生涯教育。社团活动能帮助学生树立职业理想。社团的多样性和社团活动的丰富性,让学生在选择加入哪一个社团的过程中就开始树立目标导向,明确自己想要什么,而职业生涯规划的首要目标也是使学生明确职业理想,为自己的未来人生发展作总体定位。高中生因为年龄、阅历的局限性,对职业理想还缺乏深刻的理解,对社团的选择将是其明确目标的第

---

① 陆磐良.高中生职业生涯教育探索与实践[M].上海:华东师范大学出版社,2018.
② 张亮.上海市区高中学生社团参与状况调查[J].青年研究,2001(8):24-28.

一步。社团把课内与课外、学习与生活,学知识、学做事、学做人有机统一起来,为有特长的学生提供了交流和展现自我的平台,有助于学生更加清晰地了解自己的兴趣爱好和性格特点等。学生可借助社团活动进行有效的自我评估,立足实际,有意识地培养和提高自己在某一领域的能力[①]。

基于这样的认识,我们在开展生涯教育的过程中,要注重发挥社团的作用,让学生在丰富的社团活动中体会生涯教育的价值,历练生涯教育的素养。例如,心理社团活动,在老师的指导下,Psy.com 心理社社员自主讨论研究,精心策划我校心理健康教育的特色活动——校园心理定向解谜,从 2015 年开始已成功举办五届。2015 年 12 月,第一届校园心理定向解谜活动名为"寻找医药公司的秘密",解谜过程涉及很多推理活动;2016 年 12 月第二届活动名为"追梦之旅",涉及对自我特征的很多探索;2017 年 12 月第三届活动名为"寻找人类本心"。2018 年 12 月第四届活动名为"LOST 拯救行动",2019 年 12 月第五届活动名为"人格世界—梦境的救赎"在这些活动中,学生不仅需要团结合作,还需要学会人际交流、理性判断和正确选择,甚至涉及一些合作创造与联想思维的内容,这些实际上都是生涯教育的内在要素。

三、社会实践活动

社会实践活动课程以培养学生的综合实践能力和创新精神、增强学生的社会责任感为己任。随着时代的发展,社会实践活动课程在我国高中教育中的重要性不断提升[②],其多元的育人价值也不断得到拓展。《国家中长期教育改革和发展规划纲要(2010—2020 年)》指出,要"建立学生发展指导制度,加强对学生的理想、心理、学业等多方面指导",并明确提出要通过多种途径对学生进行生涯指导。2017 年起,我校着手研究如何将生涯教育与社会实践活动有机整合,探求高中生涯发展教育视角下社会实践活动设计策略,以期提升生涯教育的效益。

(一) 实践活动设计的前提:反思问题,确立主旨

生涯发展教育视角下高中社会实践活动(以下简称实践活动)是指采用参观、考察、调查、志愿者服务等实践活动或研究活动的方式,进入现场、强化互动体验而开展的生涯发展教育系列活动。

① 阮巧玲. 依托学生社团,开展高中生职业生涯教育实践[J]. 中小学心理健康教育,2019(9):28 - 29.
② 易臻真,王洋. 城市高中社会实践活动课程长效机制的构建探索[J]. 中国教育学刊,2019(5):97 - 102.

研究初始,我校考察了上海市多所高中的生涯发展教育实践活动,在吸取各校经验的同时发现了以下的问题。

1. 实践体验活动目标定位:局限于职业规划

"职业规划"是生涯辅导的重要内容之一,但并不是全部。如果把生涯辅导中的社会实践活动仅仅定位在帮助学生对自己的大学专业或者职业去向做出更好的选择,而忽视对学生生涯发展的意识、情感和能力的培养,忽视鼓励学生树立理想、投身工作、为融入社会做好能力储备的话,这样的生涯教育实践体验活动的目标定位是有局限性的。

2. 实践体验活动内容设置:局限于认识外部世界

生涯规划教育的内容主要包括四个方面:认识自我,认知外部世界,认知外部世界与自我的连接,选择与规划。如果将社会实践活动的内容仅仅聚焦于关注了解不同行业的特点、关注了解高校信息、关注了解热门工作的信息等,而忽视学生在实践体验活动中由亲历活动而萌发的自我认知,以及外部世界与自我的连接,使学生因缺乏实践体验的指引而难以形成生涯发展的思维方式、行动能力和发展策略,这样的生涯教育的实践体验活动内容设置也有局限性。

3. 实践体验活动主题排布:缺乏整体性和序列性

生涯教育是一项系统工程,高中阶段3年的生涯教育应该是分层次、分阶段循序渐进的教育。与之相配合的社会实践活动亦然。但一些高中学校的社会实践活动出现了"快餐式""扑火式"和"搬家式"的碎片化倾向。所谓"快餐式",即有些学校将一些传统的社会实践活动,比如学军、学农、学工活动,视为上级德育行政部门的命令,毫不加工地"喂"给学生,使学生无法在这些活动中获得应有的成长帮助。所谓"扑火式",即有些学校将社会实践活动,比如志愿者服务活动,视为学生应试教育的一个组成部分,简单地"塞"给学生,造成学生对这些活动草草了事,只求获得规定的学分。所谓"搬家式",即有些学校将一些"名校"的社会实践活动,直接"拷"给学生,使学生社会实践活动因不接地气而流于表面形式,无法满足学生多层次、差异性的发展需求。

通过分析,我校确立了高中生涯发展教育社会实践活动设计的主旨:厘清生涯教育在社会实践活动中的价值意义,将社会实践活动与生涯体验相连接,定位实践活动总目标;整体架构指向生涯发展的实践活动,形成覆盖高中3年的实践活动体系;深挖学校已有志愿者服务特色项目,塑造融入实践活动的品牌课程(见表6-6、表6-7、表6-8)。

表6-6 华东师大一附中高一年级社会实践活动课程列表

时间	活动名称	参与对象	活动简述	生涯教育切入点举例	备注
新生报到	跟随父母工作一天	高一试点班	通过跟随父母工作一天,体验父母工作情况	认知职业、体验父母的职业角色	作为新生暑期作业
军训期间	我是"谁"——认识我自己	高一年级	通过心理测评,科学全面认识自身性格、兴趣、特征等	认识自己、悦纳自己	与学生多元智能心理测评相结合
军训期间	我的理想与目标——名校之旅	高一试点班	通过大学游学,初步了解大学和专业,确立近期学习目标	认知未来,建立自己与未来的关联	上海交通大学、华东师范大学游学
11—12月	我独立·我坚强——独立生活一周	高一年级	通过东方绿舟军训活动,学习独立生活	提升生涯发展能力,初步培养自主发展人格	与东方绿舟军训活动相结合

表6-7 华东师大一附中高二年级社会实践活动课程列表

时间	活动名称	参与对象	活动简述	生涯教育切入点举例	备注
高一升高二暑假	成长的轨迹——采访一位校友	学生自愿参加	通过探究校友成长故事,思考自己人生发展	借鉴他人人生经验,提升生涯发展意识和能力	与"华光论坛"活动相结合
高一升高二暑假	多彩的职业——探秘一门职业	高二试点班级	通过探究感兴趣的职业,确立职业目标	认知外部世界,建立自己与外部世界的关联	与暑期社会志愿者服务活动相结合
高二生涯课	阅读·看见外面的世界	高二年级	通过广泛阅读,深入理解外部世界	认知外部世界,建立自己与外部世界的关联	与"经典导读"活动结合
4月	我坚强·我成功——体验成功	高二年级	通过在学农期间做一件成功的事情,提升与外部世界交往的能力,并树立自信	成功建立自己与外部世界的关联,提升生涯发展的能力,培养自主发展人格	与学农活动相结合

（续表）

时间	活动名称	参与对象	活动简述	生涯教育切入点举例	备注
高二升高三暑假	我志愿·我坚持——志愿者服务活动汇报展示	高二年级	通过分享志愿服务经历中的故事,互相借鉴,提升与外部世界交往的能力,并树立自信	成功建立自己与外部世界的关联,提升生涯发展的能力,培养自主发展人格	与暑期返校活动相结合

表6-8　华东师大一附中高三年级社会实践活动课程列表

时间	活动名称	参与对象	活动简述	生涯教育切入点举例	备注
4—6月	高中3年成就了怎样的"我"——应对发展性的变化和改变	高三年级	通过综评相关内容的录入,回顾和反思自己3年成长历程,思考未来发展	深入的自我认知,提升反思的生涯发展能力	与综合评价录入工作相结合
6月	我要成为怎样的自己——18岁写给未来的一封信	高三年级	通过18岁成人仪式活动,更明晰自身发展方向以及应相应付出的努力	作出合适的生涯决策,提升生涯发展能力,培养自主发展人格	与18岁成人仪式相结合
7月	我的未来我把握——高三志愿填报	高三年级	通过志愿填报活动,自主规划未来发展	作出合适的生涯决策,提升生涯发展能力,培养自主发展人格	与高三志愿填报活动相结合

（二）实践活动设计的核心：精准连接，凸显目标

社会实践活动要承担起生涯教育的重任，需精准定位实践活动与生涯教育的连接点，这主要体现在三方面。

第一，实践活动的重点是找到自己，做自己，而不是别人。"凡事预则立，不预则废"。生涯规划，尤其是中学生，最重要的是正确认识自我。中学阶段是认识自我的主要时期，是生涯规划形成的关键时期。由此，对应高中阶段的社会实践活动，重点是帮助孩子探索：我是谁？我想成为怎样的自己？我要做什么？等等。

第二，实践活动的重点是开拓无限的可能性，而不是定位。生涯学习过程必然是学生内在的自我觉察力与外在的行动力合力推动的过程。学生在活动中觉察到自己的优势并能运用优势，才会在某个领域、专业或职业中体会到自我效能感，才会对未来产生期待。所以，社会实践活动的重点不仅要帮助学生认识自我、认识自身的优势，还要帮助学生在活动体验中觉察并强化自我认知，在提升自我效能感的同时，看到自己未来更多的可能性，从而适应和主动应对变化万千的世界。

第三，实践活动的重点是思维培养和人格养成，而不是考分。高考招生制度改革的最大亮点是把选择权还给学生，自主规划自己的人生发展是改革的初衷之一。所以，实践活动的重点在培养学生选择能力和适应能力，进而形成自主发展的人格。能力的培养和人格的塑造是在活动中完成的，实践活动要关注学生系统性思维的养成。在生涯发展上，能纵观整体，认识到各种因素间的相互影响，理解事物背后复杂的因果关系，把控事物发展的趋势，进而寻找动态的平衡。这是一种思维方式，也是一种能力，更是学生生涯发展的关节点。

据此，我校将社会实践活动的总目标设定为：以体验为导向的生涯认知实践活动，关注学生生涯发展意识的萌发；以实践为主体的生涯探究实践活动，关注学生生涯能力的培养；以活动为中心的生涯决策实践活动，关注学生自主发展人格的培育。企业参观是我校特色社会实践活动之一。

特色社会实践之"参观可口可乐公司"①

一、活动目的

本次社会实践活动旨在让同学们更加深入地了解了可口可乐公司优秀的企业文化，生产管理，运营方式等，加强同学们的社会实践能力，同时令同学们了解现如今工业生产对于劳动力人才的要求，以便及时调整自己，适应当代社会的发展和当今企业的需要。

二、实施过程

（一）前期准备

学部长根据学生知识储备与认知水平，拟定社会实践任务单，并发放给学生。

（二）实地参观

孟宪承班及创新班全体同学驱车前往位于浦东新区桂桥路539号的可口

---

① 此处可口可乐公司实为上海申美饮料食品有限公司，因可口可乐（中国）投资有限公司参与投资兴办，且学生对可口可乐比较熟悉，故简称为可口可乐公司。

可乐公司——上海申美饮料食品有限公司,进行为期半天的参观学习。

(三)布置任务

布置给学生的任务清单如下所示。

华东师大一附中社会实践活动任务清单

班级: 学号: 姓名:

Part 1 学科任务

任务一

公司地址:上海市浦东新区桂桥路 539 号。

请在百度地图上找到该地址,思考该公司工业布局有何特点?

任务二

观察可口可乐生产制作流水线,思考现代工业有哪些特点?

任务三

观察公司工人生产状况,思考在不同时期,公司对劳动力的需求有何变化?

Part 2 生涯任务

从工业发展的现状来看,你将如何设定自己的生涯发展轨迹,以适应当今时代对人才的需求?

三、活动小结

Part 1 学科任务

任务一

反馈:周围公路、高架桥等分布密集,交通便利;场内有许多流水线生产供应,集聚效应强;靠近水源,西北方有水源,利于工业生产;可口可乐公司属于市场主导型企业,距离市场近,能及时获取市场信息;科技发达;位于上海市郊区,地租相对便宜,且对市区污染小;靠近动迁房安置区及各大"新村",劳动力充足;周边有较多居住点,且有医院,基础设施完善。

任务二

反馈:可口可乐的生产制作流水线具有自动化、大规模、批量化生产的特征。现代工业在新技术革命的推动下,对于人才、信息等的要求提高,更注重劳动力的素质,而对于劳动力数量的要求降低了。劳动分工十分明确,生产效率高,产品质量高。同时,自主研发和创新产品层出不穷,产品科技含量高凸显出时代对于创新人才和创新理念的需求。

任务三

反馈:在可口可乐公司建立初期,由于科学技术水平较低,专业化程度和生产效率较低,对劳动力的需求较大。随着科技的发展和大型机械的引入,对劳动量的需求越来越少,转而向劳动力素质的需求跨越。目前的劳动力均为管理人员和研发型工人。

Part 2 生涯任务

反馈:现如今机械自动化生产是工业发展的趋势,对高素质人才需求量增加,所以生涯发展轨迹应当与成为创新型人才相契合。因此我们需要提高自己的能力和素质,掌握一门深入的技术;培养自身严谨、不松懈的精神;从基本技能开始学习,以技术型人才作为目标,在实践过程中不断积累经验,成为全面发展的人才。

具体实施:在高中阶段认真对待要参加高考的科目,对于和未来要选择的专业有关的方面,可以在课余时间多学习和了解。进入大学后主要学习自己所选择的专业,其余时间可以用来发展自己的兴趣作为副业,以应"多方位人才"的社会需求。

四、活动意义

在了解了一家有一百多年发展历史的企业的成长历程以及其企业理念和使命的同时,也探究到了人人都要接受教育的原因。随着社会的发展,科技水平的提高,工业生产对于劳动力数量上的需求越来越低,对劳动力的素质要求却越来越高。通过社会实践,学生能够有强烈的意愿去实现自己所制订的对未来生涯的规划,以适应时代和社会的需求。

(三) 实践活动设计的关键:系统思维,整体架构

基于实践活动总目标,我校着手设计一个与总目标、不同学段学生需求以及学校资源相匹配的实践活动体系。主要关注以下几个方面。

1. **注重活动的对标性**

我校将学生生涯发展切分为三个维度,即生涯发展意识、生涯发展能力和自主发展人格。归纳梳理后,我校将实践活动整合为三类,即生涯认知实践活动、生涯探索实践活动和生涯决策实践活动,并将每一类实践活动与学生生涯发展维度对标(见表6-9)。

表6-9　实践活动与生涯教育的对标列表举例

年级	生涯发展实践活动	生涯发展意识	生涯发展能力	自主发展人格
高一年级	生涯认知实践活动:跟随父母工作一天	√		
	生涯认知实践活动:我是"谁"——认识自己	√		
	生涯探究实践活动:我独立·我坚强——独立生活一周	√	√	
高二年级	生涯认知实践活动:探寻一位校友成长轨迹	√	√	
	生涯探究实践活动:探秘一门职业	√	√	
	生涯决策实践活动:我志愿·我坚持——中共四大纪念馆志愿者服务	√	√	√
	生涯决策实践活动:我的地盘我作主——做一件"成功"的事情	√	√	√
高三年级	生涯认知实践活动:大学之旅——探索目标学校与专业	√		
	生涯探究实践活动:我要成为怎样的自己	√	√	
	生涯决策实践活动:应对发展性的变化和改变	√	√	√
	生涯决策实践活动:我的未来我把握	√		√

2. 注重活动的层次性

生涯发展的社会实践活动注重层次性,比如,高一年级的社会实践活动更关注学生生涯发展意识的萌发,高二更关注学生生涯发展能力的培养,而高三更关注学生进行生涯发展的决策,并形成自主发展的人格。同时,在活动内容方面也凸显层次性,比如,将"跟随父母工作一天"的生涯认知实践活动放在高一年级,旨在让学生自己与家庭在活动体验中萌发生涯发展的意识;将"探寻一位校友成长轨迹"的活动放在高二年级,要求学生以研究性学习的方式来完成这一活动,不仅帮助学生萌发生涯发展的意识,更帮助学生在采访中学习如何借鉴成功人士的经验来提高自身的生涯发展能力;将"大学之旅——探索目标学校与专业"的活动放在了高三,既符合学生的实际学习情况,更帮助学生通过走进大学,了解大学专业和学习生活的活动,理性思考自己的大学生活,作出合理的生涯决策。

3. 注重活动的系统化思维

实践活动设计更多地聚焦于系统化思维方式的形成上。比如,生涯决策类实践活动"我志愿·我坚持"活动中,以往学生在志愿者岗位的选择上单纯考虑"自己的兴趣""地点的远近""时间的合适""工作的轻松"等因素,因而志愿服务活动未能有效地使学生走入社会,为此,对志愿服务活动重新进行了设计。在进行志愿服务的前期,我校会让学生了解霍兰德、舒伯等生涯发展理论,并做一些如职业倾向测试等专业的职业评估,还在网上事先发布每个志愿者岗位的工作重点和组织安排,安排专门的课时和老师供学生在选择之前进行充分的讨论和咨询。在此基础上,学生按照自己的兴趣特长、发展条件和志愿梦想以及志愿者岗位的情况,选择从事何种志愿者服务。这样做旨在帮助学生系统化地思考自己的社会实践活动,有的放矢地进行志愿服务,从而为正确认识自己、认识社会,选择自己未来职业发展方向做好铺垫(见表6-10)。

表6-10 志愿者服务岗位征询单

姓名:	班级:
项目	
我的兴趣特长(可结合测评结果填写)	
我的志愿梦想(也可以是未来发展的梦想)	
我自身发展条件	
志愿服务岗位的概况	
我和同伴讨论后的想法	
我和老师讨论后的想法	
我和家长讨论后的想法	
其他	

4. 注重活动的可评估性

在设计活动之初,我校要求教师关注活动评价,挖掘评价的目标导向,让评价起到生涯教育的作用。例如,在生涯探究实践活动"我是'谁'——认识自己"的活动设计之初,教师就制定了以下评估指标(见表6-11)。

表6-11　生涯探究实践活动"我是'谁'——认识自己"评估指标

活动名称：我是"谁"——认识自己			
评价指标　　　　　　　　　　评价等第	效果很好	效果一般	未达要求
活动能否促使学生反思自己在需求、性格、兴趣、能力等方面的倾向			
活动能否帮助学生认识自己的优势和不足,在悦纳自己的基础上,扬长避短			
活动能否协助学生将自我的特点与未来发展相连接,并作出相应的发展规划			

(四) 实践活动设计的重点: 挖掘特色,打造精品

志愿服务活动是生涯教育中的重要活动。自 2008 年起,我校每月都有志愿者服务队到中共四大纪念馆开展志愿讲解,多次被评为上海市和虹口区"优秀志愿者服务队"。2016 年,我校借力这一特色优势,逐步将学生志愿者服务活动打造为生涯教育社会实践的一门精品活动课程。以下是这一课程的部分内容。

走进红色经典——中共四大纪念馆志愿服务系列化课程

一、活动目标

落实立德树人目标,通过参加中共四大纪念馆志愿者活动,深刻体悟身边的红色经典人物和故事,形成新时代的社会责任感和革命精神。

增加生涯阅历,体验革命纪念场馆志愿者服务的过程;增强生涯发展能力,学习提升红色文化的"讲解员""宣传员"和"研究员"的技能;夯实生涯发展意识,由志愿服务出发思考人生发展。

二、活动内容

活动内容如表6-12所示。

表6-12　学生参加中共四大纪念馆志愿服务工作内容

模块名称	活动内容	活动目标(评价指标)	课时
走进"四大"——红色经典短课程	由历史老师为参与志愿服务的同学讲授与中共四大相关的革命史实	走进"四大"、走进历史,用看得到、摸得着,具有亲切情感的历史资源,来了解身边的历史和所在地区光荣的革命传统	1 课时

（续表）

模块名称	活动内容	活动目标（评价指标）	课时
"我是志愿者"志愿者服务课程培训	由团委书记开设志愿者培训短课程,讲授志愿者讲解员基础礼仪,并进行模拟讲解考核	了解服务的规范意识和礼仪教育,增强岗位责任和履职能力,增强仪式感和使命感	1课时
"我是志愿者"中共四大场馆志愿服务活动	1. 讲解员 2. 场馆管理	参与志愿服务活动,在服务社会、宣传党史过程中深化理想信念并落实为自身的优良服务行动	按实计
我的"四大"小课题	教师带领学生参与围绕"四大"组织的相关活动,比如文献编纂、重走长征路征文等	通过研究性学习,深入理解中国革命,并用自己的知识和才智为党史宣传出谋划策	1课时
"我是讲解员"——"四大"场馆服务年级交流会	优秀志愿者结合亲身经历和研究心得,以主题班会、党课、和初中学生交流等形式,畅谈感悟,激发爱党爱国情感	表达实践感悟,传播革命精神,传承对党忠诚的革命意识和人生信仰	1课时

三、活动流程

（1）实施走进"四大"风云——红色经典短课程,由历史教师开发校本课程并主讲。

（2）实施"我是志愿者"服务培训课程,由团委负责教师进行培训。

（3）根据课程内容命题测试,进行初选,并向中共四大纪念馆进行推荐。

（4）学生参加中共四大纪念馆的面试。参加中共四大志愿者服务的专业化培训并进行任务分工。

（5）学生开展志愿者服务。

（6）我的"四大"小课题研究。学生自愿结成研究小组,围绕红色主题,开展研究性小课题探究。

（7）组织优秀志愿者结合亲身经历和研究心得,以主题班会、党课、和初中学弟学妹交流等形式,畅谈感悟,宣传经典。

（本课程设计者：陈筝）

四、主题班会活动

生涯教育是教师引导学生学会自我认知、了解社会职业生活,进而思考人生、生活与工作意义的教育活动,强调除能力的培养外,应更加重视人格的成长和完善,协助个体认识实际的工作世界并探索自己可能的发展形态,以便做出较佳的抉择、规划与准备的综合性的教育计划。

在对学生进行问卷调查后,我们发现:约27％的学生不知道什么是生涯教育;约30％的学生对高中学习生活没有清晰规划、对将来的专业和职业没有明确的想法;其中,高二有66％的学生对自己的研究性课题没有明确的想法与方向,高三有高达85％的学生对自己的综合评价情况没有充分的把握;61％的学生对自己的未来感到迷茫。在需求方面,81％的学生认为需要学校为自己将来的发展与规划提供相应的帮助,76％的学生认为学校开展生涯教育对自己来说是重要的,更有高达94％的学生表示愿意参加学校的生涯教育活动或课程。

一项针对教师的问卷调查显示:有94％的教师认为自己的学生在生涯发展方面存在困惑,有近50％的老师认为自己不知道如何帮助学生解决困惑。新任职班主任(小于3年),有81％对于学生的生涯教育感到迷茫。100％受调查的老师都认为有必要加深学生对社会职业分类、前景及所需技能以及各大高校专业设置方面的了解。

生涯教育的实施路径主要有三方面:一是通过系统化的心理课程实施,二是通过主题班会的形式开展,三是在不同的学科课堂上进行渗透。主题班会是以班集体为单位进行的主题鲜明的思想品德教育活动,本次课程的核心是以主题班会这样一个切入方式来指导新教师开展生涯教育。

我们为新教师设计一门培训课程。其理论部分会通过两个微讲座,为大家讲解什么是生涯教育、为什么要进行生涯教育,以及主题班会与生涯教育的相关理论知识。通过高中3个年级,共6个环节的案例展示,为各位学员讲解相应的策略,指导如何通过主题班会来开展高中的生涯教育。高一年级生涯教育的主题是认知与探索,引导学生认知自我、适应高中,对照自我进行生涯定向;高二年级生涯教育的主题是目标与规划,带领学生体验职场、认识职场,并进行学科的选择,初步定下目标;高三年级的生涯教育主题则是决策与行动,帮助学生挑战自我,找到自己的生涯定位,进行最后的冲刺。

从生涯觉察、生涯探索、生涯规划、生涯准备、生涯决策、生涯行动6个环节中,我们总结出4条指导策略(见图6-2)。

第一,内在逻辑策略。分为探究、对照和设计3个步骤。探究——自己和外界;对照——自身特点与外部环境,寻找最佳的匹配点;设计——展望未来,规划自己的人生。

第二,实践体验策略。分为实践体验、思考感悟、交流呈现、评价与成长4个步骤。实践体验是通过具体的实践活动,让学生了解自己与社会;思考感悟是引导学生产生自己的思考;交流呈现是在主题班会上呈现实践体验成果,交流自己的感受与思考;评价与成长是进行教育效果评价,了解学生对自我定位的改观,对自己人生的思考。

第三,满足个性化需求的策略。每个学生的兴趣、性格、能力与价值观都不相同,其家庭成长环境、接受到的外界信息与影响也各有差异。相同的生涯教育体验活动,不同的学生会产生不同的思考与感悟,对未来也会产生不同的思考。生涯教育要结合每个学生的特点,满足其个性化的生涯发展需求。

第四,开放性资源整合策略。生涯教育需要结合校内的心理健康教育与德育等教育资源,同时也要开放性地结合校外的家庭、社会和高校等资源,形成开放性的资源整合,全方位、多方面地开展学生的生涯教育。

高中阶段	主题班会	实施路径	实施方法		个性化需求	开放性资源整合
高一（上）	了解自我,适应高中	量表测试与分析	自我分析报告	介绍自我,发现自我（形式:讨论、演讲等）	自我肯定:自爱	心理学原理运用
高一（下）	认识职场,体验职业	职场考察与实践	感悟与演讲	观察职场,对照自我（形式:宣讲、现场访谈等）	自我剖析:自知	家庭教育资源整合
高二（上）	专业素养,学科选择	大学专业的探究	选修方向专业理想	准确定位,表述自我（形式:演讲、辩论等）	自我选择:自主	研究型学习文化
高二（下）	人文积淀,科学精神	行业规范与精神	专业精神思考 对照学业现状	倾听深思,借鉴前瞻（形式:主题报告、交流等）	自我反思:自律	拓展高校教育资源,与高校教学联动
高三（上）	走进楷模,憧憬未来	走访行业楷模	编好"我"的故事	演绎"我"未来的故事（形式:游戏、小品表演等）	自我期待:自信	自我教育,激发情怀,塑造人格
高三（下）	实现目标,追求梦想	体验大学一日	抒发人生追求 探寻人生价值	当我走进心仪的大学（形式:朗诵、演讲等）	自我成长:自新	自我展现,人生引导,价值观渗透

图6-2　华东师大一附中生涯教育主题班会活动体系

高中生涯教育,不仅是高考志愿的填报或是职业指导,更重要的是要帮助高中生理顺个人、家庭和社会的关系,使其在自身理想、家庭期待和社会需要中找到最佳切入点,促进其生涯健康持续发展。生涯教育既是对学生生命的关照,是高中生健康成长的重要途径,也是对"立德树人"要求的回应,是我国教育事业发展的未来趋势,还是对教育育人本质的坚守,是教育本质回归的必然要求。

对于高中生来说,他们正站在人生的第一个十字路口上,也站在社会人才分流的第一道闸口前,生涯教育势在必行。百年大计,教育为本,教育工作者应不忘初心,呵护生命价值,朝着生命本源前进,方不负教育者之称。

五、家校合作联动

在现代教育治理体系中,家庭被视为一种重要的治理资源。推进学校治理体系的现代化建设,一个重要的向度就是有效吸纳家庭参与学校治理,发挥家庭学校的协同育人作用。家庭是社会的细胞,也是教育事业发展的重要支持力量,如何跳出传统的家校合作思维定势,从推进学校教育治理体系现代化的角度重新审视家校合作共治的新理念和新路径,不仅关系到学校整体的内涵发展和品质提升,关系到学生成长的完整的育人体系建构,也在很大程度上决定了基础教育办学体制改革的有效性。家庭和学校是学生最主要的两个生活范畴,也是完整的教育生态圈的最核心组成部分。在当今的教育理论和实践研究领域,对于家校合作重要性的认识已经不存在疑义,但是要在实践中使得家校合作在更深层次的价值维度上落到实处、产生实效,还需要深入的思考和探索。

在开展生涯教育的过程中,我校充分认识到了家校合作的重要价值,基于新高考改革的现实需要,积极探索新高考政策背景下的学生生涯教育家校合作模式。我们从指导信息筛选和增强学生综合实力、丰富体验两个方面入手,有针对性地开展了生涯教育活动。指导信息筛选活动包括:信息普及性讲座(专业填报、亲子沟通等指导性、针对性讲座等),定期发放宣传材料《家长心学校》,与家长沟通学生自我分析性测评,为家庭提供生涯咨询以及问题解决性慕课。增强学生综合实力、丰富体验的活动包括:为学生配备强大师资指导学生的研究性课题,为学生提供各类职业体验、社会实践与高校游学等活动。我们还邀请家长和学生一起讨论生涯规划表,引导家长参与学生的生涯规划。同时为了提升新高考改革背景下的生涯教育有效性,我们还依托课题研究,探索这一问题的有效理念与方式。

新高考背景下家校合作促进研究型学生的人格培养的实践研究

一、本课题选题意义和价值

我国已经进入中国特色社会主义的新时代,新时代需要新理念、新目标、新作为,新时代的家庭教育也是如此。习近平总书记关于教育立德树人的根本任务的提出、深化课程改革的需要及高考形势的变化、"互联网＋"时代知识学习的变化以及中国学生发展核心素养的发布等,这些新时代的学校教育新要求不仅是对学校,同样也是对家长提出来的。如果让家长对学校有更多的知情权、参与权、监督权和评价权,学校就有可能制订更符合学生、家长、社会需求的办学规划,就有可能创设更"接地气"的育人环境。在家校多种形式的合作、沟通过程中,家校彼此间的信任度会加强,只有信任度加强了,学生的全面健康成长才有可能真正得以保障。

新高考主要提出了如下的改革内容:一是去除了多年的"文理"标签,不分文理,顺应了现代社会发展对人才综合能力的高要求。上海原来实施"3+1"高考模式,而在新方案下,原来"+1"的科目变成由考生在6门基础性课程中自主选择3门参加的等级性考试,6种组合变成了20种组合,由"套餐"变为"自助餐",这使得教学要求、考试定位、测量标准等都发生了重大变化,与之相适应的还出现了选课走班制等教学组织新模式。二是外语一年两考,以前是一考定乾坤,现在外语科目考试可以考两次,并且取其中较高一次成绩计入高考总分,缓解了学生的考试压力,同时新增的听说测试加强了学生的外语综合运用能力。三是实施全新的"院校+专业组"志愿填报和投档录取模式,志愿填报的时间也由高考前调整到高考出分后。还有一个重大改革就是将学生的综合素质评价信息纳入了高校招生录取的评价范围,使得素质教育的实施有了制度性的设计与安排。这样的高考改革使学生高中阶段的学习出现了很大的变化,综合素质评价、社会实践、学生研究性课题等高中学段要求的提出,旨在提升学生的综合能力,培养研究型的科学精神和人格,这给高中学段学生的家长也带来了相当大的挑战。家长们应如何帮助自己的孩子获得更好的成长? 如何在高中教育改革和高考改革的背景下提升孩子的综合能力? 这既是学校需要思考的问题,也是家长们关心和担心的问题。

我校是上海市首批实验性示范性高中,已经形成了"科研领先、教有特点、全面发展、学有特长"的特色,在"培养研究型学生、造就研究型教师、建设研究型学校文化"的办学理念指导下,学校也一直关注家长的需求,在新高考改革后,学校也一直邀请家长一起思考:怎样通过家校共生共育,培养符合时代需求的优秀人才? 为此,学校借力家长委员会、家长学校、家校互动等平台,实施家庭教育指导工作和家校共育工作,开展了一系列尝试,并希望通过课题的方式,推动这些尝试成为家校合作的常规做法,优化校、家、社三者合作机制,共同促进研究型学生的人格培养,共同服务于新时代国家建设者和接班人的健康成长。

二、本课题核心概念界定

(一)家校合作

家校合作是指教育者与家长共同承担学生成长的责任,包括当好家长、相互交流、志愿服务、在家学习、参与决策和与社区合作等多种实践类型,是现代学校制度的组成部分。家校合作可以泛指家长在子女教育过程中,与学校一切可能的互动行为,如此对学生最具影响的两个社会结构——家庭和学校,形成合力对学生进行教育,使学校在教育学生时得到更多来自家庭方面的支持,也使家长在教育子女时得到更多来自学校方面的指导。

（二）研究型学生的人格

经过多次和专家的讨论以及文献的查阅，本研究将研究型学生的人格界定为如下几个方面。

好问：有发现问题的意识。

善思：有处理问题的思维方式。

敢为：有解决问题的能力。

求真：有应对问题的正确价值观。

好问——有发现问题的意识，体现了科学精神中的好奇心和想象力，具有问题意识；善思——有处理问题的思维方式，体现了理解和掌握基本的科学原理和方法，逻辑清晰，能运用科学的思维方式认识事物、解决问题、指导行为的科学精神；敢为——体现了不畏困难、坚持不懈的探索精神，能大胆尝试、积极寻求有效的问题解决方法；求真——有应对问题的正确价值观，体现了科学精神中崇尚真知，能尊重事实和证据，有实证意识和严谨的求知态度等。我校研究型学生人格培养内涵的提出和界定既结合了学校研究型的办学特色，又与"核心素养"中科学精神的内容相契合，体现了紧跟教育改革步伐，不断思考并践行教育改革的决心。

三、研究目标、内容、方法与实施步骤

（一）研究目标

（1）调查我校家校合作促进研究型学生的人格培养的工作机制现状。

（2）探究并实践家校合作促进研究型学生的人格培养的工作举措和主要内容，检验其有效性。

（二）研究内容

（1）评估现有的家校合作工作机制，在现有工作机制的基础上完善促进研究型学生人格培养的工作机制。

我校现有的家校合作工作机制。首先，学校由校长全面负责家校互助合作工作，党总支书记具体负责协调推动规划的实施；学校、家长、社区三方共同参与家庭教育顶层设计与领导工作并成立学校家庭教育指导领导小组，定期总结、反思、推进学校家庭教育工作。其次，协调发挥部门职责。在校长室的引领下，校内各部门均参与家庭教育指导工作，学生处、各学部班主任是家庭教育工作的骨干力量，负责家长学校和家校互动、师资培训等，开展具体工作，教导处在学业、选课等方面给予家长具体指导，总务处为各项工作和活动的开展提供全面后勤保障。三级家委会负责参与学校管理，为学校发展出谋划策，支持和帮助学生的校外实践活动，协助学校开展家庭教育工作，反映广大家长要求,将有关意见、建议及时提供给学校等。

学校还将安排的家庭教育指导服务计入教师工作量,纳入每月及每学期的绩效奖励机制,给予相应的激励。充分整合学校、家庭、社区和教育园区资源,建立起"家—校—社"家庭教育协调共建机制。在该机制的保障下,我校家庭教育指导工作开展有特色、有成效。本研究在此基础上探索在培养研究型学生人格的过程中,家校合作的机制可以有哪些调整,针对新高考的改革,家校合作可以有哪些新的合作内容和方式,并形成系列等。

(2) 家校合作促进研究型学生人格培养的工作举措的具体实践。

学校开展的家校合作工作举措主要围绕培养研究型学生人格来进行,具体从如下方面开展:①创新家校研究共同体;②开拓家长学校的内容;③丰富家校互动的形式;④形成特色的家庭教育课程。

(3) 通过多种家校合作举措的实施,促进研究型学生人格培养。

首先,学校开展各种丰富的家校互动的活动,如家校慕课平台、请家长到"华光论坛讲座"发言,邀请学生对讲座内容提意见等,以促进学生"好问"特点的培养。

其次,学校开发家庭教育特色课程,从"多元智能""批判思维"等多个角度供家长学习,帮助家长促进孩子"善思"特点的培养。

再次,学校创新家校研究共同体形式,让家长参与或提供学生研究性课题实践的场所,鼓励学生敢于实践、敢于创新,培养学生"敢为"的人格特点。

最后,学校为家长开设家长学校,举办新高考政策、综合素质提升、高中学业发展、家庭教育的智慧等讲座,传递价值引导,帮助家长培养孩子"求真"的人格特点。

(三) 研究方法

文献研究法:搜集、鉴别、整理文献,并通过对文献的研究形成对事实的科学认识。依据现有的理论、事实和需要,对有关文献进行分析整理或重新归类。

行动研究法:在教育教学实践中基于实际问题解决的需要,将问题发展成研究主题,以解决问题,形成系列研究成果和具体问题的处理方式、校本课程等。

四、研究中的重点、难点与拟创新点

作为一所实验性示范性高中,研究型的办学特色与高考改革的思路其实有相通的地方。本研究的重点是梳理现有的家校合作开展家庭教育的理论和实践,在此基础上,结合新高考改革的要求,把握新高考改革的核心思想以及对人的发展的需要,以此找到家校合作新的增长点,为高考改革后的学校教育提供更多视角、资源和平台,推动学校研究型特色的发展,促进研究型学生的人格培养。

本研究的重难点。新高考改革带来的不仅是形式上的改变,更是从应试教育向学生综合素质培养的教育本真的改变,是回归教育本真的改革。我校结合办学特色,提出了研究型学生的人格培养,来回应教育本真改革的学生培养方向,那么学校和家庭如何合作,来促进这样的学生培养?如何利用家长资源、平台来形成家校共育的共同体,建立家校合作的保障机制,从而提升家校合作在促进学生人格培养方面的有效性?

本研究的创新点。

(1)新高考改革通过考试形式、评价体系及内容的变化,来促进学生综合素质的发展和终身发展;激发学生自我评估、批判性思维等自我研究能力的发展,为学生的终身学习做铺垫。新高考改革指向学生的终身学习。据此,我校结合本校自身特色创新了学生的人格培养目标——研究型学生的人格培养,并对研究型学生的人格特点做出了新的界定,以顺应时代对新人才培养的需要。

(2)在学校育人目标根据新高考改革做出了创新性的调整之后,学校教育和家庭教育都需要作出调整,以应对新高考带来的教育方式、考试形式、评价内容等方面的改变。为此,有必要摸索、建立并实践一系列如"家校研究共同体""家校互动慕课""家校共育工作坊""家校合作学部制"等家校合作的新思路、新做法、新内容,形成体系,为家校合作如何应对新高考带来的变化总结新的经验。

六、各类讲座论坛

未来生活和未知世界的广阔性、丰富性,意味着对学生开展生涯教育在内容和形式上的多元性。考虑到生涯教育的课程建构和实施变革往往需要较长时间的积淀和积累,为了能够及时将最新的知识纳入学生生涯教育的体系之中,也为了让学生能够在第一时间了解到社会发展、教育变革、经济转型等方面的新知识,学校还借助于与大学联动,通过组织各类讲座和论坛,丰富生涯教育在实践中的可能性。这些论坛和讲座的主题并不是随机设计的,而是基于教师在教学过程中对于学生生命成长状态和成长需要的综合研判和把握而设定的(见表6-13、表6-14),这种基于学生实际的生涯教育实施方式能够获得学生的认可,能够有效保障学生的参与度和生涯教育实施的成效。

表 6-13　2019 年度华东师大一附中各类论坛开展情况

论坛主讲人与主题
方笑一：苏东坡的诗词与人生境界
徐默凡：漫谈网络语言表情包
魏泉：一箫一剑平生意——龚自珍的奇人与奇文
陈明洁：古诗词的音韵之美
倪春军：上古神话与文学精神
张培燕：从 3D 打印、机器人以及人工智能技术到中学生的创造力
涂泓：恒星家族
杨志根：新时代背景下中学生如何开展科技选题与创新研究
赵云龙：中学生科技创新
张勇：上海水环境保护和水资源节约
张雷：新能源及其汽车的科技创新应用
沈愈：气候异常、大气环流和气候预测
李民乾：纳米科技与人类生活
王晓岗：从实验中寻找乐趣——谈中学生课外科技创新

表 6-14　华东师大一附中高三生涯讲座目录（部分）

讲座内容	讲座时间
1. 高考形势分析学生讲座	高三第一学期 9 月
2. 高考形势分析家长讲座	高三第一学期 9 月
3. 春考政策解读及报考指导学生讲座	高三第一学期 12 月
4. 春考政策解读及报考指导家长讲座	高三第一学期 12 月
5. 自我介绍写作指导学生讲座	高三第一学期 12 月
6. 春考面试指导学生讲座	高三第二学期 3 月
7. 大专自主招生政策解读及报考指导学生讲座	高三第二学期 3 月
8. 大专自主招生政策解读及报考指导家长讲座	高三第二学期 3 月
9. 大专自主招生面试指导学生讲座	高三第二学期 3 月

（续表）

讲 座 内 容	讲 座 时 间
10. 考前心理疏导及激励讲座	高三第二学期5月
11. 亲子沟通专家讲座	高三第二学期5月
12. 理性填报高考志愿指导学生讲座	高三第二学期5月
13. 理性填报高考志愿指导家长讲座	高三第二学期5月
14. 综合评价面试指导学生讲座	高三第二学期6月

第七章

反思提升——高中生涯教育的实践成效

任何形式的教育活动,都脱离不了成效与价值的拷问。

从认知上看,整个教育活动可分为三个层次:宏观、中观和微观。这三个层面构成了一个完整的教育系统。宏观层面是指政府关于教育的决策,是国民教育的总体活动、总体设计和总体方针的指导和管理,是教育成功的基础。中观层面的教育主要是指宏观教育与微观教育之间的地方教育管理和活动,对教育走向具有重要意义。微观层面的教育主要是指学校教育活动及其指导与管理,同时也包括教育者、学习者的活动,这个层面的教育对整体教育事业的走向至关重要。

教育改革是为了满足社会、人民和教育的客观需求。根据教育活动的分类,可以把教育改革分为宏观、中观和微观三个层次,教育改革是教育创新、教育革命和教育革新的集体术语①。从中外教育史来看,教育改革无疑是一种常态,改革往往被看作是教育发展的一个必然途径,"没有改革就没有发展"似乎已成为一个世界性的共识。改革的一个基本假设是,改革前的某些状况是不好的、是存在问题的,通过改革可以改善不好的状况,从而达到发展的目的②。但是,并非所有的改革都必然推动教育的积极进展,这实际上就涉及教育改革成功与否的评价标准问题。

对于学校教育变革而言,判定其是否有效的标准除了实践领域学校、教师、学生的成长之外,还应体现在具有传播价值的共性变革经验的积累上。本章将着眼于从这两个角度梳理华东师大一附中开展生涯教育的特色与成效。

---

① 何欢.浅论教育改革的评价标准[J].内蒙古教育,2019(1):121-123.
② 朱丽.什么是成功的教育改革[J].教育发展研究,2011(6):35-38.

第一节 华东师大一附中生涯教育的核心特征

教育研究究竟是为理论本身而存在,还是为教育的创新活动而存在? 也许回答这个问题并不难。但实际上,教育创新活动的经验形态在理论表述中往往容易在可编码的修辞过程中被不知不觉地抽干和掏空,当这些经过修辞后的理论返回实践时,教育活动或经验本身就可能已经被遮蔽,以至于出现理论面对实践推动的尴尬境地[①]。实际上,在教育改革的过程中,中小学和教师们基于实践积累起来的教育经验很多。但是,随着时间的推移,凡是没有作出理性概括的,往往只是热闹了一阵,开了花不结果,有人说"过眼云烟",不能立起来,不能成为可以分享的教育成果[②]。这一方面不能很好地化解教育理论与实践之间的"话语紧张"关系,另一方面也不容易保存和辐射教育变革经验,导致教育改革实践成效难以在更广阔的平台进行传播。由是,有必要对华东师大一附中生涯教育的核心特征进行梳理,以便形成可辐射的生涯教育变革经验。

一、注重思想层面的引领

党的十八大以来,立德树人作为教育的根本任务越来越成为引领教育变革的指导性思想。在这种思想的引领下,如何对学生开展有效的思想教育,帮助学生形成正确的理想信念和价值选择,已经成为教育发展中的关键问题。

在华东师大一附中看来,高中学生的思想教育和生涯教育有着重要的内在契合,这种契合体现在如下几个维度:①职业生涯教育引导学生树立正确的职业价值观和科学的职业伦理道德,既要进行理想信念教育,又要进行思想道德教育,还要进行心理素质训练,体现思想政治教育内容的综合性;②职业生涯教育中受教育者亲自参加社会实践,了解社会真实情况,通过职业生涯人物访谈等活动,获得真实新鲜的教育资源和社会经验,实现思想政治教育内容的真实性;③职业生涯教育提倡受教育者体验职业实践,积极参加社会活动,在实践中认识自己,认识自己与他人、与社会的关系,认识社会要求的思想道德品质,将社会要求的思想道德原则转换为自己的行为准则,提高思想政治教育内容的实践性;④职业生涯教育从人生目标的选择出发,将人生观、价值观

① 丁钢.教育经验的理论方式[J].教育研究,2003(2):22-27.
② 吴刚平.教育经验的意义及其表达与分享[J].教育发展研究,2004(8):45-49,56.

教育渗透其中,将思想教育、政治教育、道德教育、心理健康教育渗透到职业生涯教育中,寓教育于服务学生中,增强思想政治教育内容的渗透性①。由此,学校在开展学生生涯教育的过程中注重对学生进行思想层面的引领,把道德教育、理想信念教育、社会主义核心价值观教育等有机融合到生涯教育之中,实现一种教育多种成长的目标。把思想教育融入学生生涯教育,既契合了立德树人的教育改革趋势,也能够保证学生思想、情感、价值和道德领域的正确发展,最终为培养具有爱国情怀的社会主义现代化建设合格接班人奠定思想基础。

华东师大一附中生涯规划课程中的社会主义核心价值观

作为华东师大一附中"五修"课程之一,生涯规划以启发职业生涯规划意识,提高职业规划能力,促成生涯适应力和心理弹性为总体目标。课程面向高中三个年级开设,采用体验式生涯辅导的教学形式,设计有益有意的团体活动,把理论介绍与生涯规划实践相结合,解决大家在生涯规划中的困惑,让学生在体验过程中获得实用的知识、技能、态度。课程实行开放式教学,拟采用课堂讲授、小组讨论、案例分析、生涯人物访谈、互动游戏、面对面交流、实践活动等多种开放式教学模式。

在这个课程设计中,学校充分贯彻社会主义核心价值观的理念。党的十八大提出,倡导富强、民主、文明、和谐,倡导自由、平等、公正、法治,倡导爱国、敬业、诚信、友善,积极培育和践行社会主义核心价值观。富强、民主、文明、和谐是国家层面的价值目标,自由、平等、公正、法治是社会层面的价值取向,爱国、敬业、诚信、友善是公民个人层面的价值准则,这24个字是社会主义核心价值观的基本内容。

"爱国、敬业、诚信、友善",是公民基本道德规范,是从个人行为层面对社会主义核心价值观基本理念的凝练。它覆盖社会道德生活的各个领域,是公民必须恪守的基本道德准则,也是评价公民道德行为选择的基本价值标准。爱国是基于个人对自己祖国依赖关系的深厚情感,也是调节个人与祖国关系的行为准则。它同社会主义紧密结合在一起,要求人们以振兴中华为己任,促进民族团结、维护祖国统一、自觉报效祖国。敬业是对公民职业行为准则的价

---

① 胡凯,彭立春.论职业生涯教育在高校思想政治教育中的地位和作用[J].思想教育研究,2012(1):75-77.

值评价,要求公民忠于职守、克己奉公、服务人民、服务社会,充分体现了社会主义职业精神。诚信即诚实守信,是人类社会千百年传承下来的道德传统,也是社会主义道德建设的重点内容,它强调诚实劳动、信守承诺、诚恳待人。友善强调公民之间应互相尊重、互相关心、互相帮助、和睦友好,努力形成社会主义的新型人际关系。

生涯教育往往融于社会实践中,如何在现有社会实践活动的基础上体现生涯教育的内涵,找到生涯教育的立足点,一直是我校关注的话题。我校希望把生涯发展的理念融入各种社会实践中,通过社会实践的载体,丰富学生的体验,帮助学生成为一个会自我评估、自我规划并具有生涯适应力的人。鉴于此,我们首先在学农活动中尝试了生涯活动的开展,以学农基地为基础,开展了"五四农场大开发"的职业模拟活动。活动参与的每个人都是"五四农场大开发"的参与者,8组成员成立8支团队,其中4支是创业团队,另外4支是政府部门,包括:村委会、环保局、劳动监管局和税务局。8支队伍站在自己的立场,共同把五四农场的未来建设得更好。

在职业模拟中,学生体验每种职业的职业素养,培养自己的敬业精神,社会主义核心价值观也在此体现。

提高高中生政治辨别能力的思考与实践

习近平总书记在十九届中央纪委三次全会上指出:"在重大原则问题和大是大非面前,必须立场坚定、旗帜鲜明。"这是涉及政治辨别力的大问题。

政治辨别力,即对一些社会现象、事件、关系、形势等从政治高度进行鉴别、分析、判断,透过现象看本质的能力,是一个人思想观念、理论知识、政治经验、政治立场、政治观点的综合运用。

一、提高高中生政治辨别力的现实紧迫性

2013年8月,习近平总书记在全国宣传思想工作会议上强调,"一个政权的瓦解往往是从思想领域开始的","思想防线被攻破了,其他防线就很难守得住"。由于缺乏政治敏锐性和政治鉴别能力,一些青年学生在政治问题上容易头脑不清醒,特别是在一些重大原则和是非问题上易被假象所迷惑,不能保持坚定立场。

当代高中生,正处在世界观、人生观、价值观成型的关键时期,增强高中生政治辨别力刻不容缓。为了培养他们成为新时代中国特色社会主义事业的建设者和接班人,需要锻炼和养成其正确的政治辨别力及坚定的政治定力,这也

对新时代高中学校的德育和思想政治教育提出了要求。在当下网络发达、思潮多元、国际形势复杂多变的时代背景下,侵蚀、消解高中生的消极因素很多,其危害主要体现在以下几方面。

（一）侵蚀高中生政治信仰

作为世界观、人生观、价值观的集中体现,理想信念决定着人生的发展方向、行为准则、价值追求和精神状态。有了坚定的理想信念和崇高的政治信仰,就能战胜困难,抵御诱惑。而一旦理想信念这个高地出了问题,人生就会崩塌,就会得"软骨病",就会失魂落魄、变质变色。

在各种社会思潮的冲击下,一部分高中生的理想信念正在遭到侵蚀:有的对主流意识形态所倡导的马克思列宁主义、中国特色社会主义理论、社会核心价值体系的理解一知半解,不够深刻,混淆党的基本理论和主张与多元社会思潮的本质区别,认为马克思主义和理想信念都是条条框框,甚至产生排斥抗拒的心理和情绪;有的不信真理信金钱,对马克思主义在当代中国的发展、对新时代中国特色社会主义的理论、对社会主义核心价值观等,不能做到真学、真懂、真用,反而信奉"金钱就是一切""有钱就是有用"等,将"有用性"和真理画等号,对中国特色社会主义事业的前途产生疑虑和困惑;不能辩证地看待改革开放进程中出现的一些不可避免的社会矛盾和问题,对国家、社会、学校党组织和团组织的依靠感、归属感、信任感不强,从而出现思想困惑、价值迷茫、信仰缺失、行动消极等诸多问题。

强化政治信仰关系到高中生确立正确的世界观、人生观、价值观。要以坚定理想信念为核心,积极培育和践行社会主义核心价值观,铸牢高中生的精神支柱。

（二）消解高中生政治认同

当前,随着我国改革进入新常态,经济结构、社会结构和利益关系的纷繁复杂带来思想观念、社会心理和价值追求的多元、多样、多变;同时,西方资本主义价值观也裹挟着各种社会思潮不断浸透与侵蚀社会主义核心价值观,不断污染和侵害青年学生的精神家园和价值追求。

在新自由主义思潮影响下,有的高中生被西方现代科技强国和资本主义经济制度的表象所迷惑,否认中华民族伟大复兴之路的艰巨和曲折,对社会主义基本经济制度认同不够;在历史虚无主义思潮影响下,有的高中生无法正确看待中国共产党领导下的社会主义在曲折中前进的历史过程,在片面的"负宣传"的影响之下,对党的领导地位及其理论、道路、制度、文化产生怀疑,甚至随波逐流,随声附和西方观念。

强化政治认同教育关系高中生的政治态度和倾向,是关系到能否站稳立场的大是大非问题。

（三）冲击高中生政治定力

高中生正处在世界观、人生观、价值观形成的重要时期,他们的立场尚未坚定,政治定力不足,容易受到各种思潮的冲击和左右,给当前的思想政治教育带来极大的困难和挑战。

首先,由于长期生长在改革开放的和平环境中,部分学生缺乏对党史、军史的了解,意识不到党的领导是历史和人民的选择,在多元社会思潮的冲击下无法保持政治上的清醒和彻底;其次,由于市场经济的发展及其所带来的主体意识的觉醒,部分高中生迷失价值取向,缺乏崇高追求,漠视社会责任和道德规范,更多关注自身利益诉求,无法保持立场上的坚定和自觉;最后,由于心智不够成熟和缺乏社会经验,部分高中生经受不住错误观点和主张的考验,对社会主义、共产主义的理想信念产生动摇,出现不满情绪甚至产生一些非理性行为,无法保持行动上的笃定与自信。

保持高中生的政治定力,就能使他们站稳立场,勇于面对现实或潜在的威胁。因此,这方面我们必须高度重视,采取有力措施,抓紧抓实抓出成效。

二、提高高中生政治辨别力的实践路径

面对复杂多元的社会思潮,学校党总支应该也必须高度正视思想政治教育方面存在的瓶颈问题,坚持以社会主义核心价值体系引领学生,化解突出问题,加强理论武装、扩展实践活动、构建引领机制等,坚定高中生的政治信仰、政治认同和政治定力,把学生培养成中国特色社会主义事业的合格建设者和可靠接班人。

当下,中国高校思考的根本问题是:培养什么样的人、如何培养人以及为谁培养人。这同样适用于高中教育教学过程。华东师大一附中党总支积极领导全体教职工,积极加强师德师风建设,提升教职工的育德意识和育德能力,发挥好团委、学生处等部门的积极性,加强学科育人,以习近平新时代中国特色社会主义思想为指引,以加强校园精神文明建设为抓手,着力培养优秀附中人。

（一）加强理论武装,增强高中学生政治信仰

政治上的敏感与坚定,来源于理论上的清醒与成熟。党的十九大报告指出,把社会主义核心价值观融入社会发展各方面,转化为人们的情感认同和行为习惯,用社会主义核心价值体系引领社会思潮,凝聚社会共识。

第一,学校每学年都要开展青年马克思主义者培养工程(学生党校)项目:

主题为党的性质宗旨、党的发展历史、党的十九大报告及新党章解读,学习习近平新时代中国特色社会主义思想,入党流程和步骤等党课。其中,就有主题为"正确对待人生的选择"的党课,聚焦青年学生的理想信念教育和高中生涯规划教育。

第二,在党课学习时,不仅向学生团员们讲解、普及党史党章和党的指导思想方面的理论,以提高他们的理论水平、党性修养;同时,还以问题为导向,贴近学生团员,敏锐地捕捉学生团员在寻求自身能力与社会需要之间的结合点,促进自身发展,实现自身价值方面的巨大需求。

第三,学校强化语文、历史、政治三门学科的学科德育的渗透,如:通过情景教学法,让学生在情感共鸣中升华理性信仰;在加强大中小思政课一体化教学中,强化教学内容和方式上大中小学的纵横贯通、相得益彰。

第四,注重政治学科与语文课、历史课的互动,挖掘这些课程中的价值引领元素,让各门学科在价值引导上和思政课同向同行。真正帮助学生在学习文化知识的同时,解决他们当下的迷茫与困惑,帮助他们在纷繁复杂的社会现象与网络舆论面前,树立信仰,坚定立场,明确方向,更好发展。

(二)扩展实践活动,强化高中学生政治认同

思想政治教育要增强实践环节,在人与人、人与社会的交流互动中实现实践育人。

第一,扩展学习实践。学校进一步加强校园文化建设,积极有效地开展"三大文化节"活动,引导学生"读好书、好读书、读书好",开讲党史、新中国史、校史;进一步强化仪式教育,如抓住重大时间节点、重大事项等开展"我和我的祖国"庆祝建国70周年主题教育活动,"十八岁"成人仪式、新团员入团或老团员"重温入团誓词"活动等,希望通过学习实践活动,强化对高中生的理想信念教育,切实增强"四个自信",厚植爱党爱国爱人民思想情怀,帮助学生建立正确的价值取向;设计开展"我是演说家——我心中的社会主义核心价值观"主题演讲,借助班会课和团日活动,让每位同学围绕社会主义核心价值观进行演讲,谈体会、谈感悟、谈思考;积极发挥校园网、学校广播电台、电视台和彩虹视频作用,将正能量传播到学生的心田,有效地发挥校园多种宣传媒介和载体的正面宣传作用,清除各种错误思潮对高中学生的侵蚀和腐化;同时,进一步优化社团课程建设,加强规范管理,用健康向上、富有内涵的社团活动引导学生追求崇高,远离恶俗。

习近平总书记在参观《复兴之路》展览时提出了"中国梦"的伟大构想,并庄严承诺:"人民对美好生活的向往,就是我们的奋斗目标。"作为高中生,也应

找到自己的目标,坚守自己的信念。我校结合"两个一百年"奋斗目标在学生中开展"写给未来的自己"专题教育活动,引导学生将自己的梦与中国梦的实现有机结合,将个人的发展与社会进步、国家的发展有机结合,学生们通过演讲、朗诵、作诗、写文、绘画等形式,展现出为之奋斗的理想和中国梦,激励他们以社会主义现代化建设为己任,同心共筑中国梦。

第二,扩展社会实践。学校通过引导学生开展生涯教育、调查研究、课题研究等活动,引导学生参与各项社会实践活动,让学生直接参与到社会主义现代化建设事业中,在学习、实践、体验中帮助学生分清是非荣辱,明辨善恶美丑,通过教育和自我教育将理论学习转化为内在自觉,从而坚定马克思主义信仰和社会主义自信,正确认识并主动肩负起青年学生的历史使命。

我校针对学生的社会类课题,分类分层聘请专家进行指导,帮助学生正确认识当下社会发展中出现的矛盾和问题,引导学生运用所学知识研究问题、解决问题,正确认识中国特色社会主义社会发展中出现的矛盾和问题,明确时代赋予的责任担当;学校利用学生外出主题研修、社会实践或研学的契机,用好场馆、家长资源、大学资源、校友资源等,组织学生走向大学、走向企业、走向社区、走向政府机关或事业单位,帮助他们更好地认识社会,将自身发展与国家发展有机结合,将家庭变化与社会发展有机结合。我们坚持在课题研究、生涯教育、实践活动、主题研修等活动中,将立德树人融入思想道德教育、文化知识教育、社会实践教育各环节,引导学生树立正确的国家观、历史观、民族观、文化观,厚植爱党爱国爱人民思想情怀,立志听党话、跟党走,树立为中华民族伟大复兴而勤奋学习的远大志向。

(三)构建引领机制,提升高中生政治定力

提高思想政治工作实效,需要发挥社会、学生和教师的共同力量,着力构建社会舆论宣传引导、教师队伍言传身教、高中生政治敏锐的全方位思想政治教育合力机制,从而共同有效引领多元社会思潮。

第一,弘扬主旋律,净化社会舆论环境。强化新时代中国特色社会主义教育的主旋律就是爱党爱国爱社会主义的教育,这也是增强政治信仰、强化政治认同、提升政治定力的核心教育。学校坚持以"正确舆论引导人、以高尚精神塑造人",通过大型展示活动、演讲比赛、志愿者服务、招生开放、家长学校、家长咨询等大力弘扬主旋律;坚持以马克思主义理论与习近平新时代中国特色社会主义思想为引领,持续开展"三爱"教育,营造积极向上的良好校园氛围。

第二,评选光华人,发挥学生榜样作用。我校每学年在学生群体中进行

"光华风采"风尚人物的评选。光华人具有"格致诚正、自强不息"的品质,同时具备新时代公民的核心素养,是"品行正、能力强、素养高"的新时代高中生,是校园先进文化价值的引领者。风尚人物的评选面向全校学生开展,通过团委公众号每日推送候选人及其事迹介绍,进行主题演讲和投票竞选,强调过程教育,旨在积极培育和践行社会主义核心价值观,充分发挥先进典型的示范引领作用,推进学校精神文明建设,形成进取有为、崇德向善、见贤思齐的良好风尚。

第三,运营公众号,建设新媒体阵地。新媒体的广泛应用已经成为时代潮流,不主动融入就会被时代和社会所抛弃。我校在加强学生会和团委建设的过程中,特别关注学生宣传阵地的建设。学校"华东师大一附中团委"微信公众号、"华东师大一附中"学校微信公众号、校园网站等,都秉持"让正能量成为新媒体的主流"原则,及时向学生、家长、社会展示学校各项重要活动,积极传播各种正能量。对于负责网站维护的教师,我们定期地进行意识形态教育和思想沟通,关注他们的思想动向,让他们做好学生的引路人。

引导高中生树立政治信仰、强化政治认同、坚定政治定力,是意识形态教育的正确导向,也是占据社会主义核心价值观教育的高地,对提升高中生的政治敏锐性和政治辨识力有积极的作用。

三、调整教育方法,培养高中生政治素养

落实新时代"立德树人"根本任务,强化"学科育人"的教育教学策略,给学校教师承担课程与教学的校本改革带来新的使命和要求。

第一,教师应该成为党的教育事业的忠诚信仰者、守护者、实干者。教师要在学生中树立"学高为师,身正为范"的楷模形象,始终以事实为导向,坚持在教育教学过程中加强正确的政治导向,做党的教育事业的忠诚信仰者。在教育教学中发现意识形态方向性、苗头性的问题时,首先应该坚持正确的立场方向,其次要引导学生坚定理想信念,帮助学生建立正确的价值观,真正在解决问题中引导好学生。

第二,教师要及时和科学地调整、更新教育教学方法。心理学中有一个"禁果效应",是说越是被禁止的东西,人们越是想要得到它;越是想要把一些信息隐瞒住,结果越是激起别人的兴趣。面对新媒体,教师要致力于引导学生学会正确使用和辨识信息,重点引导学生针对网络资料,不片面、不武断、不追求精神刺激、不碎片化阅读,学会用逻辑性思维、辩证思维进行分析,总结归纳。教师授课不回避社会热点、不回避网络传播的信息,敢于把社会热点问题引入课堂,结合学生的心理和年龄特点,有的放矢地加以引导,利用讨论法、案例分析法等开展教学活动。特别是要突出思想政治课关键地位,充分发挥各

学科德育功能,在课堂中及时更新教育教学方法,引导学生关注社会,提高学生正确甄别资料可信度和科学性的能力,及时拨正学生思维的方向,做学生思想成熟过程中的掌舵人。

第三,教师要融入学生、结伴学生,做学生成长的知心人。教师不仅在课堂上,还要在生活的各个空间中融入学生,与学生多讨论、多交流、多引导、少说教,及时把握学生的思想状态,引导学生正确认识和辨别媒体信息,面对网络传播的内容、社会出现的思潮,在出现困惑时,能综合多方面材料全面思考,能主动与教师进行讨论,得到启发,增进认识。这就是人生的进步,也是教育的成功之处。

二、注重课程教学的建构

在生涯教育的演变过程中,如何将生涯教育课程化始终是一个热点问题。从 20 世纪 70 年代开始,很多国家和地区开始进入生涯教育的全面实施阶段,体现综合性、实践性、体验性的生涯教育课程在美国、英国、日本、德国等国家得到充分重视以及迅速推广[1],如美国高中的生涯教育课程设置,在课程内容、教育目标、课程类型等方面都已形成一套相对成熟的模式。课程内容全面综合,包括自我概念,职业、教育、经济的概念与技能,行为主体的感觉,情报处理技能,对人的关系,对劳动的态度与评价 6 个方面。加拿大安大略省在中学开设的"职业生涯教育与指导"课程在中学课程中处于"核心地位",目的是为学生将来在复杂、变革的世界中生活作准备。课程内容围绕学习技能、个人的知识与管理技能、人际的知识与技能、机遇的探索、为变革作准备 5 个方面。日本高中阶段的职业生涯教育,要求学生从被动的学习状态转变为自我选择、自我管理、自我负责的自主学习,进行自立精神的教育,促使学生成为适应不断变革、多样化社会要求的合格社会成员,让学生形成自己的人生观、职业观,培养他们具有职业人的基本素质和能力[2]。通过生涯教育的国际比较可以认为,生涯教育课程建构的程度在很大程度上体现了生涯教育开展的整体质量。

从我国高中阶段生涯教育的现实情况看,尽管随着新课程改革、高考改革的深入推进,生涯教育的探索已经从"幕后"走向"台前",但是对于很多学校而言,生涯教育只是作为一种特殊类型的学生活动存在,或者只是德育、心理健康教育的一种衍生产品,没有得到相对独立而重要的课程地位。在华东师大

① 孙晶. 普通高中生涯教育课程的开发研究[J]. 教育教学论坛,2020(1):81-82.
② 韦立君. 国际视阈中我国高中生涯教育的课程设置[J]. 合肥师范学院学报,2010(2):107-110.

一附中的生涯教育中,生涯教育是一种独特而重要的课程样态,我们不仅围绕现代生涯教育的理念重新梳理了学校的课程体系,将生涯教育贯穿到原有的基础型、拓展型和探究型课程体系之中,还围绕学生的成长问题专门设计了贯穿学生3年学习的生涯教育特色课程。这样就建构起了一整套生涯教育课程体系,让生涯教育成为渗透在学校课程整体变革过程中的重要因素。不仅如此,学校还通过学科教学的渗透、主题活动的开展、专题教学的进行以及生涯课程的实施,丰富了生涯教育的课程实施类型,建构了生涯教育品质提升的课程与教学保障。这种从课程教学高度审视和实践的生涯教育模式,能够保障生涯教育应有的教育地位,也能够让生涯教育的发展具有持久的动力。

高中生生涯发展教育的特色课程创建与实施
——表达性艺术心理辅导在高中生生涯发展教育中的应用

《国家中长期教育改革和发展规划纲要(2010—2020年)》指出,要"建立学生发展指导制度,加强对学生的理想、心理、学业等多方面指导";明确提出要通过多种途径对学生进行生涯指导。高中生处于生涯发展的需求、探索和选择阶段,如何确定人生发展目标和发展道路,把自我健康成长、能力发展、大学专业选择与未来的职业规划进行有效整合,从而科学地规划人生,实现自身的最大发展,是一个重要而紧迫的问题。

一、高中生生涯辅导的现状

(一)目标定位:局限在职业规划上

多数高中把生涯辅导定位在帮助学生对自己未来的专业做出更好的选择上,通过一些社会实践活动让学生对职业有一定的体验,从而使很多工作流于表面。这样做并没有弄清楚生涯辅导的定位,对学校生涯辅导的目标也比较模糊。有些学校甚至直接定位在较高的高考考分上,这使得生涯辅导的实质性工作推进不明显。

(二)学生情况:认知模糊、规划被动、选择盲目

首先,学生对生涯的理解是模糊的。大部分学生把生涯定位在职业规划上,认为职业距离自己还很遥远,因此对类似的问题思考较少,也不关心。生涯虽然凸显事业,区别生活,注重发展性,强调职业的变化,但从20世纪70年代后期开始,就不仅仅强调职业生涯过程,还主张将职业生活与其他生活如休闲、退休等统一起来。因此,生涯是一个人的职业、社会、生活与人际关系的总和,是一个人终身学习与发展的历程。生涯辅导的核心价值在于促进人的发

展,实现人的终身成就。"职业规划"是生涯辅导的重要内容之一,但并不是全部。

其次,学生对自己生涯发展的规划是被动的。他们对自己喜欢什么、将来想学什么专业、自己的学习与将来职业选择之间的联系的思考非常少,甚至没有。很多时候他们忙于应对巨大的学业压力,缺乏主动积极探索兴趣的动力。

最后,学生对生涯发展的选择是盲目的。学生对将来的生活设想和职业设想一般基于父母的思考,聚焦在收入高、物质条件好、工作稳定的基础上,很少思考自己真正想要什么,因此很多学生进入大学后发现专业不是自己喜欢的,需要通过转专业等途径来解决问题。有些学生也面临转不了专业,在大学四年里痛苦地学习自己不喜欢的专业的情况,严重影响了身心的健康发展。

（三）现有尝试：缺乏广度和深度

目前,生涯辅导是热点,很多学校已有非常多的尝试,但缺乏广度和深度。就上海来说,虽然一些高中开设了生涯辅导课,但是课程内容受到思路局限,聚焦在认知自我、认知职业的维度上,方式方法单一,获得的资源有限,缺乏广度。很多学校虽然有生涯导师制、生涯助力师、生涯咨询、职业生涯体验等尝试,但也由于种种原因,多数存在蜻蜓点水、浅尝辄止的问题,学生并没有深入的体验。

二、依托课程建设,构建我校生涯发展教育的顶层设计

（一）我校高中生生涯发展教育的目标定位

当今社会发展速度飞快,有统计显示,目前比较热门的工作,可能在15年后就不存在了;有的学生反映小时候的梦想是当一名公交车的售票员,可是他还没有读到大学,公交车售票员这个职业就几乎消失了。面对这些现状,我校提出了高中生生涯发展教育的目标定位:帮助学生更好地认识自己、认知未来、认识自己与未来的连接;培养学生拥有能够选择的能力;帮助学生树立将变化看作规划的一部分的意识,并培养他们应对变化的能力。

（二）基于课程建设的高中生生涯发展教育的学校顶层设计

在学校生涯发展教育目标定位的基础上,我们对学校课程进行了调整和创设,构建了基于课程建设的生涯发展教育顶层设计。让各种分层设计满足学生生涯探索和体验的个性化需求。

（1）面向全体学生开设基础型课程、修身课、心理辅导课以及社会实践活动课,满足学生生涯发展所需的基本能力。

（2）面向学生开设供自主选择的课程,满足学生的个性化需求。通过兴趣分层,让学生自主报名社团,在社团活动中深入体验和发展兴趣;通过能力分层,让不同能力的学生选择适合自己的团体课程,如学生领导力课程、TEDxYouth等,让学生在自己原有基础上更上一层楼;通过优势分层,让学生选择符合自己优势的拓展课,如机器人、思维训练、头脑奥林匹克等,通过深入体验和学习,让优势得到更好的发展。这些不同的分层设计,满足了学生对自身生涯探索的个性化需求。

三、依托特色心理课程的创建与实施,实现高中生生涯发展教育的创新与突破

(一)从学生自我建构的心理过程角度出发,实现学校生涯教育目标定位的创新

从我校对学生生涯辅导的顶层设计中可以看出,生涯发展教育不是局限在职业规划上,而是聚焦在对学生应对未来的能力的培养上,关注学生生涯发展的整体过程。因此,我们创设了以心理辅导活动课为核心的关注学生自我建构过程的特色课程。自我建构的核心理念是:未来不是我们要去的地方,而是我们要创造的地方;通向未来的路不是找到的,而是走出来的;走出这些道路的过程,既改变着走出这条道路的人,又改变着目的地。据此,我校提出了"帮助学生更好地认识自己、认知未来、认识自己与未来的连接,培养学生拥有能够选择的能力,帮助学生树立将变化看作规划的一部分的意识及应对变化的能力"的生涯教育目标定位,同时我们运用表达性艺术心理辅导的方式来探索如何将这些理念和能力传递给学生。这是我校在高中生生涯辅导中创新于其他学校的做法。

(二)从符合学校目标定位的角度设计,实现心理辅导课生涯主题单元设计的创新

生涯教育是全校教师共同参与的教育,每一门学科都是实现生涯教育目标的一个部分。比如,心理辅导课主要帮助学生实现"认识自己,认知未来,认识自己与未来的连接以及树立将变化看作规划的一部分的意识"的目标,并指导学生去发现、创造和维系能够帮助他们应对变化的优势和资源。在此基础上,我们又细分设计了心理辅导课生涯主题的单元内容。

(三)从表达性艺术心理辅导的角度思考,实现生涯主题心理课教学方式的创新

(1)表达性艺术心理辅导的定义。表达性艺术心理辅导是把表达性艺术形式作为工具或媒介,运用在心理辅导中。允许学生通过口语表达、非口语表达(诸如行动肢体及艺术创作),帮助个人进行探索与自我成长。通过绘画、音乐冥想、艺术涂鸦与创作、身体雕塑、演剧、重新创作等过程来体验自己的生命

故事和成长经历,思考生涯过程,是一个从抽象概念转化为生活具象的过程,在艺术创作中达到沟通、心理宣泄、自我探索、发现成长的效果。

(2)绘画生涯树,贯穿自我生涯的探索。生涯辅导是一个连续的过程,也是高中生完成自我建构的过程,即要了解"我是怎样的一个人"以及"我想成为怎样的人",这是一个成长的过程。我们希望通过绘画生涯树的方式,以树的成长帮助学生体验个人的成长,用绘画的方式激发学生对成长的感性理解。整棵树的绘画从树根开始到树叶,分别对应了个人生涯成长中"我想成为怎样的人""我的优势和资源""选择与决策""计划与行动""目标与愿景"。每一个课时讨论一个话题,比如在MBTI①的课时中讨论天赋和优势,通过MBTI测试了解自己的天赋和优势,并且去讨论除了这些与生俱来的优势之外,身边还有什么可支配、可运用的资源和优势。讨论之后完成对树根的绘画和填写。又如,在"职业家族"课时中,通过研究性学习的方式去设计调查问卷、访谈提纲,调查和访谈不同的职业人群。教师在此过程中可指导访谈提纲的内容,如指导学生侧重了解被访谈者的学习生涯、发展变化以及生涯调整,以了解一个个体成为现在这样一个职业人的整个过程,并关注这个职业中非常具体细致的问题。调查完成后做成海报,交流展示,总结讨论自己的选择与决策、计划与行动等,继续绘画自己的生涯树。

每一个课时的推进既是对生涯历程了解的推进,也是从树根开始对这棵树绘画的推进,完成了树的绘画,也就完成了自我生涯的探索。学生可以通过这种方式非常感性地体验到树的成长与自我成长的连接,以此激发学生对生涯发展的探索、思考和表达。

(3)音乐引导想象未来15年,体验、接纳和应对生涯中的变化。帮助学生去理解和接纳未来生活中一直存在的变化,帮助其寻找、创设并维系应对变化的资源,这是我校进行学生生涯发展教育的一个突破点,也是难点,但是非常重要。对于现在的学生来说,他们大部分人经历的生涯一定会有变化,也有可能他们将来需要从事的职业现在还没有出现,学生需要意识到将来的生涯是充满变化的、不确定的。我们希望通过音乐引导想象以及团体绘画的方式,帮助学生去体验变化的存在,让学生可以在不确定或者变化出现时不那么慌张,并对变化和不确定有积极的认知,形成一定的应对策略。为此,我们设计了一

---

① MBTI一般指迈尔斯-布里格斯类型指标。这个指标以瑞士心理学家荣格划分的8种人的性格类型为基础,加以扩展,形成注意力方向、认知方式、判断方式、生活方式四个维度。四个维度如同四把标尺,显示每个人的性格偏好。

堂音乐想象与绘画结合的心理辅导课,通过创作达到使学生理解、体验和成长的效果。

这是一堂名为"穿越15年"的课。

环节一:听音乐协作绘画,体验变化的一直存在与带来的情绪。我们首先请学生对自己未来的15年做一个设想,再用音乐引导的方式把15年后的场景画出来。画的过程也有特别之处,我们邀请学生在听到音乐的时候进行绘画创作,音乐停止后起身,围绕桌子行走;音乐再次响起时,停在谁的画作前就帮助谁继续创作;音乐停止后起身继续行走;音乐再响,停在哪里就在哪里继续创作,一直进行下去,直到老师宣布创作结束。学生回到自己的画作前,表达看到自己画作的感受。通过这个过程启发学生体验变化和意料之外是一直存在的,当看到变化时会出现恐惧、惊讶、好奇、兴奋等情绪。

环节二:讨论对绘画的理解,接纳变化并看到接纳背后的原因。在这一环节,我们会询问学生对这张画中接纳的部分,谈谈接纳的原因。这个过程是帮助学生了解即使有变化和情绪出现,也仍然会有可接纳的部分,而之所以接纳是因为它满足了我们的喜好。

环节三:调整绘画的内容,总结调整方法及背后的资源。我们会邀请不接纳的学生继续修改或者索性重新创作自己的绘画,结束后询问他们是怎样作调整的。这个过程是帮助学生去理解变化出现后一定有你不能接受的部分以及你想修改的部分,那就用一些方法去调整,可以寻求帮助,听听别人对你的绘画有什么修改意见,也可以依靠现有基础,在原来的画作上作修改,甚至还可以重新创作。这3种方法对应了3种他们自身的资源,分别是人际支持、优势能力和性格风格。

环节四:讨论自身再创台词,总结对整堂课的理解。这一环节中,我们邀请学生结合自身情况,说说他们曾经遇到的变化以及应对方式,并邀请他们对《阿甘正传》的台词进行补充:"人生就像一盒巧克力,你永远不知道下一颗是什么味道。"

(本文作者:沈闻佳,朱丽,徐嘉文)

三、注重多方资源的整合

我校在生涯指导工作中致力于系统性资源整合,整合校外专业资源、学校学部建设以及心理学科生涯理论的发展资源,校外力量进行专业测评,校内力量为学生提供生涯课程和个别辅导,共同合作,帮助学生规划未来。具体而言,这些整合体现在如下几个方面。

其一,校内不同学科教师的整合。围绕生涯教育的主题,对教师进行生涯教育理念和方式的指导,激发全体教师的生涯教育意识,形成生涯教育的合力。让每一位教师都成为生涯教育的指导者,将生涯教育的"单打独斗"转化为"集团作战"。这是学校的一个重要理念。

其二,校内校外资源的整合。我们注重学校和社区、家庭的有机结合,将社区资源引入学校,特别是运用社区内丰富的职业机构资源,充实生涯教育的师资体系,让学生在与真实职业的互动中提升职业认知。同时,注重吸引家长参与生涯教育,通过生涯教育手册等让学生家长全程参与学校生涯教育的过程,形成家校共育合力。

其三,当下资源与历史资源的整合。特别注重利用校友资源丰富生涯教育。毕业校友有深厚的母校情怀,愿意帮助学弟学妹;他们来源于学生个体,刚离开高中不久,这些独特的优势让在校学生们能获得更好的生涯规划外部资源支持①。我们通过专题讲座等方式,引导校友参与学校生涯教育,现身说法,提升生涯教育有效性。

四、注重近期远期的交融

学生成长是一个前后相继的过程。在学生成长发展的道路上,总会遇到各种问题,也总在寻求成长进步的不同时空。学校开设规划学生成长课程,有助于激活学生的自我认同与评价,对学生的自我发展产生积极作用。在生涯教育的实施过程中,学校应该倡导学生"适性发展""有序发展"的理念,使学生的每一个习惯养育都通过设定分年级、分阶段的螺旋梯度目标,以针对性的设计来实施达成,既能保证学生朝着合格公民的方向成长,又给足了学生个性成长的空间,满足了其个性发展的需求②。

我校对学生的生涯教育聚焦在短期规划、长远发展上。未来学生面临的是个不断变化的社会,长远的规划一定会有调整,因此我校聚焦短期规划,结合学生专业测评结果,辅导学生完成生涯规划表,制定3年的短期规划。而且,学生的规划表不是高一填完就结束了,而是每隔一段时间,安排教师辅导学生,根据实际情况进行修改,从而使之更加接近自己真实的想法。学生在不断调整自己生涯规划表的过程中,也会看到更多的可能性,对未来有更多的期待和信心,为他们的长远发展奠定心理和能力基础,也让学生更弹性地看待

---

① 张玉群.依托毕业生资源,开展高中生涯教育实践[J].中小学心理健康教育,2019(30):25－26.
② 李健,刘莹.以成长规划课程促学生适性发展[J].中国教育学刊,2019(12):103.

未来。

五、注重党建工作的保障

2018 年 9 月，习近平总书记在全国教育大会上强调，加强党对教育工作的全面领导，是办好教育的根本保证；各级各类学校党组织要把抓好学校党建工作作为办学治校的基本功，把党的教育方针全面贯彻到学校工作各方面。这深刻阐明了各级各类学校党组织抓好学校党建工作的重要性。中小学党建工作包括中小学党组织的自身建设和中小学党组织自身实施的领导、组织、管理工作以及上级党组织对中小学党的建设工作的领导和管理工作。因此，广义的理解，新时代中小学党建工作是指按照新时代党的建设总要求和全面从严治党战略方针，中小学党组织加强自身建设和在办学治校过程中所实施的领导、组织、管理工作，以及各级党委及其工作部门、有关政府部门党组推进中小学党组织自身建设和党的领导工作而展开的各种实践活动的总和，其直接目标和任务是增强中小学党组织的政治能力和组织能力，充分发挥学校党组织的领导核心作用。

注重中小学党建工作的开展，不但具有重要的政治意义，而且具有重要的教育意义，特别是在立德树人的整体背景下，党建工作与学校整体育人的结合有了更好的契机。新时代中小学的中心任务是立德树人，培养担当民族复兴大任的时代新人，培养德智体美劳全面发展的社会主义建设者和接班人。新时代中小学党的建设质量的检验标准最终要看是否有利于落实立德树人根本任务，是否有利于培养担当民族复兴大任的时代新人，是否有利于培养德智体美劳全面发展的社会主义建设者和接班人。因此，中小学党组织应始终沿着正确的政治方向，全面践行党的教育方针和重大决策部署，将"立德树人"当成核心环节，将党的先进性和纯洁性建设，党的政治建设、思想建设、组织建设、作风建设、纪律建设和制度建设的要求落实到教育教学实践的全过程中，发挥党建工作在培育时代新人中的作用，以培育时代新人的实际成效检验中小学党建工作的质量和水平[1]。

生涯教育作为一种重要的育人载体，不是一种单纯的教育变革，也是深化学校党建工作的一种重要抓手。华东师大一附中的生涯教育改革中，我们一方面注重党组织的整体引领和保障，对生涯教育的内容和实施方式、师资队伍

---

[1] 李斌雄,任韶华.新时代中小学党建工作的价值、问题及其解决路径[J].北京教育学院学报,2019
(5): 1 - 7.

等进行整体把关;另一方面,从笔者自身而言,围绕生涯教育和整个党建工作的整体变革,积极探索学校党组织书记的专业化发展方式,通过党组织书记的专业成长提升参与学校治理和人才培养等工作的有效性。这种党组织的深度参与,能够保障生涯教育的正确方向,也能够保障党的育人理念、育人需求在生涯教育之中得到更好的体现和落实。

"全面从严治党背景下提升中小学党组织书记专业发展能力的实践研究"

结题报告

党的组织是中小学校工作的政治核心,是学校坚持社会主义办学方向,贯彻党的教育方针,提高教育质量和实现内涵发展的根本政治保证。中小学党组织书记是党在学校工作中实现政治核心作用的中坚力量,是学校党组织工作效能是否得到充分发挥的关键因素。党的十九大报告强调,要坚持党对一切工作的领导。在中小学校管理中,党对一切工作的领导必然通过学校党组织来实现。书记作为党组织的负责人,不仅肩负着教育党员、管理党员、监督党员和组织群众、宣传群众、凝聚群众、服务群众的职责,而且也要会同校长一起,在各自的职责范围内为学校整体改革发展发挥引领作用。而党组织书记要做好上述工作,必然需要尽可能熟悉学校工作,以较强的专业能力与素养作为支撑。从现实的情况看,由于干部配备、使用以及党组织书记价值定位中存在的问题,中小学党组织书记的专业发展一直缺少足够的重视和有效的路径,这不仅不利于学校整体发展,也会制约学校之中党组织价值和功能的发挥。由此,在全面从严治党的政策背景下,探究中小学党组织书记的专业发展问题被赋予了鲜明的时代意义、政治意义和教育意义。

一、研究的意义

探究基层党组织书记的专业发展问题,是落实全面从严治党的需要,是健全中小学管理体制的需要,也是化解当前中小学党组织书记队伍建设现实问题的需要。

(一)落实全面从严治党的需要

党的十八大以来,以习近平同志为核心的党中央高度重视党的建设,作出了全面从严治党的重要部署。党的十九大重申"坚定不移全面从严治党,不断提高党的执政能力和领导水平",同时要"以提升组织力为重点,突出政治功能,把基层党组织建设成为宣传党的主张、贯彻党的决定、领导基层治理、团结动员群众、推动改革发展的坚强战斗堡垒"。学校作为基层党建的重要"细胞",党组织负责人必须要有高度的政治觉悟,自觉主动对标看齐,积极践行"四个意识",主动作为,推动全面从严治党工作向学校各项具体工作延伸。而这一切工作的实现,必然有赖于党组织书记对学校党建、教学和管理等各项工作的全面把握和个性思考,需要以党组织书记扎实的专业功底为基础。

（二）健全中小学管理体制的需要

校长负责制是当前我国中小学的基本管理和领导体制。在这样的体制下,校长是学校的法人代表,承担学校管理的全面责任,是学校的权利核心和发展主导。上海的中小学实行校长负责制已近 10 年,但在党政分设模式的校长负责制下,校长的职责范围广而实,书记的职责范围广但相对比较虚,现实之中书记年龄老化、地位矮化、作用弱化的现象普遍存在。此外,由于校长拥有学校发展的最终决策权,不论是上级部门还是学校员工,遇到问题时第一时间往往都会想到联系校长,这种现状在一定程度上降低了学校党组织书记的地位,导致党组织威信的下降。有的学校实施了校长、书记"一肩挑",但这在某种程度上对书记或校长提出了更高的任职要求,也更加凸显了书记队伍专业发展的现实需要。总之,党组织书记专业发展能力的提升,有利于提升党组织在学校工作中的政治核心地位,有利于学校领导体制的优化和学校的内涵发展。

（三）化解中小学党建工作问题的需要

为了全面掌握当前中小学党建工作和党组织书记工作的情况,我们对上海市部分学校的书记、校长和普通教师进行了问卷调查,同时组织开展了多次座谈、访谈,总结形成了当前中小学党建工作中普遍存在的几个问题:党建工作发展不平衡,受认识程度等因素的影响,学校较为普遍地存在"重教学、轻党建"思想;党组织书记作用发挥不够,大量学校的党组织书记工作仅限于做好党建和外围服务保障,对于学校改革发展的整体贡献不够明显;学校党政工作难以有效融合,部分书记在实际工作中的角色定位不准,不能正确处理党政关系,不能围绕中心工作开展行之有效的活动;党组织书记应对新时代党建工作和学校发展工作的能力不足,面对更为复杂的学校党建工作需要和学校综合改革、内涵发展,很多书记感觉力不从心,缺少有效的工作理念与方法。造成这些问题的原因之一在于党组织书记专业能力不足。为此,迫切需要全面提升中小学党组织书记的专业能力。

二、研究目标

本研究着眼于全面从严治党背景下中小学基层党组织书记队伍建设问题,通过问卷调查、访谈等实证研究方法,寻找制约基层党组织书记作用发挥的问题瓶颈,提出中小学党组织书记专业发展的理念,建构中小学党组织书记专业发展内涵体系，探索促进中小学党组织书记专业发展的相关策略，为落实全面从严治党精神，优化学校内部领导与管理体制，充分激活党组织书记队伍活力，发挥党组织书记队伍在促进学校各项事业发展中的积极价值提供借鉴。

三、研究方法

本着理论与实践相结合的理念，综合运用问卷调查法、访谈法、文献研究法、案例研究法、经验总结法等多种研究方法。

具体而言：运用问卷调查和访谈法，调查当前中小学基层党组织书记队伍建设中存在的问题，调查学校校长和书记普遍认同的促进党组织书记队伍专业发展的有效路径；运用文献研究法，着重对全面从严治党的理论解读、党的最新会议的精神和中小学领导与管理体制的优化等问题进行梳理，为本课题研究提供理论支撑；运用案例研究和经验总结等方法，从笔者所在的华东师大一附中出发，以小见大，总结可供推广的实践经验，形成兼具校本化和普适性的中小学党组织书记专业发展路径。

四、研究内容

围绕本课题的研究目标，课题组着重围绕中小学党组织书记专业发展的内涵体系、专业发展的有效路径和专业发展保障机制三大问题展开研究。

（一）中小学党组织书记专业发展的内涵体系研究

学校是一个专业性很强的组织机构，这就决定了基层学校的党组织书记不能仅仅满足于成为一名优秀的党务工作者，他还必须拥有复合型的能力与素养，包括扎实的党建理论功底、精准的业务指导能力、全面的综合管理能力，这些能力加上党组织书记发自内心的高度职业认同，构成了其专业发展的基本框架。

1. 扎实的党建理论功底

学校党组织书记的基层党建理论功底应该包括两个方面：一是要不断强化自身的理论素养。党组织书记必须全面深入理解和领会党的理论知识，尤其是党的十八大以来有关管党治党的新论述、新观点和习近平新时代中国特色社会主义思想，提升做好本职工作所需要的理论水平和业务能力；二是要掌握基层党建工作的方法。党组织书记需要系统思考党组织建设和开展工作的系统性、规范性和创新性，成为党建工作的行家里手，要对工作中出现的问题、群众中出现的思想问题进行分析研究，通过必要的适切的干预及时解决问题，确保组织战斗力和凝聚力。

2. 精准的业务指导能力

教师的管理最为本质和核心的是业务管理，无论是教育引导还是监督执纪，都应该融入教师的专业发展实践之中，体现在教学业务之上。因此，作为学校党组织负责人,必须具备一定的业务能力,能够对教师的教育教学进行专业指导,提出富有建设性、借鉴性的意见建议。只有这样,党组织书记在工作中的影响力才能真正提升,才能真正走进教师、党员心田,才能让教师、党员信服。此外,在业务指导的基础上,党组织书记还应将高尚的道德感召力融入业务管理中,通过共情和潜移默化的引导,帮助教师思考自身的专业成长和学校发展之间的联系,将教师的师德师风和业务提升有机结合。

3. 全面的综合管理能力

学校党组织负责人应该全程介入和参与学校管理,主动作为,对学校行政工作提出具体、明确的意见、建议,对有关重大决策行使表决权。当然,党组织书记的管理和行政管理的侧重应该有所不同。首先,党组织书记要加强思想建设,提高组织力,要善于运用管理的手段和方法加强教职工队伍建设,要从"人"的发展的角度来关心教职工的身心健康和专业发展。其次,要从学校的制度和机制建设的角度做好监督工作,时刻对学校有关工作进行跟踪了解和实时掌控,规范学校行政权力运行体系。最后,党组织书记要有极强的沟通协调能力,服务教职工,成为学校领导和教师之间的桥梁,要将党组织建设成为教师安全温暖港湾,成为教师发展的动力源。只有这样,学校党建工作才真正具有针对性,全面从严治党才真正具有抓手和突破点。

4. 高度的书记职业认同

实现中小学党组织书记的专业发展,必须有精神力量的引领。作为中小学党组织书记,要认识到全面从严治党的重要意义,认识到党组织对于学校改革和发展的政治价值,认识到自己的应为和可为,形成发自内心的职业认同,以高度的政治责任感团结带领师生、党员为落实党的教育方针、实现学校内涵发展贡献力量,在实践中体现党员的先锋模范作用。

根据上述四个方面的内容,我们可以大致描绘中小学党组织书记的专业发展内涵体系(见表7-1)。

表7-1 中小学校长专业发展内涵体系

维度	指 标
专业精神	专业理念、专业认知、专业伦理
专业知识	党建工作知识、学校管理知识、教学科研知识
专业能力	党建工作能力、党务指导能力、教学业务指导能力、学校发展谋划能力、人际沟通能力、综合协调能力

（二）中小学党组织书记专业发展的有效路径

中小学党组织书记专业能力的提升，除了在源头上即书记的选拔上鼓励优秀的干部从事书记工作，注重对书记专业能力的考量外，还需要结合中小学党组织书记的实际工作，设计多元化的党组织书记"职后"专业能力提升路径。

1. 培训研修是提升书记专业化发展能力的坚实基础

中小学校党组织书记的选拔主要来自各校的副校长、副书记或者学校的中层干部，他们之中的很大部分对党组织的工作了解不够深入，所以有效的培训和同伴交流是非常必要的，这也是快速提升书记专业能力基础的有效方法和手段。对于中小学党组织书记的培训，要坚持三同步，即政治素质与业务能力同步，理论知识与实践能力同步，自主研修与专家引领同步。实践中可以采用集中培训、跟岗培训、交流互动、自主研修、实践操作"五位一体"的方式。在课程设置中，根据书记的具体情况可以进行分层分类培训，例如，对新上岗的书记，课程设置可以安排为：理论学习（党建、管理、教育教学）板块、党建实务板块、案例分析板块、跟岗学习板块、交流互动板块、反思学习板块等；而对上岗一段时间的书记，可将培训课程调整如下：项目（课题）研究板块、理论学习（党建、管理、教育教学）板块、案例分析板块和反思学习板块。实践中也可以开展专题培训，或者通过党建督导形式对书记进行现场培训。要注意打破行业壁垒，培训的讲课教师除了教育领域以外，还可以借鉴和学习其他行业优秀书记的工作方法和手段，不断创新书记的思维、方法和手段，提升综合素养和专业能力。

2. 评价激励是提升书记专业发展能力的有效动力

美国心理学家亚伯拉罕·马斯洛提出，人类具有生理、安全、社交、尊重和自我实现 5 个层次的需求。在学校管理中，书记作为党组织的负责人，更多渴望的是尊重需求和自我实现需求。而这两种需求很大程度上是与上级党组织、工作伙伴和同行对其工作的评价相关的，中小学党组织书记的专业发展同样需要合理的评价激励来激发和维持他们的专业发展需求。实践中，每年上级党组织都要对中小学党组织和书记进行考核，考核标准主要依据现有的上海市校长负责制"1+3"文件，即《关于进一步完善上海市中小学校校长负责制的若干意见》《上海市中小学校党组织工作意见》中关于基层党组织的任务和要求，以及中央组织部、教育部党组联合印发的《关于加强中小学校党的建设工作的意见》等，这些文件和指标体系进一步帮助书记明确目标任务，厘清工作思路。在实际的运用中，应该以标准为基础，又不拘泥于标准，充分考虑中小学基层党组织书记的工作特点，尊重其劳动成果，激发其发展的积极性，建立系统思维,激励书记在认真学习研究相关评审标准和指标体系的同时,注重工作阵地的把控、工作业绩的质量、职级考核的结果等,将评估与自身专业发展能力有机地结合起来。有作为才有地位,有实践才有感悟和提升,才能促进书记专业发展能力的提升。

3. 项目研究是提升书记专业发展能力的有效载体

现代学校管理需要书记在实践中通过思考和探索同校长一样成为学校改革与发展的核心推动力量。在日常工作中,党组织书记要发扬党的光荣传统,深入教育教学一线,发现工作中出现的新情况、新问题等,通过问题导向和需求导向进行调查研究,提升自身的分析问题、解决问题的能力。通过项目研究,形成学习研究共同体,加强团队建设,促进教师发展和学校发展。在研究项目的选择中,要树立开放的大研究观,实现工作、学习、研究一体化,可以结合学校师资队伍的分析和结合教育教学工作现状,进行队伍建设的分类研究,也可以从工作内容中找寻项目进行研究。不必局限在校内,可以借助市、区党建研究会或在各种培训中形成的团队,联合进行课题研究。整合党建研究资源,并用好党建专家的智力资源,有效并高质量地开展党建研究工作。通过研究,可以帮助书记更好地掌握教师、党员的思想动态和价值取向,增强党建工作的针对性;可以帮助书记更好地了解、把握教育教学规律,进一步将党建工作融入教育教学工作中;可以帮助书记更好地了解自我,激发学习、反思、探索,提升自身的综合素养和专业能力;可以帮助书记从任务完成型向研究型的管理者转变,促进书记的创新性思维,提高书记工作的专业性、科学性、有效性。

4. 党政融合是提升书记专业发展能力的重要条件

中小学作为落实国家基础教育工作任务的最基层单位,决定了其党务与学校行政是密不可分的,把党的政策和目标变为教职员工的自觉行为的方法,就是通过文化建设、思想建设、组织建设、"三会一课"等形式,通过党员群体,将"办人民满意的教育"的党的教育方针传递给广大教职员工,以此统一教职工的思想认识,齐心协力使党的建设、思想政治工作与教育教学工作紧密结合起来,促进学校发展。故而,党组织书记要善于用好"三会一课",在安排"三会一课"学习内容时要结合学校实际进行学习和开展活动。例如,随着教育综合改革和新高考改革的推进,学校面临着许多的新问题、新情况,如何最高效地提升教育质量是摆在学校面前的艰巨任务。这个时候,党员学习的内容选择和学习方式显得尤为重要,党组织书记需要就教师的实际进行学习设计,首先要安排学习相关的教育综合改革的文件,高考改革变化的特点等;其次,要安排党员教师根据学习内容进行讨论和思考：改革带来的机遇和挑战是什么？学校现在可以做什么？学科建设中的主要问题在什么地方？突破点在哪儿？最后，可以让党员教师将问题进行总结、提炼，并提出解决的方法。上述例子表明，书记只有将党建工作的平台与行政工作的推进内容有机地融合在一起，才能解决党建工作与行政工作"两张皮"的现象，党建工作才有生命力。这也对书记的行政管理能力，教育教学规律的把握能力提出了要求和挑战。

同时，党组织书记要加强教职工思想政治工作、有效调动教职工的积极性和创造性，充分发挥党（总）支部委员会、工会、教师代表大会的优势，协调好各方利益，包括党和国家的利益、单位利益、职工利益、社会公益等，把矛盾化解在萌芽状态，从而真正使党组织书记成为教职工和党员的知心人和引路人。此外，党组织书记要发挥学校党组织的监督保障作用，既要有监督的力度，又要讲究监督的方法。书记应主动通过校务委员会了解学校工作，在有条件的情况下，可以要求校长定期向学校党组织通报工作的形式，使学校重大决策能及时让学校党组织知晓。同时，党组织书记要坚持并落实校务公开制度，并将校务公开工作与党风廉政建设、行风建设紧密结合，使教师在生动活泼的氛围中接受管理、参与管理，营造充满活力的学校民主管理氛围。总之，学校之中党建工作要有成效，书记要有地位，一定要将党建工作与行政工作有机结合，要将党政工作融合起来，使党建工作有着力点、有抓手、有平台，更有内涵。只有这样，才能实现党领导一切，才能提升党组织的组织力，才能真正发挥党组织的战斗堡垒作用，也才能真正提升中小学党组织书记的专业能力。

（三）中小学党组织书记专业发展的保障机制

从严治党背景下党组书记专业发展能力的提升一方面需要书记修炼"内功"。具体来说，一是强化角色意识，切实担负起领导党建的责任；二是强化成果意识，从制度、实践、经验等方面努力做出成果，夯实党建过程；三是强化创新意识，依靠不断创新工作载体、工作方式方法去破解新的难题。另一方面，也需要完善相关学校管理制度与机制，为党组织书记的能力提升创造良好的条件和完善的保障机制。具体如下。

1. 优化评价机制

基层学校的工作千头万绪，对管理过程的具体要求变化较多。如何针对党组织书记的学校管理工作进行有效评价，取决于上级组织是否建立有针对性的考核方式和评价体系。评价内容既要涵盖传统的党务工作，也要涉及教师的凝聚力建设、干部人才队伍培养等方面的内容。同时也要能体现出书记在领导班子和管理团队方面的有效性。

2. 创新培养机制

培养党组织书记也是培养复合型学校管理者的过程。要有针对性地选拔优秀的年轻干部到不同类型的岗位上历练,在了解党建工作、有较强的党性意识的基础上,全面了解学校的行政管理,培养其专业管理能力。反之亦然,在行政干部的培养过程中,也要使其了解学校的党务工作格局,有条件的学校可以尝试由党组织书记兼任副校长的职务,提高其全局意识。

3. 健全任用机制

上级党组织在精心培养的基础上全面考察,选准人。需要对聘任对象的素质、才能和发展潜力做细致的分析,以确定管理者的基本素养和岗位匹配。同时,适时换岗,经过一段时间的任职后,上级党组织可对书记换岗任职,让其到行政岗位上,使其能适应不同岗位的需要。

五、研究结论

根据本课题的研究,针对全面从严治党背景下的中小学基层党组织书记专业能力提升问题,我们可以形成如下基本结论。

第一,强化中小学基层党组织书记的专业发展问题,是基础教育领域落实全面从严治党要求,强化党组织对教育事业发展政治保障的应有之义,是贯彻落实党的十九大精神的必然要求,也是化解当前中小学"重教学、轻党建"思想和问题的有效路径。

第二,强化中小学党组织书记的专业发展,必须纠正原有的错误认知,消除党组织书记只能做党建工作或者只需要做党建工作的固有思维,鼓励党组织书记通过专业发展从幕后走向前台,从边缘走向中心,在做好党建本职工作的基础上,在学校改革和发展的过程中发挥更大的作用。这既是广大中小学党组织书记内心的呼声,也是学校各项事业内涵发展的需要。

第三,中小学党组织书记的专业发展与校长专业发展、教师专业发展在内涵和结构体系上既有共性也有不同,其共性体现在三者作为教师共同身份在知识、道德、情感、技能等方面的普遍要求,其个性体现在党组织书记开展好自身工作所需要的独特的职业情怀、业务能力和工作要求上。

第四,中小学党组织书记专业能力的提升是一项系统工程,既需要在书记选配的时候充分考虑聘任者的综合素质和能力,也需要针对书记岗位的"职后培训"。在具体的操作过程中,可以通过针对性的培训研修、有效的激励评价、问题导向的项目研究以及党政工作的有效结合等方式,提升中小学党组织书记的专业能力,同时注重从评价、培养、任用等方面,构筑中小学党组织书记专业能力提升的保障机制。

六、研究反思

本课题对于全面从严治党背景下的中小学基层党组织书记专业能力提升的意义、内涵和方式等基本问题进行了研究,基本取得了预期的成果,对于基层学校党组织书记的专业发展有一定的借鉴意义。在后续研究中,本课题还需要在两个方面进行持续和深化:一是对党组织书记专业能力结构的研究还不够深入,未能完全体现出党组织书记与校长、普通教师在专业能力上的异同;二是党组织书记专业能力提升的个性化路径设计还不够丰富,还需要结合实践进行进一步的梳理总结。

第二节　华东师大一附中生涯教育的主要成效

作为一线的教育改革,学校层面的微观改革是否成功主要需要考虑三个方面的问题:学校是否得到发展,教师是否得到成长,学生的生命价值是否得到激扬。在这一过程中,人的全面发展始终是学校层面教育改革的核心价值取向。任何教育改革的最终目标都应是更好地促进人的发展。人的发展包括个体的自由全面的发展,个人与社会的协调发展。教育具有工具价值和内在价值两个方面。教育改革在为社会、政治、经济发展服务的同时,不应忘记教育自身的目的,要始终以促进人的全面发展作为最高价值指向。

一、学生生涯教育质量的不断提升

尽管生涯教育的探索在越来越多的高中已经成为常态,但是,如何界定生涯教育,如何提升生涯教育的质量,依然是一个严峻的问题。2019 年 7 月 2 日—3 日,"2019 中小学生涯教育国际论坛"在北京师范大学隆重举办,论坛主题为"奠基学生的毕生生涯发展"。本次论坛由北京师范大学主办,北京师范大学教育心理与学校咨询研究所、北京师范大学附属实验中学和北京师范大学教育学部惠妍国际学院联合承办。论坛在中小学生涯教育界引起了很大的反响,《教育学报》等期刊也进行了专题报道。笔者感兴趣的是,从论坛的主题看,关注学生毕生的生涯发展似乎昭示了未来高中生涯教育的转型,那就是生涯教育不仅仅关注高中生 3 年的学习,也不仅仅是教会学生如何选大学、如何选专业,而是要站在学生一生成长的高度界定和理解生涯教育。

从某种程度上说,生涯教育其实是站在一生的角度去看高中 3 年,引导学生积极对未来进行规划设计,唤起他们自主学习、自主发展的内在动力,其着眼点绝非仅仅是在"选考"上。程忠智表示,从前,学生的理想可能是虚无缥缈的、不现实的,经过生涯教育,进行自我探索后,他们可以发现自己感兴趣的点,并且通过努力达到可实现的目标,从而激发内驱力。北京工商大学心理素质教育中心主任、就业指导与心理素质教育专家林永和表示,选科选考只是生涯发展的一个环节,"从内容上来讲,生涯发展指导教育首先要评估和认识自己,对自己有一个正确理性的认知;其次要认识周围的环境,了解社会发展趋势,认知不同的职业;此外,学生需要对眼前事进行规划,也就是对选科选考进行决策;同时,学生也需要立足长远,生涯规划包括学业规划、职业规划、发展规划、人生规划等,学生要思考自己能做什么、能做好什么、能长期做什么,为终身幸福奠基,而不只局限于一时考到高分"。在具体实践中,生涯教育不是用一些测评结果帮学生做选考决策,也不仅仅是根据大学专业要求培训选考技巧[①],而是要以此为契机引导学生正确认识自我,学会理性选择,为一生成长奠基。

我校的生涯教育课程体系建构和实施路径创新,为学生提供了高质量的生涯教育,对于学生的职业选择和人生发展具有现实的指导意义,具体表现在以下两个维度。

(一)帮助学生找到自己发展的道路

通过生涯教育,我校学生培养和发展了思考人生与规划未来的能力,许多学生根据自身特点付出努力,成功走上了适合自己的发展道路。

1. 放飞梦想,海外求学

2018 年,我校高三(4)班郑某被美国曼哈顿音乐学院录取。曼哈顿音乐学院系美国顶尖的私立音乐学院之一,在美国音乐院校中排名第三(2017 年),世界音乐学院中排名第三(2017)。我校高三(1)班刘某被美国普瑞特艺术学院(Pratt Institute)录取(大学 4 年奖学金 76 000 美元)。普瑞特艺术学院是美国领军层次的艺术类院校之一,其工业设计系、室内设计系在美国享有盛誉,在2018 年的 QS 世界大学排名中,艺术与设计类专业排名全球第 5,曾培养了众多的艺术类人才,其中不乏知名画家、设计师、作家等。

2. 合理定位,春考如愿

我校还有一些学生对自己将来想要从事的职业非常明确,在春考中选择了很好的专业,提前被高校录取。

3. 充分思考,秋考奋斗

还有一批学生,经过老师指导、测评、团体辅导、学业评估等,对自己各方

---

① 冯俊秋. 高中生涯教育不等于选科指导[N]. 新京报,2018 - 06 - 25.

面的能力有了综合认识,认真思考后,对自己的发展目标更明确了,在秋考中取得了佳绩。

(二)帮助学生确立并发展专业能力

我校从学生高一进校起,就秉承廖世承校长"积极研究"的精神,帮助学生探索挖掘,培养他们的研究能力,找到他们的专业特长,帮助他们了解自己喜欢什么、能够做什么、做成了什么,从而为他们未来的专业发展打下基础。在这样的理念下,我校近几年在上海市青少年科创大赛中屡获佳绩(见表7-2、表7-3、表7-4)。

表7-2　第33届上海市青少年科技创新大赛获奖情况(部分)

项 目 名 称	所属学科	作者	班级	奖项等级
基于结构光识别的导盲系统路况识别技术	工程(高中)	李健多	高一(5)班	一等奖
关于完善视障群体无障碍出行环境的社会调查与研究	行为和社会科学	黄昕韵 成紫阳 林 谦	高二(8)班	二等奖
石墨烯复合氟碳重防腐镀膜技术与相关性能研究	化学	曹文骁	高一(2)班	二等奖
一种便携式多能源分级水处理设备	环境科学与工程	李治良	高一(6)班	二等奖
基于红绿灯完全状态下的城市快递机器人送货最优路径规划	计算机科学与信息技术	徐健朔	高三(8)班	二等奖
小麦草种子与普通小麦种子萌发中淀粉酶活力变化规律的研究	生物医学	金煜超	高三(6)班	二等奖
磁力小火车的制作及原理分析	物理与天文学	任博闻 劳孟安 杨效禹	高三(7)班	二等奖

注:此处仅为科技创新成果版块一、二等奖成果,篇幅原因,其他成果不再列举。

表7-3　第34届上海市青少年科技创新大赛获奖情况(部分)

项 目 名 称	所属学科	作者	班级	奖项等级
基于红外定位摄像头的便携式鼠标设计	工程(高中)	韦婧轩 麦奕骏	高一(5)班 高一(1)班	一等奖
孔子学院对中学生学习中国传统文化带来的启示研究	行为和社会科学	余宣晓	高二(2)班	一等奖

（续表）

项 目 名 称	所属学科	作者	班级	奖项等级
化学实验新视野-手机红外热成像插件及其在化学实验中的应用	化学	姚雨君 万已俊	高三(6)班	一等奖
基于地暖余热的自来水加热系统设计	工程(高中)	单秉尧	高一(5)班	二等奖
基于 Arduino 单片机对智能扫地机器人的避障程序设计	工程(高中)	冯　哲 张鹏叶 语　欣	高二(8)班	二等奖
太阳能辅助智能车载冰箱	工程(高中)	王思维	高二(2)班	二等奖
基于机器视觉的助老收纳提醒箱	工程(高中)	时　韵	高二(2)班	二等奖
船舶电缆耐火密封材料的电化学腐蚀性研究	化学	陈　婧	高一(1)班	二等奖
利福霉素类抗生素废水的预处理方法及处理效果评价	环境科学与工程	刘维嘉	高一(5)班	二等奖
室内甲醛净化新策略——纳米 MnO_2 负载型纳米纤维催化降解片研究	环境科学与工程	朱益弘	高二(5)班	二等奖
基于 STC89C52 单片机的智能吸水的懒人花盆	环境科学与工程	王俊喆	高一(5)班	二等奖
基于旋袋的输液软袋视觉检测系统研究	计算机科学	华宝杨	高一(5)班	二等奖
跑步促进小鼠骨骼肌纤维增粗	生物化学与分子生物学	董紫妍	高二(4)班	二等奖
基于路况的红绿灯实时调节分析与改进	数学	顾桁仰	高二(7)班	二等奖
一种对高中加三选科之后合理高效分班的实用数学模型	数学	曹文骁	高二(5)班	二等奖
超黑材料对人工集水效率的影响	物理与天文学	高启城 吴晓莹	高三(8)班	二等奖

注:此处仅为科技创新成果版块一、二等奖成果,篇幅原因,其他成果不再列举。

表7-4　第35届上海市青少年科技创新大赛获奖情况

项 目 名 称	所属学科	作者	班级	奖项等级
配药后输液软袋中不溶异物智能检测报警系统研究	工程(高中)	华宝杨	高二(5)班	一等奖

（续表）

项 目 名 称	所属学科	作者	班级	奖项等级
立体停车场式智能书柜的设计	工程（高中）	尹晓晓 浦 金	高一(3)班 外校	一等奖
共享单车主要故障自检提示系统	工程（高中）	季柯均	高一(1)班	二等奖
适宜远洋舰船的芳香型可食植物水培生根最优条件初探	植物学	王赜成	高一(5)班	二等奖
一种防干烧多功能燃气灶	工程（高中）	柴皓元 戴倩颖	高二(2) 外校	二等奖
蒸馏分离过程的红外可视化研究	化学	郑敏芝	高三(3)班	二等奖
太阳能暖风及热回收式冷热能回收装置	能源科学	李治良	高三(6)班	二等奖
甜菜素的抗氧化性和热稳定性	化学	周璟萱	高一(5)班	二等奖
利用记忆合金实现多级水火箭脱离装置的设计	工程（高中）	刘俊哲	高一(2)班	二等奖

注：此处仅为科技创新成果版块一、二等奖成果，篇幅原因，其他成果不再列举。

为了集中展示学生生涯教育的成效，树立学生成长的身边榜样，学校特别推出了"光华风采"特色栏目，集中介绍生涯教育过程中涌现的先进人物，这些先进人物的不断出现，实际上也从另一个侧面体现了学校生涯教育的成果。

"光华风采"风尚人物——明子暄

暄，如阳光般和煦温暖。

一个脚踏实地的乐天派。我重视量的积累，以求得质的突破。每一个阶段，我都会给自己设立一个目标，并为之奋力冲击。全力以赴投身其中，达成目标以后，我便有更大的热情与动力前进。我以微笑示人，常给他人留下热情，乐观，向上的形象。即使面对挫折，我也会一笑而过，着手将希望投向未来。

一个恪守原则的实干派。在学习与生活中，我始终都秉持善良、感恩、先人后己、包容和乐观积极的处事原则。从小便担任各项职务，有着强烈的责任意识与规划能力。不驰于空想，不骛于虚声，惟以严谨求真的态度致力于日常工作，由此能够保质保量地从容面对和圆满完成老师托付我的各项任务。我也能处理好与同学们的关系，在不同场合中，既能严肃认真，也能待人亲切。

因此我受到班上同学们的积极评价和支持,树立了良好的榜样。

一个积极进取的实力派。在学习之余,我也会投身于各项社会实践活动,以丰富自己的阅历,提高课堂外的知识水平。我清楚地认识到自身还存在许多的不足,"今日学步,莫笑我浅薄幼稚;明朝高飞,再见我纵横驰骋"。我将以饱满的热情,在人生这场马拉松比拼中,砥砺前行,奋勇拼搏,实现自己的理想和抱负。

"光华风采"风尚人物——叶一欣

"将没有尝试过的事物像新鲜的食物一样大口吃掉。"这是我非常喜欢的一句话。

我爱电影、爱美剧、爱阅读、爱运动,热爱生活、努力生活,也爱尝试,爱尝试很多未曾做过的事情。

努力去做自己热爱并擅长的事情。加入学校女子篮球队,和队友一同在赛场上挥汗如雨,即使遇到再强大的对手也不愿放弃;参加运动会,努力奔跑在跑道上、努力跳得更远。

尝试去做自己喜欢但不擅长的事情。去年我十分幸运地闯入时政大赛的决赛,虽没能获得理想的成绩,但这使我开始对时事政治感兴趣。之后,我收拾心情,开始尝试在早晨起床后打开收音机听新闻,开始尝试阅读不同的人对各类时事政治的解释、评说,更开始尝试自己对新闻和各类社会现象的分析,形成自己的看法。在近期结束的时政大赛中,我取得了高二组二等奖的成绩,此时,我感受到无限的舒心和释然。

现在,参加附中风尚人物评选是我的一项新尝试,我会尽力做到更好。

努力尝试、努力成为更好的自己,我还在路上。

"光华风采"风尚人物——曹文骁

去年踏线进入了华一,有点小小的侥幸和惊喜,还有点小骄傲。

高中的学习生活虽然紧张,但在老师、同学的帮助下,在爸妈的鼓励下,我的学习成绩逐步提高,还参加了很多有意义的活动和比赛,也取得了一些成绩和奖励。

最值得我欣喜的是,在这不到一年的时间里,我已基本适应住校的学习生活,而且可以较好地进行自我管理,基本做到读书学习为主,体育锻炼相辅,手机聊天游戏作调味剂的时间管理模式,真心有点小小的成就感。当然,在今后的日子里,我会更加严格要求自己。

最值得我庆幸的是,参加了一个认知课的学习讨论,在老师的指导下,理性地认识到自己的优点和不足,了解了大学的专业划分和区别,大致明确了自己的专业理想,理清了后续学习的方向和目标,并期待暑假期间,再开展一个贴近自己理想专业的研究课题,进一步提高对专业的认识。

最值得我难忘的是,一次志愿者活动中,结识了一群家庭困难的学生,他们都有着各种不同的遭遇和不幸,这也坚定了我努力学习的信念。

努力让自己强大,才有能力去帮助更多的人。

"光华风采"风尚人物——郭潇澜

在班里担任班长职务的我,有着强烈的集体荣誉感、永不服输的好胜心、持之以恒的耐心和优秀的组织能力。过去两年多里,我带领班级同学积极完成了学校布置的各项任务,和大家一起提升了班级的凝聚力,也得到了老师和同学们的信任。

虽然班级和学校工作占用了我很多时间,但我对学习的要求从未松懈过。从入学至今,我一直是班级的"学霸",在年级排位上也始终保持在较前列。我还积极参与了许多区级和校级的学科知识竞赛,并获得了不俗的成绩。

此外,我还是一个热爱运动的阳光女孩。刚踏入高中的校门,我就加入了校排球社,并作为校排球队主力四处征战,为学校争取荣誉。在运动会上,我也是各类田径赛冠军宝座的常客。

二、学校办学特色品牌的持续打造

对于办学品牌的追求和打造是近年来学校发展与变革中的重要内容。品牌是学校的无形资产:它具有特定的名称和标志,具有特定的质量水准和文化内涵,是基于被校内师生员工和社会各界人士认可而形成的。

品牌的"品"字意味深长,内涵非常丰富,它包含"品质、品行、品性、品格、品德"等多种含义。校风校纪、考试成绩、学生的身心状况反映了学校教育教学质量的水准,这是学校品牌的生命线。办什么样的学校?如何办学?这些"内在规则"——质量观、人才观、教学观、师生观、管理观等,是学校在长期的办学育人过程中逐步形成和积淀下来的,是学校品牌的软性因素,也是学校品牌打造的核心。

一所学校的品牌形象如何，不是学校自己说的，而是在它与公众的互动过程中，由公众决定的。上级领导、学生家长、社区各界人士、友邻单位、新闻媒体、专家学者、生源学校、历届校友等，他们与学校有着千丝万缕的关系，学校品牌正是基于他们的认可才形成的[①]。

对于学校管理者而言，品牌意识不仅是一种办学理想和事业追求，也是一种庄重承诺和生活态度。鉴于学校办学品牌打造的复杂性，在学校整体发展的过程中，要注重整合运用一切可以运用的元素，切实推动学校办学知名度和办学品牌的形成。在开展生涯教育探索的过程中我们感觉到，不仅学生享受到了高质量的生涯教育，人生的发展有了新的方向和动力支持，学校也因为生涯教育的开展不断拓展着自己的影响范围。

（一）学校示范辐射价值的体现

办人民满意的教育，建人民满意的学校，不仅是党和国家的要求，也是全国人民的希望，更是全体教育工作者的目标。办人民满意的教育，建人民满意的学校，这不仅是一个理论问题，更是一个实践问题。就当前整个教育和学校的现实情况而言，人民群众对我们的教育、我们的学校显然还没有完全满意或比较满意，这种满意度的提升，必须依靠大量的优质学校，以此产生更多的优质教育。优质学校应当而且必须是"办人民满意学校"的先行者和引领者，同时还应当而且必须是"理想学校"的建设者与示范者，这是优质学校应当而且必须呈现的一种姿态和品位[②]。作为一所区域知名的优质学校，华东师大一附中在做好自身教学和改革的过程中，也应牢记自己的社会责任与使命，通过不同途径传播、辐射自身的办学经验，以实际行动促进教育均衡发展。正因学校在生涯教育方面取得的成效，我校生涯教育方面的活动、研究和论文获得了不少奖项，并有机会在多个场合展示（见表 7-5），这方面的示范和辐射作用，体现了一所优质学校的办学使命与责任担当。

表 7-5　近年来华东师大一附中生涯教育经验传播情况

时间	学校生涯教育讲座或培训名称	地点	对象
2016 年 5 月	青少年心理危机干预（讲座）	上海闵行	教师
2016 年 7 月	预见更好的自己（3 天培训）	内蒙古包头	教师
2016 年 7 月	"赢在明天"领导力生涯培训与项目探索	台湾台中	教师

---

① 闫德明. 论学校品牌的特性与校长的品牌意识[J]. 当代教育科学，2005(3)：38-40.
② 秦德林. 优质学校建设的历史价值、责任担当与发展趋势[J]. 教学与管理，2016(34)：16-19.

（续表）

时间	学校生涯教育讲座或培训名称	地点	对象
2016 年 11 月	积累信心　创造明天（讲座）	上海静安	家长
2016 年 11 月	寻找方向　诗在远方（讲座）	上海宝山	学生
2016 年 12 月	合力育人　和谐发展（讲座）	上海长宁	教师
2016 年 12 月	高中学校生涯教育的顶层设计（3 天培训）	内蒙古鄂尔多斯	教师
2017 年 8 月	生涯视角下家庭教育培养孩子什么（讲座）	上海普陀	家长
2018 年 5 月	不一样的生存法（公开课）	上海虹口	学生 教师
2019 年 4 月	生涯教育　引领发展	上海虹口	教师
2019 年 11 月	人生卡牌——我的幸福生活（公开课）	上海虹口	学生 教师
2019 年 12 月	毕业的路如何走（讲座）	上海虹口	教师
2020 年 10 月	研究型人格养成的生涯教育	网上论坛（上海、山西、重庆、浙江、四川）	教师

（二）学校教育研究成果的积累

1979 年,教育部和中国社会科学院联合召开了我国历史上首次全国教育科学规划会议,会议提出有条件的省市地区应该建立教育科学研究机构,开展教育科学研究[①]。自此,"教育科研"犹如一面鲜艳的旗帜,一直引领着全国中小学教育改革的深入和发展[②]。在这一进程中,学校和教师作为科研工作的重要参与者承担了越来越多的研究任务。对于学校和教师而言,教育科研工作是改善教育教学质量、拓展教育教学价值的重要手段,但是很多学校的教师都苦于在研究中找不到合适的命题。在开展生涯教育的过程中,我们非常注重引导教师参与项目研究,特别是号召教师以承担子课题的方式参与整个生涯教育体系的建构,由此生成了大量的与生涯教育相关的研究成果(见表 7－6、表 7－7),在有效推动生涯教育整体变革的同时也很好地发挥了科研强校的价值,提升了学校的整体办学知名度。

---

① 潘国青.上海市学校教育科研三十年发展与前瞻[J].上海教育科研,2012(11)：5－10,45.
② 刘莉,潘国青.学校教育科研现状、问题与策略——基于上海市基层学校教育科研工作状况的调查[J].教育发展研究,2012(6)：33－39.

表7-6　近年来学校生涯教育项目研究获奖情况统计

类别	时间	名　称	级别	等第
活动	2015年12月	"赢在明天"领导力生涯培训与项目探索	市级	优秀案例
	2016年12月	"未知的魅力"——表达性艺术心理辅导在高中生生涯发展教育中的应用	区级	二等奖
	2016年12月	"未知的魅力"——表达性艺术心理辅导在高中生生涯发展教育中的应用	区级	优秀案例一等奖
	2018年1月	探索自我　提升效能——基于生涯发展的高中生自我效能感提升的探索活动	区级	二等奖
	2018年9月	世承聚才俊,灵心揽光华	区级	二等奖
	2019年9月	"心"空间"心"故事	区级	三等奖
	2019年12月	心理社——上海市中学学生会主席论坛十大最受欢迎社团	市级	十大最受欢迎社团
课程	2016年6月	路在何方	区级	一等奖
	2016年12月	穿越15年	市级	二等奖
科研成果获奖	2016年8月	高中生生涯发展教育的特色课程创建与实施	市级	优胜奖
	2017年1月	高中生生涯教育的思考与探索	市级	二等奖
	2017年9月	高中生生涯教育实践的综述——对生涯教育落脚点的思考	市级	三等奖
	2018年1月	专业学习导向培训对大学新生专业承诺影响的调查研究	市级	一等奖

表7-7　近年来学校生涯教育科研成果统计

时间	科研成果名称
2018年3月	出版《高中生职业生涯教育探索和实践》一书,华东师范大学出版社
2017年12月	市、区合作课程开发项目——教师培训课程"以主题班会为载体开展高中生涯教育的策略指导"成功立项
2017年5月	《高中生涯教育的特色课程创建》发表于《中小学心理健康教育》
2017年2月	《生涯发展教育视野下高中生领导力课程实践与探索》发表于《虹口教育》

研究型人格养成的生涯教育

一、研究背景

生涯教育作为心理健康教育的主要内容之一,一直在各个学校开展。2014 年教育部出台《高考改革方案》后,生涯教育成为各个学校关注的热点,也成为新高考政策引领下教育实施策略改变的主要抓手。目前,很多学校都已经轰轰烈烈开展了很多生涯教育活动和工作,可是,生涯教育究竟是什么? 生涯教育真正的落脚点又是什么? 生涯工作开展到现在,需要对其内涵和落脚点有更深刻的认识和推进,并结合每个学校本身的办学特色和教育综合素质改革,理清高中学段更深入的生涯教育内涵。

2018 年 3 月,上海市教委颁布了《关于加强中小学生涯教育的指导意见》,指出中小学生涯教育是运用系统方法,指导学生增强对自我和人生发展的认识与理解,促进学生在成长过程中学会选择、主动适应变化和开展生涯规划的发展性教育活动。中小学生涯教育的主要内容包括自我认识、社会理解、生涯规划三个方面。

华东师大一附中一直推行"培养研究型学生、造就研究型教师、建设研究型学校文化"的办学理念,并以"研究型人格养成"作为我校心理健康教育的特色;根据市教委生涯教育指导意见的文件,结合我校的办学特色,将生涯教育作为心理健康教育的重要组成部分,践行"研究型人格养成"的生涯教育工作。

高中生本身发展的规律就是自我同一性的获得,其思维水平处在"外显向内省、感性向理性"的转变过程中,因此,以"研究型人格养成"作为生涯教育的主要落脚点,锻炼学生研究型的品格,是高中阶段的一个发展方向。

二、研究型人格的内涵

我校从动机、行为、思想三个层面对研究型人格进行了定义。

在动机层面,我们提出了人格好奇——有质疑的动力。

在行为层面,我们提出了人格勇敢——勇于探究社会和自我,不断挑战自我。

在思想层面,我们提出了人格正直——在思辨中开展不同思维的碰撞,思考问题更客观、多元与全面,因思想丰富而人格正直。提倡激发学生的社会责任感和人生情怀。

我校希望通过生涯教育,让学生在自我认识、社会理解和生涯规划中葆有好奇之心、勤力探究之行、笃怀思辨之信,并在质疑、探究和思辨的过程中逐渐发展好奇、勇敢和正直的研究型人格。

三、生涯教育的目标和主要内容

依托"好奇、勇敢、正直"的人格培养目标,我校对生涯教育进行了高中三年生涯教育的设计。分年级的目标和主要内容如下所示。

高一:解码自我,重"好奇"。依托心理课、专业测评等,培养学生对自我的好奇和探究。

高二:解码社会,重"勇敢"。依托大学初探项目、深研职业项目、社会实践项目等,培养学生勇于尝试各种体验,形成各种研究报告,在探究和思辨中主动适应、更加勇敢。

高三:解码选择,重"正直"。依托寻根之旅项目"光华大夏寻根之旅",整合自身资源与社会资源,在寻根之旅中思考社会责任,在思辨中更客观、更多元、更全面地评估自我与社会,做好选择,因思想丰富、勇于承担责任而人格正直。

四、生涯教育的主要抓手

高中三个年级各有生涯教育的重点,在开展本年级生涯教育重点活动的同时,有两个主要抓手贯穿始终,并将3年生涯教育的内容串联起来,帮助学生整合自我认识、社会理解和生涯规划。

第一,"学生生涯规划表"。学校为每一个学生设计了一份生涯规划表,这份表格内容涉及理想大学、理想专业、在校学科成绩、科研课题、社会实践、自我个性分析、能力分析、父母建议等,每学期填写1~2次,每次填写根据自己的实际情况做目标调整。这份规划表鼓励学生对自己向内探究,对社会向外求证,做到信息整合、动态记录,贯穿高中3年,帮助学生激活自我调控、研究自我规划、作出合理的生涯决策。

第二,研究性课题。学生在学校提供的各种项目中找到自己感兴趣的研究方向,学校也全力帮助学生寻找专业的指导老师,对学生研究性课题进行指导,在研究过程中探究自己喜欢的领域,用研究的方式对这些领域产生更深刻的理解和认识,从而产生更多的现实反馈,再进一步整合自我评估和社会理解,既增强研究能力、养成研究型人格,又可以为自己的生涯决策做理性梳理。

五、生涯教育中研究型人格养成的实践特色

我校提出了"特色活动项目化"的实施策略,将所有的研究型特色生涯教育活动以项目形式开展,目前比较成熟的有:大学初探项目、社会实践项目、深研职业项目、华光论坛项目、寻根之旅项目等。

特色项目一:大学初探项目。学校每年暑假组织学生到华东师范大学、上海交通大学等高校进行访学,学生可直接选修自己感兴趣的大学专业课程,从而对大学专业产生更感性的认识和更理性的体验。在对大学专业学习的体验中,有些学生找到了自己感兴趣的方向,此时学校会全力支持学生在自己感兴趣的专业领域进行研究,促进学生用更科学的方式对自己的专业和该专业的前沿研究有更深入的参与。很多学生在这一过程中对自己的专业方向有了更清晰的思考,研究性课题也得以实施。

特色项目二:深研职业项目。学校积极拓展职业体验资源,帮助学生到各职业场所进行参观学习,使他们对职业社会有更多直观感受和理解。比如,我校开发了"青草沙水库"深研职业项目,学生带着两份任务单对该职业进行探究。一份"学科任务单",聚焦水资源利用和水污染危害,让学生思考学科知识和社会真实情况之间的连接,从对这些连接的思考中激发学生学习和研究的动力。另一份是"生涯任务单",聚焦该行业的主要工作内容、行业发展等职业生涯领域的问题,让学生对该行业有更多的认识和理解。这两份任务单帮助学生从学科和生涯两个角度对职业进行深入研究,更全面地理解社会。

特色项目三:华光论坛项目。学校每学期会举办十几场不同专业领域和职业领域的前沿论坛,帮助学生理解社会需要,并激发学生以研究的思路参与到这些论坛中。比如,在每一场论坛前,学校会邀请学生就自己感兴趣的话题进行提问,这种前瞻性的提问和思考就是在激发学生好奇、质疑等研究性精神,久而久之,学生的这些研究性精神就会在提问中被培养起来。

六、研究型人格养成的生涯教育成效

生涯教育的工作开展和提出已经很多年,形式固然重要,但生涯教育究竟想培养学生什么能力更重要。我校就是在研究型人格养成的理念指导下推进生涯工作,依托生涯教育的各种活动提升学生的研究能力的。学生也在这样的实践、思考和研究的过程中,逐渐让研究成为自己的习惯,大胆假设、小心求证,从而创造自己的未来。这样的生涯工作也取得了一些成效。

(1)学生研究能力得到提升。学生的研究性课题最能体现学生研究能力的提升,我校每年有200多项学生课题立项,每年获得上海市科创大赛学生课题等奖几十项。

(2)学生内省能力得到提升。如果说学生的研究性课题展现了对外的研究能力,那么学生的内省能力就是对内的研究能力。学生在各种项目体验中,对自我评估不断进行调整,自我评估的能力也更接近自身的真实情况,这些体验促进了学生内省能力的提升,帮助学生对自己的专业和职业有了更理性和客观的规划。近几年,学生在填报高考志愿过程中的迷茫程度明显降低,对大学专业将要学什么、今后该专业会有怎样的发展,也因为"大学初探项目"的参与而变得更清晰。

(3)助推学校研究型的办学特色。作为一所市实验性示范性高中,研究型特色是什么?如何推进、从哪里入手?一直是学校办学思考的重点。生涯教育的开展,使学校的研究型特色更加鲜明,并结合学生基础和特点,整合出了适合我校学生生涯教育的实践路径。

(本文作者:沈闻佳)

特别值得一提的是,学校环境中的教育科研工作与单纯的教育理论研究有着显著的不同,实践性是学校教育科研的根本价值导向。教育研究本质上是一种实践性的社会活动,教育的生活世界是教育研究的家,是教育研究的生命所在,应该在教育研究中达成基于这一实践本性基础之上的实践理性[①]。由此,彰显实践属性理应成为未来教育研究发展的趋势。特别是作为一线教师,其工作性质、成长环境和个性品质决定了教师的教育研究活动的对象应该是教育教学情境中的现实问题,其目的不是为了丰富教育教学理论,而是为了解决教育教学实践中遇到的具体问题,寻找有效的问题解决方案或措施。教师的工作对象是具有主观能动性的智慧人,因而教师的工作虽有教育规律指导但又无具体规则可循,教师不能像技术工人那样按既定规则进行教学,而需要在不断研究教育教学与人及社会发展之间的关系中开展教学工作。教师成为研究者,从根本上说,就是要研究怎么使得自己的教育行为更有意义,怎样在自己的学生身上实现教育的意义。因而,针对工作、基于现实的实践属性是教师作为研究者的本质属性[②]。从这个角度上说,教师们在参与生涯教育的研究过程中,不仅是形成了自己关于生涯教育的一些理性认知,更为重要的是不断地解决着教育过程中的现实问题,既有效指导了学生,也为自己的专业成长提供了更多的载体和可能。

三、学校教育综合改革的持续推进

关注学生综合素养,推进高中教育综合改革,是当前高中阶段教育的重要使命。2014年9月4日,国务院颁布了《关于深化考试招生制度改革的实施意

---

① 王兆璟. 论有意义的教育研究[J]. 教育研究,2008(7):39-43.
② 刘涛. 教师成为研究者:急需澄清的三个问题[J]. 教育发展研究,2012(12):58-63.

见》,选定上海市和浙江省作为率先实施高考改革的试点地区。上海市按照国家部署,制订了《上海市深化高等学校考试招生综合改革实施方案》(简称《上海高考改革方案》),并于 2014 年 9 月 19 日发布实施,这吹响了高中教育综合改革的号角。

这次改革的核心理念在于推动学生综合素质评价。实施综合素质评价,是促进学生德智体美劳全面发展、培养个性特长的重要举措。构建普通高中学生综合素质评价体系是此次高考改革的一个重大突破。为此,在制定《上海高考改革方案》时,上海教育系统同步启动了《上海市普通高中学生综合素质评价实施办法(试行)》(简称《实施办法》)的制订工作,组建了由各方专家组成的项目组,通过文献研究、问卷调查、座谈会和学校实地调研等方法,探索构建了综合素质评价基本框架,在此基础上形成了《实施办法》。研制《实施办法》的过程中,上海高中教育改革始终坚持以下指导思想:全面贯彻党的教育方针,传承和弘扬中华优秀传统文化,践行社会主义核心价值观,坚持立德树人,整体反映学生德智体美全面发展及个性特长情况,切实促进每一个学生的终身发展,促进高中学校人才培养和高校人才选拔模式的转变。

上海高中的综合素质评价包含四个方面的内容:品德发展与公民素养,修习课程与学业成绩,身心健康与艺术素养,创新精神与实践能力。综合素质评价内容体现了德智体美全面发展、突出社会责任感和创新精神的导向。综合素质评价记录的重点是学生外显的活动与行为。例如,要求记录学生参加志愿服务(公益劳动)情况,通过列举典型事例等方式介绍学生的社会责任感、专业志向等,并要求填报学生研究性学习专题报告代表作、参加科技活动项目、创造发明项目等。这些都是通过学生在有关活动中的具体表现来反映学生的综合素质的。综合素质评价内容还强调一定的区分度和典型性,如每学期学科成绩可以转化为百分位数、统计志愿服务(公益劳动)获得表彰次数、记录市级竞赛活动获奖情况、参加市级学生艺术团体和市级青少年科学研究院活动的情况等。

生涯教育的改革与发展为我们深入推进高中综合改革,特别是学生综合素质评价的改革提供了抓手和载体。在综合素质评价的整体导向下,我们结合学校开发的学生生涯规划手册,充分用好学生综合素质纪实报告,形成完整记录学生高中生涯相关情况的 7 张表格(见表 7 - 8~表 7 - 14),让综合素质的评价有了现实的数据支撑,也让生涯教育的成效在推进教育综合改革的过程中得到了更有效的发挥。

表7-8　学生基本信息和自我介绍表

姓名：		性别：		出生年月：		
籍贯：		民族：		政治面貌：		
身体健康状况：		家庭住址：				
邮编：		联系电话：				

你最感兴趣的职业/行业/专业(1～3项)：

1.

2.

3.

自我介绍(通过列举典型事例等方式,介绍学生的社会责任感、专业志向与才能、个性特点与个人爱好等方面的具体突出表现,字数不超过500字)

表7-9　学生品德发展与公民素养表

志愿服务和公益劳动次数	累计时间(课时)	达标情况	获得表彰次数		
			国际级_____次; 国家级_____次; 市级_____次; 区_____次; 学校级_____次		
军事训练	等级：	被评为优秀营员：			
农村社会实践	等级：	被评为积极分子：			
参加国防民防相关项目	累计时间(课时)	奖项(级别)	组织机构		
党团活动	起讫时间	级别	角色	组织机构	

（续表）

党团活动	起讫时间	级别	角色	组织机构

先进个人荣誉称号	获奖年份	级别	评选单位

违纪违规	处罚类别	处罚时间

是否有犯罪记录	

表 7－10　学生修习课程与学业成绩表

科目	基础型课程成绩（成绩/百分位）					学业水平考试成绩		
	高一		高二		高三	合格性考试	等级性考试	实验操作技能/听说/专业测试
	第一学期	第二学期	第一学期	第二学期	第一学期			
语文								
外语								
数学								
思想政治								
历史								
地理								
物理								
化学								
生命科学（生物）								
信息科技（信息技术）								
劳动技术（通用技术）								

（续表）

科目	基础型课程成绩（成绩/百分位）					学业水平考试成绩		
	高一		高二		高三	合格性考试	等级性考试	实验操作技能/听说/专业测试
	第一学期	第二学期	第一学期	第二学期	第一学期			
体育与健身								
艺术（音乐、美术）								

拓展型课程

高一		高二		高三	
科目	总课时	科目	总课时	科目	总课时

研究型课程

高一		高二		高三	
课程（课题、项目）	起讫时间	课程（课题、项目）	起讫时间	课程（课题、项目）	起讫时间

获得市级及以上奖励或证书

奖项	级别	获奖时间	颁奖单位

表 7-11　学生身心健康与艺术素养表

《国家学生体质健康标准》测试综合得分		《国家学生体质健康标准》各维度发展趋势图
高一		
高二		
高三		

（续表）

体育实践经历与水平

参加体育比赛项目	级别	主办单位	时间	名次或等第

体育特长项目	级别	获得时间	颁证单位

艺术实践经历与水平

参加艺术活动项目	级别	主办单位	时间	名次或等第

参加市级学生艺术团队名称	组织单位	起讫时间（年/月）	考核情况

表 7-12　学生创新精神与实践能力表

研究性学习专题报告

代表作标题	
调查研究或实践的目的	

指导教师		合作者	
个人角色		具体任务	

调查研究或实践的内容、方法和实施过程（600 字以内）

（续表）

研究结论和反思（300 字以内）	指导教师的简要评语（300 字以内）

课题起讫时间	
采访（请教）过的重点对象	

学校研究性学习专家委员会认定意见

本项目成果公开交流情况		
报告分类		
本项目成果获得奖励名称	获奖等级：	
佐证材料附件（小于 30 兆）		

参加科技活动、取得创造发明、专利情况

参加科技活动项目	级别	主办单位	时间	名次或等第
创造发明项目	专利类型	获得时间	专利号	

参加市级青少年科学研究院（含市级专业分院）、青少年科学创新实践工作站名称	组织单位	起讫时间（年/月）	是否优秀

表 7 - 13　学校特色指标表

指标名称	指标含义	学生表现等第

表 7 - 14　综合素质评价承诺表

本纪实报告上述内容中所提供的学生材料、信息和相关内容均真实、有效。学校、学生本人以及相关负责记录的教师愿意为此做出真实性的信誉承诺。

如若有假,愿意接受上海市普通高中学生综合素质评价相关制度的处理。

学生本人(签字): 　　　　年　月　日	校长(签字): 　　　　年　月　日
班主任(签字): 　　　　年　月　日	学校(盖章): 　　　　年　月　日

结语 ▽

高中生涯教育的未来走向与学校的应有作为

　　回首 70 多年的发展历程，我国普通高中生涯教育有进步、有成就，也有问题、有不足。要应对好新时代、新高考、新课程的挑战，普通高中生涯教育应当进一步朝"人本""独立"和"中国特色"方向迈进。

　　第一，以"人本"为核心价值。以人为本的教育追求学生个性的发展和主动性的发挥，旨在帮助学生实现自身价值，达成幸福生活。"人本"是学生的理想追求，也是教育自身价值的回归。就自身属性而言，"生涯"是人的生涯，"生涯规划"是人开展的规划，"生涯教育"是为了人的教育，"人"是生涯教育的核心；从教育发展的趋向而言，新中国教育发展历程就是教育核心价值不断提升"人"的主体地位的历程，教育活动和课程的根本目的是培养整体的自我实现和创造性的人，未来教育必将更加重视以人为本、以促进人的发展为核心目标[1]。从新时代中国教育的使命而言，立德树人是发展中国特色社会主义教育事业的核心所在，坚持立德树人，就必须强力扭转教育价值和行为上普遍存在的功利倾向，坚定不移地坚持以人的全面发展为本的教育方向[2]。以人为本是时代的要求，也是普通高中生涯教育的必然选择。普通高中生涯教育要在持续的发展当中不断反思其人本价值问题，探究如何落实以人为本的价值取向问题，肩负时代使命，将人本理念贯穿到政策设计、教育管理、校本实践、教育评价全过程，实现以人为始，以人为终。

　　第二，以"独立"为存在形态。任何教育想要实现应有的责任担当，都必须探明自身的内在特性与逻辑，形成特性鲜明、独具价值的存在体系。新中国普通高中生涯教育在劳动教育、思想政治教育、职业教育、德育之间交织发展，虽有 70 多年的发展历程，但仍然作为一种"混沌"的形态存在，不利于自身发展

---

① 单中惠. 西方教育思想史[M]. 北京：教育科学出版社，2007.
② 陆士桢. 立德树人的内涵与方法——学习落实全国教育大会精神[J]. 人民教育，2019(1)：11-14.

与价值实现。从国际经验来看,含生涯规划指导在内的学生发展指导已成为公认的与教学和管理并重的现代普通学校的三大职能之一①。我国普通高中生涯教育从属过多、角色不明的状态显然已经无法满足未来学生发展指导需求。普通高中生涯教育的未来发展必须从寻找"自我"出发,明确自身的属性、建立自有的理论体系、探索有效的实践模式,从多维的关系中脱离,以"独立"的形态存在成为普通高中教育独立且不可或缺的一部分,并以明确的法定地位、独立的课程体系、专有的条件保障为基础,实现自足与自立发展。

第三,以"中国特色"为重要内涵。中国特色适合中国国情、符合中国特点、体现了中国文化精神②。一直以来,我国普通高中生涯教育一直深受西方生涯理论与生涯教育模式影响,照搬与模仿痕迹太重,没有形成具有中国特色的生涯教育体系。不同国家有不同的文化与制度,相同学段的学生所面临的生涯发展任务可能完全不同,相应的生涯教育需求也存在差异。例如,美国实行单轨制,高等院校招生考试开放自主,高中学生既具有广阔的升学选择也存在一定的就业需求;英国高中阶段实行分轨制,存在就业取向的继续教育学院(Further Education College)与升学取向的第六级学院(Sixth Form School,即高中),学生需要不同的生涯指导。我国普通高中学生以升学为主要目标,课程选择空间受全国统一的考试制度影响,具有一定的自主权但自由度有限。生涯教育必须结合不同的文化、制度和学生发展情况来实施。我国普通高中生涯教育要基于中国国情、中国需要、中国文化,构建具有中国特色的生涯教育体系,服务于新时代中国教育发展与满足广大高中学生生涯发展的需求③。

根据高中生涯教育改革的需要,结合学校的实际情况,华东师大一附中在实践之中不断创新生涯教育理念,探索新时代高中生涯教育模式,并取得了一定的积极成效。这种生涯教育的理念主要包括:凸显立德树人的目标指向,着眼新时代人才培养的多维要求;整合校内外各类教育资源;注重生涯教育的标准建设和课程开发。这就跳出了将生涯教育单纯地视作一种主题式活动的思想倾向,把生涯教育真正作为贯穿学生成长过程和高中教育改革全程的一条主线,作为渗透于教育教学改革的特色理念与行为。这种生涯教育模式是一种以思想道德为引领、课程建设为主体,学科教学、主题活动、校园文化、讲

---

① 方晓义,袁晓娇,邓林园,等. 构建适合我国的普通高中学生发展指导制度[J]. 北京师范大学学报(社会科学版),2013(1):42-50.
② 易连云. "中国特色德育模式"理论建构中的方法论导向[J]. 教育学报,2018(6):43-47.
③ 庞春敏. 70年回眸:新中国普通高中生涯教育的发展之路与未来走向[J]. 当代教育科学,2019(6):61-64.

座论坛、家校合作等系统联动为实施方式,党的建设为保障的新型模式。这种模式将学校各领域的工作在生涯教育教育系统中贯穿起来,让生涯教育成为学校育人特色,成为学校综合改革的关键词之一。

2020年年初,一场突如其来的新冠肺炎疫情,使举国上下陷入一场"没有硝烟的战争",抗击疫情成为当前全社会最为重要的任务。疫情的暴发,改变了人们的生活,也给教育带来了前所未有的冲击。在这种冲击的背后,我们不得不更加细致地思考生命的价值与意义,这也就更加凸显了生涯教育的重要性,也凸显了生涯教育在内涵上再进行深度拓展的必要性。疫情再凶险,也终有云开雾散的一天,相信在不久的将来,我们就会脱掉口罩,重新回到熟悉的校园,生活也会重新以我们熟悉的方式打开。但是,疫情过去了,我们在庆幸的同时也要学会反思,在这场疫情的防控中学会尊重自然,敬畏生命,懂得健康的价值,这是疫情教给大家的重要一课,也是我们的教育应该教会给孩子的最基本知识。当我们重回校园,摘下口罩自由玩耍、自由呼吸、自由成长的时候,我们一定要珍惜这来之不易的生活,好好锻炼身体,养成良好的生活习惯,让健康的体魄驱走病毒的阴霾,也让这些特殊的经历和感悟来充实生涯教育,推动生涯教育的再变革。

在2020的"超长"寒假里,学校响应教育部"停课不停教、不停学"的相关要求,认真组织每位学生做好在线学习的准备工作。2月28日上午8时20分,全校师生通过有线电视、IPTV等在线收看了上海市德育公开课"在战疫中成长"。这堂课邀请了我校学生处主任、思政课正高级教师、特级教师陈明青作为主讲人,陈老师同时也是全国模范教师。她通过讲述这场"硬核"战疫中让人暖心、令人动容的人和事,引导中小学生汲取战疫中呈现的精神与力量。广大师生在她的课上受到很大启迪,收益良多。

中小学德育公开课后,我校世承学部高二(7)班在班主任刘艺伟老师的组织下开展了一节名为"同心战疫,附中人在行动"的在线德育主题班会。沈妤熙同学作为《致华高最帅的逆行学长的一封信》的作者,首先为大家分享了她的同桌——李心雨的爸爸的故事。医者仁心,面对疫情,不惧危险,支援武汉,而他不仅仅是我们的学生家长,还是我们的校友。这样一件发生在我们身边的事情,给大家带来了深深的触动。然后,陈书涵同学将家国情怀,中国精神和附中精神结合起来谈了他的感受;吴承骏同学则回忆总结了这一个多月来一次次给大家留下深刻印象和感动的"中国力量""中国速度",让我们情不自禁地为奋战在前线的"普通人"点赞。接下来,翟筱雨同学从"坚守"出发,表达了身为高中生的坚守,自强不息努力,提升自己,在未来能向逆行者前辈一样,做自己该做的事情,展现平凡人身上的中国精神和中国力量。最后,刘老师组织大家为在"战疫"中为国家付出、无怨无悔的"逆行者"们写下自己的寄语。相信经过这次疫情、这堂班会课,同学们一定对自己身上的责任和义务有更深的理解,作为"格致诚正,自强不息"的附中人,作为"众志成城"的中国人,去展示我们的附中力量,我们的中国力量。

同一时间段内,在区教育局的组织下,学校三个学部都由班主任组织开展了各种线上班级互动活动。有诸多班主任从本学科知识出发,让班级同学进行相关探究与思考:世承学部高二(1)班班主任罗莉老师结合语文课文,从国士无双、战士勇猛、家人安康三个方面展开,班级同学在了解了《淮阴侯列传》中"诸将易得耳。至如信者,国士无双"后,联系现实世界中的钟南山院士、余跃天医生,还有那些围绕在我们身旁的普通勇士,纷纷交流了自己的想法。这是一个特殊的寒假,这次疫情也是学习生活中的"特殊一课"。身边真实发生的这一切,将引导我们的学生进一步认识与感悟自己与国家、当下与未来、使命与责任的关系,思考在疫情中怎样安排自己的居家生活,怎样面对接下来的学习任务,以及未来成为怎样的人,承担怎样的责任,从而实现更有价值的成长。

2020年4月27日,在详尽的准备和严密的防护下,华东师大一附中迎来了复学第一天,开学秩序井然,师生健康安全,生命的笑容绽放在每一个人的脸上。新华社、《文汇报》、中新社、《新闻晨报》、《新民晚报》、《劳动报》、上海电视台、上海教育电视台等十余家媒体对学校的开学工作进行了报道。

在笔者看来,生涯教育的最鲜活特征就是其时代性、灵活性。我们应该根据时代的发展,根据现实情况的需要灵活补充生涯教育的内容体系。疫情教会我们成长,更寓意着生命教育的重要价值,透过疫情看生涯教育,对于生命的敬畏和尊重应该是其理所当然的内容。更为可怕而遗憾的现象是,开学复课之后,放眼全国,先后有多名孩子因为不适应或者其他的原因选择自杀结束自己的生命[①],孩子们扛过了疫情的攻击,却败给了自己的心结,令人痛心,更应该发人深省。生命教育融入生涯教育之中,不是一两次主题活动就能够完成的,还需要进行完善的课程设计,需要相应的教学支持。这是新冠肺炎疫情带给我们的启示,也是未来高中生涯教育必须补上的一课。

在本书即将付梓之时,欣闻《上海市关于新时代推进普通高中育人方式改

---

① 小约定日报. 疫情后自杀事件频发? 快培养孩子这个"商"[EB/OL](2020 - 05 - 27)[2020 - 08 - 30]. https://baijiahao. baidu. com/s? id = 16678568715501730268&wfr = spider&for = pc

革的实施意见》即将发布,这是上海高中教育全面贯彻落实习近平新时代中国特色社会主义思想,积极应对新时代教育发展和人才培养变革的重要举措。根据这一实施意见,到2022年,上海要努力形成完善的德体智美劳全面培养体系,全面提升普通高中的学校建设标准,推动高中阶段育人质量的进一步提升,形成多样化、有特色、高质量的高中教育发展格局。在这其中,学生综合素养的培养被提到了一个空前的高度,这意味着生涯教育也迎来了变革与创新的良好契机,也必然应该通过理念、内容、路径的不断创新提升自身质量,更好地承担起推动高中教育变革,提升人才培养品质的重担。这是新时代高中教育改革的题中之意,也是生涯教育工作者不容推卸的重要责任。

美国课程论专家小威廉姆·E.多尔曾经说过:"未来不是我们要去的地方,而是一个我们要创造的地方。通向它的道路不是人找到的,而是人走出来的。走出这条道路的过程既改变着走出道路的人,又改变着目的地本身。"[①]这段话今天仍然激励着我们,让我们为学生提供更多的生涯辅导服务,让学生带着主动构建的观点为自己的生涯发展负责,我们将会为促进每一个学生终身发展能力的提升而身体力行。

---

① 转引自:闫学.教育这条路你能走多远[J].人民教育,2007(20):11-12.

华东师大一附中学生生涯规划手册

亲爱的同学：

欢迎来到华东师大一附中。高中，是自我成长与人格形成的关键时期，也是学业冲刺和生涯规划的黄金时段。而你眼前的《生涯规划手册》将陪伴你走过这一段美好时光。

手册由一组"生涯规划表"组成，未来三年你要数次填写它，我们期待借由它帮助你开启自我对话，在审视当下、整合资源的过程中，建立当下学习与未来生活的关联。

最初填写这张表格，自然会有些困惑，不管对于自我认知的信息，还是对外部职场的信息，都会有懵懂之感。所以，我们希望你在填写表格时，不仅仅关注填写的内容，也关注"如何获取"生涯规划信息。

期待你开启反思、用心填写，点燃自我成长的激情。

当然，希望你也邀请家人、老师参与到"生涯规划表"的填写中来，他们愿意成为你前进路上的陪伴者和见证者。

愿华东师大一附中的每一位学子，珍惜当下、积极探索、不负韶华！

华东师大一附中学生生涯规划表（步入高中）

（　　）学部（　　）届　姓名

一、我的起点

我的兴趣爱好有＿＿＿＿＿＿＿＿＿＿＿＿＿＿＿

我特别擅长的事情有＿＿＿＿＿＿＿＿＿＿＿＿＿

我以中考＿＿＿＿分考入了华东师大一附中，具体分数是：

学科	语文	数学	英语	物理	化学	体育
分数						

我知道 2019 年华东师大一附中的统一招生录取分数线是_____，来到这里我渴望做一个_____的学生。

二、我的理想

我对_____等专业都非常感兴趣；

对_____等职业也非常感兴趣；

（在上述专业或职业倾向中挑选一项，然后完成下面一问）

我了解到，如果要就读_____大学的_____专业，需要报考_____专业组。在 2019 年，该专业在上海的录取分数线是_____。而 2019 年上海的本科最低录取分数线是_____，自主招生分数线是_____。

填写这个部分，我的感想是_____。

三、自我分析

长处	学科		不足	学科	
	个性			个性	
	能力			能力	
	其他			其他	
潜力	1. 2. 3.		困难	1. 2. 3.	

我的近期目标	
我的计划	
具体措施	
获得帮助	

四、家长寄语

_____

填表日期：　　　学生姓名：　　　家长签名：

华东师大一附中学生生涯规划表（高一）

一、我的理想

理想大学	专业倾向	2018 年该专业组分数线	2019 年该专业组分数线
	1.		
	2.		
	1.		
	2.		

关于理想的大学、专业，随着自我认知的深入和客观条件的变化，我们时常会有调整，因此我们会期待你在这个版块有持续的记录。

二、我的学业成绩

高中第一年，在奔赴理想的路上，我努力适应、调整方法以尽快成为一个具备自主学习能力的高中生；而阶段性的反思则如长途旅程中的加油站，停顿过后动力更足……

	第一学期期中	第一学期期末	第二学期期中	第二学期期末
语文	/	/	/	/
数学	/	/	/	/
英语	/	/	/	/
物理	/	/	/	/
化学	/	/	/	/
生物	/	/	/	/
政治	/	/	/	/
历史	/	/	/	/
地理	/	/	/	/
需完成的自我分析表	第一次自我分析	第二次自我分析	第三次自我分析	第四次自我分析

填表提示：每次考试之后填写，"/"前填写具体成绩，后填写年级名次。填好之后则完成相应的"自我分析表"。

每次的填写路径是：

我的学业成绩→我的综合素质→第 x 次自我分析→上述循环四次→我的生涯决策。

三、我的综合素质

项　目	内　容
社会实践进度条	我已经完成了 □□□□□□□□□□ （进度条全长 40 小时，请用彩笔填图你已经完成的时数）
身心修养	（"社会实践"指你参与过的社会实践活动，以及获得的能力增长；"身心修养"指你参与其他社团、讲座、培训等活动，以及获得的能力增长。能力指标，可参照大学相关专业的录取说明）
创新实践	研究型学习 专题报告　（研究意向、研究计划等概况） 科技活动 发明创造　（高中阶段参与科技活动、申请专利、获奖等）
高中至今获奖经历 （可不断补充）	

填表提示：第一次填写这张表格时，很多同学会体验到匮乏感，但仔细阅读这张表格的每一个项目，你会找到未来积累的方向。愿你在最后一次填写时体验到踏实丰厚感！

四、我的生涯决策

（一）我的思考

我计划下一阶段的学涯中选择以下路径

□参加秋考，我选择的 3 门科目分别是_____、_____和_____，

□参加春考

□准备海外升学

□准备其他类别的考试（如艺考等）_____

做出这个决策，我是基于如下考虑：

（二）我的路径

请查阅相关资料,画出一张包含时间节点、阶段目标、相关准备等信息在内的学涯路径图。

──→我的升学目标_____

五、自我分析

高一上学期期中考试学业分析

	语文		数学		英语		预备加三学科						总分	
	现实成绩	目标成绩	现实成绩	目标成绩	现实成绩	目标成绩	现实成绩	目标成绩	现实成绩	目标成绩	现实成绩	目标成绩	现实成绩	目标成绩
本次考试现实成绩与目标成绩的差距														
	+ −		+ −		+ −		+ −		+ −		+ −		+ −	

本次考试的优势学科有：	本次考试的薄弱学科有：

本次考试现实成绩与目标成绩产生差距的原因是:
(具体分析差距产生的学科原因,发现自身优势学科;预备加三学科,每次填写可以有所不同,但均要有所思考)

我的下阶段目标:(下阶段各学科成绩或者排名目标)

我的举措:

填表提示:"＋""－"后面填写现实成绩与目标成绩之间的差距,"＋"表示比目标成绩高多少分,"－"表示比目标成绩低多少分。

高一上学期期末考试学业分析析

本次考试现实成绩与目标成绩的差距	语文		数学		英语		预备加三学科						总分	
	现实成绩	目标成绩	现实成绩	目标成绩	现实成绩	目标成绩	现实成绩	目标成绩	现实成绩	目标成绩	现实成绩	目标成绩	现实成绩	目标成绩
	+ −		+ −		+ −		+ −		+ −		+ −		+ −	

本次考试的优势学科有：　　　　　　　　本次考试的薄弱学科有：

本次考试现实成绩与目标成绩产生差距的原因是：
（具体分析差距产生的学科原因，发现自身优势学科；预备加三学科，每次填写可以有所不同，但均要有所思考）

我的下阶段目标：（下阶段各学科成绩或者排名目标）

我的举措：

填表提示："＋""－"后面填写现实成绩与目标成绩之间的差距，"＋"表示比目标成绩高多少分，"－"表示比目标成绩低多少分。

高一下学期期中考试学业分析

	语文		数学		英语		预备加三学科						总分	
	现实成绩	目标成绩	现实成绩	目标成绩	现实成绩	目标成绩	现实成绩	目标成绩	现实成绩	目标成绩	现实成绩	目标成绩	现实成绩	目标成绩
本次考试现实成绩与目标成绩的差距														
	+ −		+ −		+ −		+ −		+ −		+ −		+ −	

本次考试的优势学科有：	本次考试的薄弱学科有：

本次考试现实成绩与目标成绩产生差距的原因是：
(具体分析差距产生的学科原因,发现自身优势学科;预备加三学科,每次填写可以有所不同,但均要有所思考)

我的下阶段目标：(下阶段各学科成绩或者排名目标)

我的举措：

填表提示："＋""－"后面填写现实成绩与目标成绩之间的差距,"＋"表示比目标成绩高多少分,"－"表示比目标成绩低多少分。

高一下学期期末考试学业分析

	语文		数学		英语		预备加三学科						总分	
	现实成绩	目标成绩	现实成绩	目标成绩	现实成绩	目标成绩	现实成绩	目标成绩	现实成绩	目标成绩	现实成绩	目标成绩	现实成绩	目标成绩
本次考试现实成绩与目标成绩的差距														
	+ −		+ −		+ −		+ −		+ −		+ −		+ −	

本次考试的优势学科有：	本次考试的薄弱学科有：

本次考试现实成绩与目标成绩产生差距的原因是：
(具体分析差距产生的学科原因,发现自身优势学科;预备加三学科,每次填写可以有所不同,但均要有所思考)

我的下阶段目标：(下阶段各学科成绩或者排名目标)

我的举措：

填表提示："＋""－"后面填写现实成绩与目标成绩之间的差距,"＋"表示比目标成绩高多少分,"－"表示比目标成绩低多少分。

六、家长的话

学生签名：　　　　　　家长签名：

华东师大一附中学生生涯规划表(高二)

亲爱的同学:

你已经跨入高二了,经过一学年的学习和生活,相信你对于自己,对于社会都有了新的认识与思考。我们希望生涯规划表能继续帮助你分析现在与目标之间的距离,分析成因,帮助制订未来的行动计划。

一、我的理想

理想大学	专业倾向	2018 年该专业组分数线	2019 年该专业组分数线
	1.		
	2.		
	1.		
	2.		

二、第一次等级考科目和目标

我的第一次等级考科目是_____,估计在_____时间进行;

我这次等级考试的目标是_____;

为了实现我的目标,我可以采取的行动有:

三、学业水平

科目		上学期学业水平		下学期学业水平	
		期中	期末	期中	期末
语文		/	/	/	/
数学		/	/	/	/
英语		/	/	/	/
物理	等级	/	/	/	/
	合格				
化学	等级	/	/	/	/
	合格				
生物	等级	/	/	/	/
	合格				
政治	等级	/	/	/	/
	合格				
历史	等级	/	/	/	/
	合格				
地理	等级	/	/	/	/
	合格				
体育					
总分		/	/	/	/

填表提示：每次考试之后填写，"/"前填写具体成绩，"/"后填写年级名次。

四、自我分析

长处	学科		不足	学科	
	个性			个性	
	能力			能力	
	其他			其他	

（续表）

潜力	1. 2. 3.	困难	1. 2. 3.
我的近期目标			
我的计划			
具体措施			
获得帮助			

五、综合素质评价

研究型课题							
研究课题简介							
目前研究状态 （每一项达成后 打√）	查阅 资料 （　　）	开题 （　　）	制定研 究计划 （　　）	进行 研究 （　　）	分析 结果 （　　）	撰写 论文 （　　）	结题 （　　）
高中阶段所获 奖项	体艺类						
	科创类						
	社会实践类						

六、学业分析

填表提示："＋""－"后面填写现实成绩与目标成绩之间的差距，"＋"表示比目标成绩高多少分，"－"表示比目标成绩低多少分。

高二上学期期中考试学业分析

本次考试现实成绩与目标成绩的差距	语文		数学		英语		预备加三学科						总分	
	现实成绩	目标成绩	现实成绩	目标成绩	现实成绩	目标成绩	现实成绩	目标成绩	现实成绩	目标成绩	现实成绩	目标成绩	现实成绩	目标成绩
	+ −		+ −		+ −		+ −		+ −		+ −		+ −	

本次考试的优势学科有：　　　　　　　本次考试的薄弱学科有：

本次考试现实成绩与目标成绩产生差距的原因是：
（具体分析差距产生的学科原因，发现自身优势学科；预备加三学科，每次填写可以有所不同，但均要有所思考）

我的下阶段目标：（下阶段各学科成绩或者排名目标）

我的举措：

家长的话

学生签名：　　　　　家长签名：

高二上学期期末考试学业分析

本次考试现实成绩与目标成绩的差距	语文		数学		英语		预备加三学科						总分	
	现实成绩	目标成绩	现实成绩	目标成绩	现实成绩	目标成绩	现实成绩	目标成绩	现实成绩	目标成绩	现实成绩	目标成绩	现实成绩	目标成绩
	+ −		+ −		+ −		+ −		+ −		+ −		+ −	

本次考试的优势学科有：	本次考试的薄弱学科有：

本次考试现实成绩与目标成绩产生差距的原因是：

（具体分析差距产生的学科原因，发现自身优势学科；预备加三学科，每次填写可以有所不同，但均要有所思考）

我的下阶段目标：（下阶段各学科成绩或者排名目标）

我的举措：

家长的话

学生签名：　　　　　　　家长签名：

高二下学期期中考试学业分析

	语文		数学		英语		预备加三学科						总分	
	现实成绩	目标成绩	现实成绩	目标成绩	现实成绩	目标成绩	现实成绩	目标成绩	现实成绩	目标成绩	现实成绩	目标成绩	现实成绩	目标成绩
本次考试现实成绩与目标成绩的差距	+ −		+ −		+ −		+ −		+ −		+ −		+ −	

本次考试的优势学科有：	本次考试的薄弱学科有：

本次考试现实成绩与目标成绩产生差距的原因是：
(具体分析差距产生的学科原因,发现自身优势学科;预备加三学科,每次填写可以有所不同,但均要有所思考)

我的下阶段目标：(下阶段各学科成绩或者排名目标)

我的举措：

家长的话

学生签名： 家长签名：

高二下学期期末考试学业分析

本次考试现实成绩与目标成绩的差距	语文		数学		英语		预备加三学科						总分	
	现实成绩	目标成绩	现实成绩	目标成绩	现实成绩	目标成绩	现实成绩	目标成绩	现实成绩	目标成绩	现实成绩	目标成绩	现实成绩	目标成绩
	+ −		+ −		+ −		+ −		+ −		+ −		+ −	

本次考试的优势学科有：	本次考试的薄弱学科有：

本次考试现实成绩与目标成绩产生差距的原因是：

（具体分析差距产生的学科原因，发现自身优势学科；预备加三学科，每次填写可以有所不同，但均要有所思考）

我的下阶段目标：（下阶段各学科成绩或者排名目标）

我的举措：

家长的话

学生签名：　　　　　家长签名：

华东师大一附中学生生涯规划表(高三)

一、我的理想

理想大学	专业倾向	2018 年该专业组分数线	2019 年该专业组分数线
	1.		
	2.		
	1.		
	2.		

二、我的学业水平

科目		月考	期中	一模	春考
语文		/	/	/	/
数学		/	/	/	/
英语		/	/	/	/
加 3 学科	/	/	/	/	/
	/	/	/	/	/
	/	/	/	/	/
总分		/	/	/	/
是否上综评线					

填表提示:每次考试之后填写,"/"前填写具体成绩,后填写年级名次;加三学科处填写自己的加三学科,高二已获得等级的直接填写换算后成绩;是否上综评线,根据每次考试学校测算为标准填写。每次考试后,也请对自我进行分析,并填写在自我分析板块。

三、我的综合素质评价

	社会实践(40 小时)	研究性课题	研究性课题获奖	艺体类获奖	科创类获奖或专利	社会实践类获奖	其他奖励
未完成请打√							
未完成请在这一列填写计划完成时间							

填写说明:获奖部分有则打√,没有获奖并不强行要求,但鼓励多积累各种奖项。

四、自我综合分析

长处	学科		不足	学科	
	个性			个性	
	能力			能力	
	其他			其他	
潜力	1. 2. 3.		困难	1. 2. 3.	

五、高三第一次学业水平测试自我分析

	语文		数学		英语		预备加三学科						总分	
	现实成绩	目标成绩	现实成绩	目标成绩	现实成绩	目标成绩	现实成绩	目标成绩	现实成绩	目标成绩	现实成绩	目标成绩	现实成绩	目标成绩
本次考试现实成绩与目标成绩的差距														
	+ −		+ −		+ −		+ −		+ −		+ −		+ −	

本次考试的优势学科有： | 本次考试的薄弱学科有：

本次考试现实成绩与目标成绩产生差距的原因是：
（具体分析差距产生的学科原因,发现自身优势学科；预备加三学科,每次填写可以有所不同,但均要有所思考）

我的下阶段目标：（下阶段各学科成绩或者排名目标）

我的举措：

填表提示："＋""－"后面填写现实成绩与目标成绩之间的差距,"＋"表示比目标成绩高多少分,"－"表示比目标成绩低多少分。

六、高三第一次学业水平测试后家长的话

学生签名：　　　　　　家长签名：

七、高三期中考试自我分析

	语文		数学		英语		预备加三学科						总分	
	现实成绩	目标成绩	现实成绩	目标成绩	现实成绩	目标成绩	现实成绩	目标成绩	现实成绩	目标成绩	现实成绩	目标成绩	现实成绩	目标成绩
本次考试现实成绩与目标成绩的差距														
	+ −		+ −		+ −		+ −		+ −		+ −		+ −	

本次考试的优势学科有：　　　　　　　　　本次考试的薄弱学科有：

本次考试现实成绩与目标成绩产生差距的原因是：
（具体分析差距产生的学科原因,发现自身优势学科;预备加三学科,每次填写可以有所不同,但均要有所思考）

我的下阶段目标：（下阶段各学科成绩或者排名目标）

我的举措：

家长的话

学生签名：　　　　　　家长签名：

八、高三一模考试自我分析

	语文		数学		英语		预备加三学科						总分	
	现实成绩	目标成绩	现实成绩	目标成绩	现实成绩	目标成绩	现实成绩	目标成绩	现实成绩	目标成绩	现实成绩	目标成绩	现实成绩	目标成绩
本次考试现实成绩与目标成绩的差距														
	+ −		+ −		+ −		+ −		+ −		+ −		+ −	

本次考试的优势学科有：	本次考试的薄弱学科有：

本次考试现实成绩与目标成绩产生差距的原因是：
（具体分析差距产生的学科原因，发现自身优势学科；预备加三学科，每次填写可以有所不同，但均要有所思考）

我的下阶段目标：（下阶段各学科成绩或者排名目标）

我的举措：

家长的话

学生签名：　　　　家长签名：

九、高三春季考试自我分析

	语文		数学		英语		预备加三学科						总分	
	现实成绩	目标成绩	现实成绩	目标成绩	现实成绩	目标成绩	现实成绩	目标成绩	现实成绩	目标成绩	现实成绩	目标成绩	现实成绩	目标成绩
本次考试现实成绩与目标成绩的差距														
	+ −		+ −		+ −		+ −		+ −		+ −		+ −	

本次考试的优势学科有：	本次考试的薄弱学科有：

本次考试现实成绩与目标成绩产生差距的原因是：
（具体分析差距产生的学科原因，发现自身优势学科；预备加三学科，每次填写可以有所不同，但均要有所思考）

我的下阶段目标：（下阶段各学科成绩或者排名目标）

我的举措：

家长的话

学生签名：　　　　家长签名：

十、高三考试自我分析

	语文		数学		英语		预备加三学科								总分	
	现实成绩	目标成绩	现实成绩	目标成绩	现实成绩	目标成绩	现实成绩	目标成绩	现实成绩	目标成绩	现实成绩	目标成绩			现实成绩	目标成绩
本次考试现实成绩与目标成绩的差距																
	+ −		+ −		+ −		+ −		+ −		+ −				+ −	

本次考试的优势学科有：	本次考试的薄弱学科有：

本次考试现实成绩与目标成绩产生差距的原因是：
（具体分析差距产生的学科原因，发现自身优势学科；预备加三学科，每次填写可以有所不同，但均要有所思考）

我的下阶段目标：（下阶段各学科成绩或者排名目标）

我的举措：

家长的话

学生签名：　　　　　家长签名：

参 考 文 献

［1］南京师范大学教育系. 教育学［M］. 北京：人民教育出版社,1984.

［2］冯观富. 教育心理辅导精解［M］. 台北：心理出版社,1993.

［3］刘来泉. 世界技术与职业教育纵览——来自联合国教科文组织的报告［M］. 北京：高等教育出版社,2002.

［4］金树人. 生涯咨询与辅导［M］. 北京：高等教育出版社,2007.

［5］单中惠. 西方教育思想史［M］. 北京：教育科学出版社,2007.

［6］珍妮·H. 巴兰坦. 教育社会学［M］. 朱志勇,范晓慧,译. 南京：江苏教育出版社, 2011.

［7］袁贵仁. 价值观的理论与实践——价值观若干问题的思考［M］. 北京：北京师范大学出版社,2013.

［8］朱益明. 普通高中学生发展指导研究［M］. 上海：华东师范大学出版社,2013.

［9］黄向阳,王保星. 普通高中学生发展指导实践案例集［M］. 上海：华东师范大学出版社,2014.

［10］杨光富. 国外中学学生指导制度历史演进［M］. 上海：华东师范大学出版社,2015.

［11］林崇德. 21 世纪学生发展核心素养研究［M］. 北京：北京师范大学出版社,2016.

［12］陆磐良. 高中生职业生涯教育探索与实践［M］. 上海：华东师范大学出版社,2018.

［13］宋秋前. 行动研究：教育理论与实践相结合的实践性中介［J］. 教育研究,2000(7)：42－46.

［14］张亮. 上海市区高中学生社团参与状况调查［J］. 青年研究,2001(8)：24－28.

［15］曹永国. 也谈"教育理论指导实践"——兼与彭泽平同志商榷［J］. 教育理论与实践, 2003(1)：16－19.

［16］丁钢. 教育经验的理论方式［J］. 教育研究,2003(2)：22－27.

［17］彭钢. 校本研究：基本规范与价值取向［J］. 教育研究,2004(7)：84－88.

［18］吴刚平. 教育经验的意义及其表达与分享［J］. 教育发展研究,2004(8)：45－49,56.

［19］马克-安托尼·朱利安. 关于比较教育的工作纲要和初步意见［J］. 王晓辉,译. 比较教育研究,2004(12)：18－23,80.

［20］闫德明. 论学校品牌的特性与校长的品牌意识［J］. 当代教育科学,2005(3)：38－40.

［21］李金碧. 生涯教育：基础教育不可或缺的领域［J］. 教育理论与实践,2005(7)：15－18.

[22] 吕一军.马克思主义关于人的全面发展理论与高校思想政治教育[J].中国高教研究,2005(7):62-63.

[23] 傅小芳.德国基础教育阶段的职业指导课程[J].教育理论与实践,2005(8):3-5.

[24] 康丽颖.教育理论工作者回归实践的自识与反思[J].教育研究,2006(1):62-67.

[25] 宁虹,胡萨.教育理论与实践的本然统一[J].教育研究,2006(5):10-14.

[26] 南海,薛勇民.什么是"生涯教育"——对生涯教育概念的认知[J].中国职业技术教育,2007(3):5-6,10.

[27] 王兆璟.论有意义的教育研究[J].教育研究,2008(7):39-43.

[28] 韦立君.国际视阈中我国高中生涯教育的课程设置[J].合肥师范学院学报,2010(2):107-110.

[29] 何克抗.对美国"建构主义教学:成功还是失败"大辩论的述评[J].电化教育研究,2010(10):5-24.

[30] 周羽全,钟文芳.我国台湾地区中小学生涯教育及其启示[J].内蒙古师范大学学报(教育科学版),2010(12):11-13.

[31] 朱丽.什么是成功的教育改革[J].教育发展研究,2011(6):35-38.

[32] 胡凯,彭立春.论职业生涯教育在高校思想政治教育中的地位和作用[J].思想教育研究,2012(1):75-77.

[33] 高德胜.幸福·道德·教育[J].华东师范大学学报(教育科学版),2012(4):1-8,18.

[34] 刘莉,潘国青.学校教育科研现状、问题与策略——基于上海市基层学校教育科研工作状况的调查[J].教育发展研究,2012(6):33-39.

[35] 卢强.课程学习活动设计重审:活动理论视域[J].电化教育研究,2012(7):95-101.

[36] 潘国青.上海市学校教育科研三十年发展与前瞻[J].上海教育科研,2012(11):5-10,45.

[37] 刘涛.教师成为研究者:急需澄清的三个问题[J].教育发展研究,2012(12):58-63.

[38] 方晓义,袁晓娇,邓林园,等.构建适合我国的普通高中学生发展指导制度[J].北京师范大学学报(社会科学版),2013(1):42-50.

[39] 刘献君.论文化育人[J].高等教育研究,2013(2):1-8.

[40] 陈时见.比较教育学的概念建构及其现实意义[J].比较教育研究,2013(4):1-10.

[41] 权迎.学校文化育人模式实施探讨[J].中国教育学刊,2013(6):129-130.

[42] 王世伟.美国高中阶段生涯教育课程评析[J].比较教育研究,2013(9):40-44.

[43] 杨志成,柏维春.教育价值分类研究[J].教育研究,2013(10):18-23.

[44] 刘华,郭兆明.生涯教育:基础教育课程改革不可或缺的支点[J].教育发展研究,2013(20):6-11.

[45] 靖东阁.论教育研究的本体论特征及其现实意义[J].教育理论与实践,2013(31):3-6.

[46] 张乐.论中学阶段开展生涯教育的必要性与可行性[J].现代教育科学,2014(2):10-11.

[47] 金生鈜.何为教育实践[J].华东师范大学学报(教育科学版),2014(2):13-20.

[48] 安桂清.国际比较视野下的课例研究:背景、现状与启示[J].教师教育研究,2014(2):83-89.

[49] 张华峰. 职业生涯发展教育大有可为：2014年上海学生职业生涯发展与教育国际论坛综述[J]. 复旦教育论坛,2014(4)：66-68,102.

[50] 刘晓倩. 英国中学生涯教育述评[J]. 外国中小学教育,2014(6)：28-32.

[51] 向晶. 追寻目标：学生幸福的教育关照[J]. 全球教育展望,2014(11)：17-24.

[52] 邱芳婷. 从合作视角看教育理论与实践的关系[J]. 教育理论与实践,2014(17)：3-5.

[53] 谷峪,姚树伟. 职业教育 生涯教育 终身教育[J]. 江苏教育.2015(4)：6.

[54] 刘宝剑. 关于高中生选择高考科目的调查与思考：以浙江省2014级学生为例[J]. 教育研究,2015(10)：142-148.

[55] 刘静. 高考改革背景下高中生涯规划教育的重新审视[J]. 教育发展研究,2015(10)：32-38.

[56] 王博,陶建成,牛爱华,等. 基于词频统计的高中生职业理想研究及其对高中生涯发展教育的启示[J]. 天津市教科院学报,2016(1)：60-63.

[57] 梁茜. 普通高中生涯发展规划与指导的现状研究——基于上海市5所普通高中的实证调查[J]. 基础教育研究,2016(5)：28-32.

[58] 吴康宁. 教育究竟是什么——教育与社会关系的再审思[J]. 教育研究,2016(8)：4-12.

[59] 杨晶. 生涯教育与职业教育相关概念的内涵解析[J]. 当代教研论丛,2016(12)：31-32.

[60] 秦德林. 优质学校建设的历史价值、责任担当与发展趋势[J]. 教学与管理,2016(34)：16-19.

[61] 赵世俊. 中小学生涯教育的价值与使命[J]. 江苏教育,2016(48)：70-71.

[62] 樊丽芳,乔志宏. 新高考改革倒逼高中强化生涯教育[J]. 中国教育学刊,2017(3)：66-71,78.

[63] 孙竞. 香港中学生涯教育概述及对内地的启发和借鉴[J]. 广西教育学院学报,2017(6)：101-105.

[64] 罗羽乔,魏国武,左璜. 试论学校生涯教育课程化的三种路径[J]. 中小学德育,2017(11)：5-10.

[65] 蒋乃平. 职业生涯教育：引导学生有梦、追梦的教育[J]. 中国德育,2017(14)：31-35.

[66] 任学宝. 新高考背景下高中课改的经验与反思[J]. 基础教育课程,2017(16)：7-18.

[67] 罗扬,赵世俊. 我国普通高中生涯教育的现状与问题[J]. 江苏教育,2017(48)：31-33.

[68] 杨燕燕,虞红明. 经验与反思：普通高中生涯教育的课程化实施——以杭州市清源中学为例[J]. 基础教育课程,2018(4)：30-36.

[69] 索桂芳. 核心素养背景下普通中学生涯教育的几点思考[J]. 课程·教材·教法,2018(5)：122-127.

[70] 杨燕燕. 普通高中生涯教育：问题、经验与策略[J]. 杭州师范大学学报(社会科学版),2018(6)：126-133.

[71] 易连云. "中国特色德育模式"理论建构中的方法论导向[J]. 教育学报,2018(6)：43-47.

［72］杨燕燕. 普通高中生涯教育：问题、经验与策略［J］. 杭州师范大学学报（社会科学版），2018（6）：126 - 133.

［73］张建云. 新时代的内涵阐释［J］. 学术界，2018（9）：18 - 26.

［74］潘黎，孙莉. 国际生涯教育研究的主题、趋势与特征［J］. 教育研究，2018（11）：144 - 151.

［75］郑永安，孔令华. 塑造新人：新时代教育的重大使命［J］. 中国高等教育，2018（22）：6 - 8.

［76］陈韵君. 高中生涯教育课程体系建构的探索与实践［J］. 中小学心理健康教育，2018（30）：24 - 27.

［77］徐俊峰. 习近平教育思想体系及其理论品格［J］. 现代教育管理，2019（1）：8 - 15.

［78］陆士桢. 立德树人的内涵与方法——学习落实全国教育大会精神［J］. 人民教育，2019（1）：11 - 14.

［79］何欢. 浅论教育改革的评价标准［J］. 内蒙古教育，2019（1）：121 - 123.

［80］潘蓓蕾. 高中生生涯发展导航系统的设计与实践研究［J］. 基础教育，2019（1）：30 - 38.

［81］罗莎莎，靳玉乐. 新时代教育发展的特点与使命［J］. 教师教育学报，2019（2）：1 - 7.

［82］易臻真，王洋. 城市高中社会实践活动课程长效机制的构建探索［J］. 中国教育学刊，2019（5）：97 - 102.

［83］李斌雄，任韶华. 新时代中小学党建工作的价值、问题及其解决路径［J］. 北京教育学院学报，2019（5）：1 - 7.

［84］庞春敏. 70年回眸：新中国普通高中生涯教育的发展之路与未来走向［J］. 当代教育科学，2019（6）：61 - 64.

［85］Janne Antikainen. 面向未来职业变革的学校与教师［J］. 北京教育，2019（6）：35.

［86］顾雪英，魏善春. 新高考背景下普通高中生涯教育：现实意义、价值诉求与体系建构［J］. 江苏高教，2019（6）：44 - 50.

［87］牛震云，陈彩霞. 生涯教育：从现在看到未来［J］. 北京教育，2019（6）：74 - 75.

［88］范峻岭. 普通高中生涯教育开展的现实意义及对策［J］. 西部素质教育，2019（9）：60 - 61.

［89］阮巧玲. 依托学生社团，开展高中生职业生涯教育实践［J］. 中小学心理健康教育，2019（9）：28 - 29.

［90］王洁. 教师的课例研究旨趣与过程［J］. 中国教育学刊，2019（10）：83 - 85.

［91］刘县兰. 生涯教育：终极目标与实施策略［J］. 中小学心理健康教育，2019（12）：29 - 31.

［92］李健，刘莹. 以成长规划课程促学生适性发展［J］. 中国教育学刊，2019（12）：103.

［93］赵方勋. 学生生涯规划档案的建立［J］. 教学与管理，2019（16）：33 - 35.

［94］梁惠燕. 我国当前中小学生涯教育实施的问题与对策［J］. 教育理论与实践，2019（17）：18 - 20.

［95］朱雅. 生涯教育中的立德树人［J］. 教书育人，2019（22）：4 - 6.

［96］庞春敏. 普通高中生涯教育师资队伍建设的困境与出路［J］. 教学与管理，2019（30）：64 - 66.

[97] 张玉群. 依托毕业生资源,开展高中生涯教育实践[J]. 中小学心理健康教育,2019(30):25-26.

[98] 李勤. 用整合思维开展高中生涯教育[J]. 江苏教育,2019(39):14-16.

[99] 沈闻佳. "研究型人格"养成的生涯教育[J]. 江苏教育,2019(80):54-56.

[100] 孙晶. 普通高中生涯教育课程的开发研究[J]. 教育教学论坛,2020(1):81-82.

[101] 侯中太. 活动理论视角下学生课堂学习的同伴中介效应研究[J]. 教育理论与实践,2020(2):53-55.

[102] 黄岳辉. 职业生涯教育研究及其对我国普通高中的启示[D]. 上海:上海师范大学,2006.

[103] 杨婧. 从美国生涯教育的经验看我国普通高中生涯教育及其课程设置[D]. 天津:天津师范大学,2007.

[104] 王雅文. 普通高中职业生涯教育现状和对策研究——基于上海市6所高中的调查[D]. 上海:华东师范大学,2014.

[105] 潘蓓蕾. 价值观导向的生涯教育——上海市一所普通高中的探索[D]. 上海:华东师范大学,2017.

[106] 刘龙婷. 基于核心素养观的普通高中生涯规划教育实施研究[D]. 杭州:杭州师范大学,2017.

[107] 刘刚. 高考改革背景下普通高中职业生涯教育探析:以辽宁省实验中学为个案[D]. 沈阳:沈阳师范大学,2017.

[108] 周学辉. 高中生涯指导教师胜任力模型初步构建[D]. 济南:山东师范大学,2017.

[109] 张玉改. 生涯教育概念的多维透视[D]. 南京:南京师范大学,2018.

[110] 张雯怡. 上海高中生涯教育政策执行研究[D]. 上海:华东师范大学,2019.

[111] 冯侠秋. 高中生涯教育不等于选科指导[N]. 新京报,2018-06-25.

[112] 新浪教育. 上海中小学生涯教育指导意见:率先建立和普及生涯导师制[EB/OL]. (2018-03-29)[2019-06-25]. http://k. sina. com. cn/article_6440850558_17fe7947e001004o6j. html? cre = edupagepc&mod = f&loc = 5&r = 9&doct = 0&rfunc = 100.

[113] 人民网. 习近平在北京大学师生座谈会上的讲话[EB/OL]. (2018-05-03)[2019-06-25]. http://politics. people. com. cn/n1/2018/0503/c1024-29961468. html.

[114] 中华人民共和国教育部. 坚持中国特色社会主义教育发展道路 培养德智体美劳全面发展的社会主义建设者和接班人[EB/OL]. (2018-09-10)[2019-07-10]. http://www. moe. gov. cn/jyb_xwfb/s6052/moe_838/201809/t20180910_348145. html.

[115] 试界生涯研修班. 从中学生涯教育体系案例中我们学到了什么[EB/OL]. (2019-01-03)[2019-08-08]. https://www. jianshu. com/p/80c5231c3883.

[116] GALOTTI K M, KOZBERG S F. Adolescents' experience of a life-framing decision [J]. Journal of Youth and Adolescence, 1996,25(1):3-16.

[117] KRUMBOLTZ J D. A social learning theory of career decision making [M]// MITCHELL L K, JONES G B & KRUMBOLTZ J D (Eds.) Social learning and career decision making. Granston, RI:Carroll Press, 1979.

[118] PETERSON G W, SAMPSON J P, REARDON R C. Career development and

services: A cognitive approach [M]. CA: Brooks/Cole, 1991.

[119] RAYMAN J R. The changing role of career servers [M]. San Francisco: lossey-Badd Inc Publishers, 1993.

[120] STEWART R A &BRENDEFUR J L. Fusing lesson study and authentic achievement: A model for teacher collaboration [J]. The Phi Delta Kappan, 2005, 86(9): 681 - 687.

后　记

自踏上工作岗位以来,我始终谨记自己作为一名教育工作者的初心与使命,不论岗位如何变化,我都在努力为落实立德树人的根本任务和促进学生的健康成长贡献绵薄之力。

对于学生生涯教育的关注由来已久,这一方面是因为我在文献的阅读和政策的分析中深刻感觉到生涯教育对于学生健康成长的重要价值,另一方面,更为重要的是,作为学校的党组织书记,我充分利用自己的专业优势,在德育、心理健康教育、主题教育活动中有针对性地渗透了生涯教育理念,也参与了学校整个生涯教育体系的顶层设计,这种理论和实践的融合,促使我对高中生涯教育有了更为直观和深刻的理解,也形成了本书写作的最原始诱因。

本书的写作完成,首先要感谢我的导师周增为先生,她不但从新时代思政教育体系建构的高度对本书的写作给予了悉心指导,而且在百忙之中拨冗为本书作序,使本书的写作增色颇多;感谢华东师范大学心理与认知科学学院庞维国教授的专业精进的指导,并专门为本书作序,也为我进一步在学校实践和推进新时代生涯教育指明了方向。感谢上海市虹口区教育学院教师培训室、德育研究室、科研室对这一课题和课程给予的平台和指导,课题和线上课程的实施,也为本书写作积累了大量的一线素材;感谢参与课程开发的潘炯心老师、许强老师、刘家平老师、沃维佳老师、付君老师和张偲玙老师以及所有课题研究组的老师,正是因为你们的智慧和付出,我们才能够共同努力建构起给学生带来成长体验,给教师带来成长启发的特色化的生涯教育课程体系。感谢华东师大一附中陆磐良校长,感谢学校心理和生涯中心沈闻佳老师等,感谢校学生处和各学部对生涯教育的实践和探索以及全体教职工在日常工作中给予我的关心和帮助。

我和我的团队在实践研究中形成了强烈的共识:优秀教师之所以优秀,

并不是他们遵循了行业标准,也并非他们能达成各种任务要求,而是他们在繁杂中总能在某一方面点燃自己,并能把点燃后的部分光芒与温暖传递给他人。在今后的工作中,我将持续加强对教育管理、人才培养的探索,继续为学校教育改革和内涵发展贡献自己的绵薄之力。